四川大学革命英烈丛书
四川省2020—2021年度重点图书出版规划项目

开启中国进步的闸门
辛亥革命中的川大英烈

毕 玉 ◎ 主 编
廖爱民 杨胜君 高 霏 ◎ 副主编
甘露华 肖 茜

四川大学出版社
SICHUAN UNIVERSITY PRESS

图书在版编目（CIP）数据

开启中国进步的闸门：辛亥革命中的川大英烈 / 毕玉主编. — 成都：四川大学出版社，2023.7
（四川大学革命英烈丛书）
ISBN 978-7-5690-6135-2

Ⅰ. ①开… Ⅱ. ①毕… Ⅲ. ①革命烈士－生平事迹－中国－现代②四川大学－校友－生平事迹 Ⅳ. ① K820.6

中国国家版本馆 CIP 数据核字（2023）第 089174 号

书　　名：	开启中国进步的闸门：辛亥革命中的川大英烈
	Kaiqi Zhongguo Jinbu de Zhamen:Xinhai Geming zhong de Chuanda Yinglie
主　　编：	毕　玉
丛 书 名：	四川大学革命英烈丛书

丛书策划：庞国伟　王　军
选题策划：段悟吾　宋彦博
责任编辑：荆　菁　李畅炜
责任校对：宋彦博
装帧设计：墨创文化
责任印制：王　炜

出版发行：	四川大学出版社有限责任公司
	地址：成都市一环路南一段 24 号（610065）
	电话：（028）85408311（发行部）、85400276（总编室）
	电子邮箱：scupress@vip.163.com
	网址：https://press.scu.edu.cn
印前制作：	四川胜翔数码印务设计有限公司
印刷装订：	四川盛图彩色印刷有限公司

成品尺寸：	170mm×240mm
印　　张：	16
字　　数：	285 千字
版　　次：	2023 年 11 月 第 1 版
印　　次：	2023 年 11 月 第 1 次印刷
定　　价：	68.00 元

扫码获取数字资源

四川大学出版社
微信公众号

本社图书如有印装质量问题，请联系发行部调换

版权所有 ◆ 侵权必究

总　序

习近平总书记指出："知史爱党，知史爱国。"为庆祝中国共产党成立100周年，在全党开展党史学习教育和在全社会开展党史、新中国史、改革开放史、社会主义发展史宣传教育之际，四川大学组织编写了"四川大学革命英烈丛书"，并由四川大学出版社正式出版。这是四川大学认真讲好川大故事红色篇章、积极创新红色文化教育载体的重要举措之一，也是四川大学献礼中国共产党成立100周年的重要成果之一。

在中国共产党的领导下，在青春如火的锦江之滨、明远楼前，在风云激荡的望江楼畔、华西坝上，无数四川大学的革命师生坚持"与人民同甘苦，与祖国同命运，与时代同呼吸，与社会同进步"，将永恒的红色基因融入了每一个川大学人的血脉和灵魂之中。其中，"红岩精神"的代表和"中华儿女革命的典型"江竹筠烈士等80多位校友为民族独立、国家解放和人民幸福献出了自己宝贵的生命，他们是四川大学历久弥新的川大精神的力行者和见证者，是四川大学生生不息的红色基因的创造者和传播者。

四川大学是四川保路运动和辛亥革命在四川的重要发生地，是新文化运动和五四运动在四川的主要策源地，是四川乃至全国马克思主义早期传播的重要发源地，是抗日救亡和爱国民主运动在四川的坚强根据地。1920年冬，学校师生成立了四川最早以研究和宣传马克思主义为主要任务的革命群众组织——马克思读书会。1922年2月，学校师生主编的《人声》报是四川第一份公开宣传马克思主义的报纸。1922年春和1923年夏，学校

开启中国进步的闸门 辛亥革命中的川大英烈

师生组织成立的四川社会主义青年团和中国共产党成都独立小组是四川最早的共产主义党团组织。以学校师生为骨干的中华民族解放先锋队成都队和"成都民主青年协会"等是在中国共产党领导下四川抗日救亡和爱国民主运动的中坚力量。中共四川大学党总支是国民党统治区最大的基层党组织之一，经常活动的共产党员有120余名。在开国大典上，与毛泽东主席一起登上天安门城楼的有朱德、吴玉章、张澜和郭沫若等四位四川大学校友。

长期以来，四川大学坚持立德树人根本任务，服务人才培养首要任务，充分发挥学校特色优势，深入挖掘校园红色资源，大力弘扬以江姐精神为代表的革命先烈精神，用生动鲜活的红色文化滋养着一代又一代川大学子。近年来，特别是党的十八大以来，四川大学党委高度重视红色文化教育，将红色文化教育贯穿于学校发展各方面和人才培养全过程，重点建设了"江姐纪念馆暨四川大学革命英烈事迹陈列馆""学习书屋""江姐精神专题数据库"等一批红色文化宣传展示平台，率先推出了话剧《待放》、舞台剧《江姐在川大》、主题文艺晚会《江姐颂》等一批红色文化教育艺术作品，积极打造了"江姐班""竹筠论坛""川大英烈一堂课""青年红色筑梦之旅"等一批红色文化教育新品牌，产生了良好的教育成果、育人效果和社会效益。

习近平总书记指出，"中国革命历史是最好的营养剂"。站在历史的交汇点上，站在发展的交接点上，站在新时代的新起点上，在"四川大学革命英烈丛书"正式出版之际，全校师生员工要进一步厚植中华优秀传统文化，弘扬革命文化，发展社会主义先进文化，凸显四川大学人文社会科学的学科优势，积极打造"中国共产党在四川大学"等红色教育品牌，进一步深化红色文化教育的内涵，丰富红色文化教育的形式，增强红色文化教育的实效。

"四川大学革命英烈丛书"编写组

2021年6月

目 录

・上编　开启中国进步的闸门・

第一章　山雨欲来风满楼　　　　　　　　　　　004
第二章　引起中华革命先　　　　　　　　　　　034
第三章　乾坤易帜共和路　　　　　　　　　　　074

・下编　辛亥革命时期的川大英烈传・

张培爵传　　　　　　　　　　　　　　　　　　105
龙鸣剑传　　　　　　　　　　　　　　　　　　149
胡良辅传　　　　　　　　　　　　　　　　　　177
董修武传　　　　　　　　　　　　　　　　　　191
魏云泉传　　　　　　　　　　　　　　　　　　226
邹杰传　　　　　　　　　　　　　　　　　　　232
蒋淳风传　　　　　　　　　　　　　　　　　　244
刘养愚传　　　　　　　　　　　　　　　　　　248

上编　开启中国进步的闸门

著名的无产阶级革命家、四川大学校友吴玉章指出,四川大学历来是"四川进步势力的大本营"和"西南一带传播革命种子的园地"[①]。自建校以来,四川大学的发展历程始终与中国知识分子追寻救国救民的道路紧密相连,一代代川大人在中华民族危难深重之际,心怀"天下兴亡,匹夫有责"之训,将治学与救国紧密结合,以力挽狂澜之势,扶大厦于将倾,救国家于危亡,诠释了引领时代、服务社会、造福人民的价值追求。

1911年的辛亥革命,作为近代中国发展历程中的一个重大转折点,以石破天惊之势推翻了统治中国几千年的君主专制制度,开创了完全意义上的近代民族民主革命,打开了中国进步潮流的闸门,促进了中华民族的思想解放和发展进步,在中华民族伟大复兴的征程上树立了一座不朽的丰碑。在辛亥革命前后的巴蜀大地上,以吴玉章、张澜、张培爵、蒲殿俊、龙鸣剑、董修武、胡良辅、彭家珍、罗纶等为代表的多位四川大学师生与校友,在苦难中求索、在风雨中前进,成为四川保路运动和四川辛亥革命中最为重要、最为活跃的力量。他们以不畏强权、奋勇抗争的壮举,有力推动了革命大势的形成,在中国近代史上谱写了救亡图存、振兴民族的光辉篇章。

---

① 吴玉章:《吴玉章回忆录》,中国青年出版社,1978年。

开启中国进步的闸门 辛亥革命中的川大英烈

第一章　山雨欲来风满楼

　　1840年鸦片战争爆发，西方列强用坚船利炮轰开了中国的大门，内外交困、腐朽没落的清政府无力抵御西方列强的入侵，中国逐渐沦为半殖民地半封建社会。甲午战争后，帝国主义列强进一步加深了对四川的侵略。他们把持重庆海关，垄断关税大权，在四川开办工厂，设立公司、洋行，大肆倾销商品，开采矿山，掠夺原料，进行资本输出活动；同时在四川掠夺铁路修筑权，控制川江航运。

　　为转移财政危机，清朝把大量赔款和外债转嫁到百姓头上，又以举办"新政"为名，巧立名目，肆意搜刮。清末，四川省"财赋几乎占全国十分之一"，其正税本已十分苛重，而"新捐输""旧捐输"和各种"津贴"层出不穷，比正税要多14倍[①]，再加上四川各州县官吏与地主的盘剥勒索，四川社会已到了"一落千丈，十室九空，富者渐贫，贫者且死"[②]的悲惨境地。帝国主义和封建势力的压迫造成空前严重的民族危机，从而促成了人们的觉醒，救亡图存成为时代的迫切要求。

　　19世纪与20世纪之交，风雨如晦的中华大地面临被"蚕食鲸吞、瓜分豆剖"的危险，无数仁人志士为寻求救国救民的道路秉烛觅索。以"为天地立心，为生民立命"为己任的四川大学师生更是走在了时代的最前列。他们投身社会变革洪流，积极开办新学，创办进步报刊，深入探求科学真理，广泛传播革命思想，大力掀起进步浪潮，为革命运动的深入发展奠定了坚实基础。四川大学成为四川乃至西南地区宣传维新变法的主阵地，也是四川地区早期同盟会民主革命的策源地。

[①] 涂鸣皋：《辛亥革命在四川》，《西南师范大学学报（人文社会科学版）》，1979年第3期。
[②] 戴执礼：《四川保路运动史料》，科学出版社，1959年。

一、开办新学，启发民智

甲午战争失败和《马关条约》签订后，中国陷入了灾难深重的半殖民地半封建境遇，许多有识之士把振兴民族的希望寄托在开办新式教育上。维新派领袖康有为强调："欲任天下之事，开中国之新世界，莫亟于教育。"[①] 梁启超则提出教育要培养新国民，"然则苟有新民，何患无新制度，无新政府，无新国家？"[②] "新民"的核心就是要将传统社会的臣民变为现代的国民，而新国民必须具备"公德"，即以有利于国家为最高原则。具体而言，他所说的"新民"具有自尊自强、思想自由、行动独立、进取自律、勇敢尚武、拥有公共心等品格与精神特质，是具有资产阶级政治信仰、道德修养和思想观念的人。

要开启新智，启发民众，培养"新民"，就要兴办新式教育。19世纪末20世纪初，四川的新式学堂大规模兴起，如江津创办"西文学堂"，泸州建立"川南经纬学堂"，蓬溪创办"崇实学堂"，遂宁设置"经济学堂"等。1875年，洋务运动代表人物、四川学政张之洞创办了"尊经书院"，以"通经致用"为主张，拟增设"声、光、电、化、格致之学"，贯彻其"中学为体、西学为用"的主张。尊经书院是四川大学的历史源头之一，云集了一批具有近代新思想的有识之士。尽管由于风气未开、师资不足，尊经书院最初拟设置的自然科学科目最终未能开设，但仍然培养了杨锐、廖平、吴玉章、张澜、宋育仁、彭家珍、骆成骧、蒲殿俊、罗纶、尹昌衡、张森楷、吴虞、刘咸荥、吴之英、顾印愚、邵从恩、林思进、徐炯、傅崇炬、周翔等一大批影响四川近现代政治、经济、思想、文化和科学发展的名人。

[①] 汤志钧，陈祖恩：《中国近代教育史资料汇编·戊戌时期教育》，上海教育出版社，2007年。

[②] 王德峰：《梁启超文选》，上海远东出版社，2011年。

开启中国进步的闸门 辛亥革命中的川大英烈

四川尊经书院

四川尊经书院内景

尊经书院学生、经学大师廖平（1852—1932），四川井研人，曾任教于四川国学专门学校（四川大学前身之一）并担任校长，其"托古改制"的思想，为维新变法提供了理论基础。1898年（农历戊戌年），以康有为、梁启超为代表的资产阶级维新派，组织了戊戌变法运动，希望在中国建立君主立宪的政治体制，实施资产阶级性质的改良方案。戊戌变法遭到以慈禧太后为首的封建顽固势力反对。1898年9月21日，慈禧太后发动政变，废除新法。"戊戌六君子"抱着"有心杀贼、无力回天"的遗恨，血洒京城菜市口。在这场运动中，刘光第（1879—1882年在四川大学历史源头之一的锦江书院求学）、杨锐（1875年入尊经书院求学）为实现富国强兵、变法图强的理想不幸殉难。

廖平

刘光第

杨锐

尊经书院学生蒲殿俊（1875—1934），字伯英，四川广安百仓沟人。蒲殿俊于1897年进京参加会试，虽落第，却深受康、梁维新思想影响，力倡变法图强；1898年初，蒲殿俊与时任尊经书院山长胡峻共同受刘光第的嘱托，邀集尊经书院的学生们创办《蜀报》，宣传维新变法思想。1899年，蒲殿俊与几个志同道合的人士回到广安创办了新式学塾"紫荇书院"（又名"紫金精舍"），聘胡峻、张澜等维新派人士为教师，加授舆地、博物、算术、工艺等新课[①]。1904年，蒲殿俊中进士，后公费赴日本东京法政大学学习。在该校求学期间，蒲殿俊深入学习了西方资产阶级政治学说，确立了资产阶级立宪思想，实现了从旧式文人向新式知识分子的转变。

尊经书院学生吴玉章（1878—1966），原名永珊，号玉章，字树人，四川荣县双石桥蔡家堰人，1922—1924年曾任国立成都高等师范学校（四川大学前身之一）校长。1892年，年仅13岁的吴玉章追随二哥吴永锟的步伐，进入尊经书院求学，开始接触新学思想。在尊经书院学习半年后，由于母亲病故，吴玉章与二哥吴永锟中断学业，一起返回家乡，为母亲庐墓三年。吴玉章曾说："我在'尊经书院'的时间虽然很短，但给我留下的印象却极其深刻。……对于培养我的民族气节和革命气节，都曾起过积极的作用。"[②] 1903年3月，吴玉章东渡日本留学。为扩大留学规模，其与日方商洽设立中国留学生中学班，并发表《劝游学书》，四川留日学生因此大增。留日期间，吴玉章饱读民权革命史籍，特别是读了邹容的《革命军》等进步书籍后，在思想上与改良主义彻底决

蒲殿俊

[①] 祖远：《推翻清王朝的急先锋蒲殿俊》，《湖北档案》，2008年第11期。
[②] 吴玉章：《吴玉章回忆录》，中国青年出版社，1978年。

开启中国进步的闸门 辛亥革命中的川大英烈

裂。1905年，中国同盟会在东京成立；1906年4月，吴玉章入会后当选为评议部评议员，从此走在了民主革命的前沿。

吴玉章

吴玉章旧居

邹容与《革命军》

尊经书院学生罗纶（1876—1930），原名晋才，字梓卿、梓青，号康侯，四川西充人。1890年，年仅14岁的罗纶考入尊经书院，师从宋育仁、骆成骧，"修业九年，'词章常冠其曹，文名籍甚'"[①]，"后中举，为四川提

[①] 中国人民政治协商会议四川省南充市文史资料研究委员会：《南充市文史资料·第四辑》，内部资料，1989年。

学使瞿鸿禨所赏识,延至成都学使署任职"①。罗纶在思想上深受康、梁维新思想影响,戊戌变法期间,他在成都参加了"蜀学会""强学会",参与出版《蜀报》,大力倡导维新变法。戊戌政变后,清政府下令在各地搜捕维新派人士;为防不测,他遂改名罗纶,经好友推荐,到长寿县担任教督。在长寿,罗纶依然秉持思想启蒙之初衷,不仅大力宣讲变法图强之道,还创办了师范学堂与小学堂,培养了一批思想进步的新人,力开川东时代风潮之先。

四川保路运动的主要领导人、尊经书院学生罗纶、蒲殿俊和张澜

骆成骧

尊经书院学生张澜(1872—1955),字表方,四川南充人,1926—1930年任国立成都大学(四川大学前身之一)校长。1894年,张澜参加科举考试,中秀才,1897年补廪生。维新运动兴起后,张澜开始接触新学,渐渐走出了传统思想的牢笼。1899年,蒲殿俊在广安创办传授经世致用之学的紫荇书院,张澜因擅长经史歌赋,受邀到书院任教,与其他具有革新思想的教师如罗纶、胡峻等一起论学、议政,成为西南地区支持维新

---

① 成都市政协文史资料委员会:《辛亥四川风雷》,成都出版社,1991年。

开启中国进步的闸门 辛亥革命中的川大英烈

变法的重要人物。1902年,张澜被选送到尊经书院学习,专攻经史。1903年,张澜受知于掌院骆成骧,被推荐为公派留学生,到日本东京弘文书院师范科学习格致(生物)。留日期间,张澜阅读了大量有关西方政治、历史、教育、社会等方面的书籍,极大地丰富和改变了自己的知识结构。在刻苦读书的同时,张澜游历东京各地,目睹日本的富强,尤其注意学习日本的师范教育管理[①],认为中国应走此路,并把这种想法落实到了行动上。1904年农历十月,清朝驻日公使为庆祝慈禧太后七十大寿,召集、动员留日学生举行贺寿大会,但是张澜在大会上公开控诉慈禧太后专横无道、搜刮百姓、残害维新志士的罪行,倡议慈禧退朝、还政光绪,被驻日公使以"叛逆"之罪名扣押,幸得书院当局交涉才得以继续完成学业。1905年,张澜从日本卒业归国,回到南充,开始实践教育救国理想,从事教育和社会革新。

张澜

1903年,张澜(后排右一)离校赴日本留学前与师生合影

1905年12月,罗纶被聘为顺庆府中学堂的历史、国文教习兼斋务长,张澜也担任该校修身教习兼教务长。他们利用这一便利条件,在学生中大力宣讲变革图强、兴学救国的重要意义,并在学生中传阅《民报》,激发

① 谢增寿,康大寿:《张澜传略》,档案出版社,1992年。

了一批青年学生的民主革命之志。1907年，罗纶来到成都，任四川通省法政学堂（四川大学前身之一）绅班斋务长，兼任游学预备学堂国文教习，继续从事变法维新活动。当时革命风潮日益高涨，罗纶与刘行道、张澜、徐炯、熊焘、王铭新出面支持参加立宪运动的学生，人称"六君子"。

尊经书院学生尹昌衡（1884—1953），字硕权，号太昭，别号止园，四川彭县（今彭州）人。1897年，13岁的尹昌衡跟随父亲来到成都，进入尊经书院研习古经。1902年，四川武备学堂开办于成都，尹昌衡家境贫困，乃弃文从武，考上该堂第一期。1904年，尹昌衡留学日本，先后进入振武学校和日本士官学校第六期学习，其间与其关系密切的同学友人几乎全是同盟会会员。1909年，尹昌衡回国，任广西陆军小学堂监督；1910年任四川督练公所编译科科长兼讲武堂教官、陆军学堂总办。

尹昌衡

1896年6月18日，四川总督鹿传霖奉旨创办四川中西学堂，旨在培养"讲求实学，博通时务"的人才。四川中西学堂按照分科设学的原则，制定分科培养计划（分设华文、西文、算学三科），实行学年学分制，开创了四川地区真正意义上的近代新式学堂，成为四川大学的肇始。

四川中西学堂内景

1902—1903年，四川中西学堂、尊经书院、锦江书院合并组建四川省城高等学堂（四川大学前身之一）。1903—1909年任四川省城高等学堂第一任总理的胡峻，曾参与"公车上书"。1903年，他亲自到日本延聘教师，提出了"以中国经史之学为基础，俾学生心术壹归于纯正，而后以西学瀹其智识，练其艺能，务期他日成才，各适实用，以仰副国家，造就通才"的教育方针。四川省城高等学堂由此汇聚了一批胸怀天下、矢志报国的有志青年。

四川省城高等学堂校门

四川省城高等学堂学生自修室

1904年,张培爵与李宗吾、雷铁崖、廖泽宽等四川省城高等学堂学生与校友创办了叙府公立中学堂(今列五中学),通过开展训育工作,组织教育会、书报社活动等,启发青年学生的民主革命思想,暗中发展同盟会会员,该校逐步成为成都地区同盟会活动的重要场所。

1908年,胡良辅在其叔父胡素民的支持下,从四川通省师范学堂毕业,回到四川省威远县高等小学堂任教,"日以灌输革命思想为事,志不容于当道"。

1909年春,四川通省师范学堂校友龙鸣剑在成都四圣祠街创办一所法政学堂。该学堂完全摒弃封建礼教、程朱学说,以西式教育为主,提倡新学,并开设时事政治课,鼓励青年学子探讨时政、探求新知,教师也多以深受西方民主思想影响、思想激进的年轻教师为主。龙鸣剑常常在课堂上勉励学生:"儒家宣传的理想世界是什么,是大同世界,天下为公。《礼记·礼运》说:'大道之行也,天下为公……力恶其不出于身也,不必为己……是谓大同。'这就是说,如何才能成为大同世界呢?一个字——'公'。比如说,'遍身罗绮者,不是养蚕人''四海无闲田,农夫犹饿死',这样的社会公不公呢?不公。……自从光绪皇帝颁布上谕,决

开启中国进步的闸门 辛亥革命中的川大英烈

定实行新政以来,随着各种新律的全面修订,推行新法的法律人才十分短缺,所以为了适应这一需求,清政府在全国各地都开设有法政学堂,我们这里也是其中的一家,希望大家在这里好好学习,以后能成为国家的栋梁之材。"这些传播新思想、培养进步人才的举措,寄托了龙鸣剑建设新社会的理想。

1909年7月,四川省城高等学堂校友雷铁崖从日本留学归国后,在上海受聘于中国新公学。在校任教期间,他力倡民主革命,使民主思想在学校师生中十分盛行,胡适之、任鸿年、王云五、杨杏佛、朱经农等均为中坚力量。不久,雷铁崖又在上海兼任龙门师范学校和理科专修学校两校教师,一心致力于革命思想的传播。[①]

随着新学兴起,川大校友中的一批革命先驱纷纷进入四川各地学堂担任职务,以教育掩护革命活动,传播民主革命思想,在青年学生中发展革命力量,把学堂办成了革命党人的培养场所,为辛亥革命作了干部方面的准备。1905年,中国同盟会在日本东京成立,川大校友董修武、吴玉章等人担任同盟会评议部评议员;1905年年底,童宪章、陈崇功受孙中山委派,从日本返回重庆,根据同盟会章程,开展组织工作;1906年春,中国同盟会重庆支部成立,川大校友杨庶堪为负责人。1907年,川南叙永厅(今叙永县)创办永宁中学,杨庶堪、向楚、朱之洪被聘为教师,不久,杨庶堪转赴四川省城高等学堂附设中学堂教英语。他们以学堂为据点,在青年学生中积极宣传民主革命思想,并发展了张颐、王野若、刘经文、杨伯谦等学生及一批校外青年为同盟会会员。中国同盟会成立之初,四川籍的同盟会会员就达到了100多人,成为同盟会中一支引人注目的生力军。在许多地方,革命党人几乎控制了新式学堂,使之成为革命机关。比如,1909年,杨庶堪和张培爵分别担任重庆府中学堂的监督和学监,川大校友

---

① 甘犁:《铁血啼鹃——雷铁崖》,《红岩春秋》,1997年第1期。

向楚担任重庆府中学堂教员，当时同盟会重庆支部机关即设于重庆府中学堂。① 他们在教学中潜移默化地宣讲革命思想，三民主义和《革命军》精神在学生中得以传播，许多学生逐步倾向革命，这使重庆府中学堂成了川东、川南等地同盟会活动和联络的枢纽。龙鸣剑也以法政学堂为基地在成都积极开展革命工作，秘密建立起成都同盟会地下机关。他广泛联络四川会党并发展川西、川南会党首领为同盟会会员，共同从事反清活动，为武装斗争蓄积力量。而四川省城高等学堂、四川通省师范学堂以及五大专门学堂，本身就是师生宣传民主革命，培养革命者的重要阵地。四川省城高等学堂的两任总理胡峻和周翔以及多名师生都是早期的同盟会会员。四川省城高等学堂学生卢师谛、刘公潜、李培甫、张夷伯、黄至祥等及四川通省师范学堂学生徐堪、刘季微等，不仅参加了同盟会，而且还在成都北门东珠市巷4号成立第二小学，作为同盟会会员联络和聚会的中心。每逢星期日，这群热血青年相聚同游，畅谈天下大事，讨论反清革命方略。②

同盟会的活动对青年学子的思想观念产生了深刻的影响。1907—1908年，朱德在四川省城高等学堂体育科甲班学习期间，开始接受民主革命的新思潮。多年后，他曾深情地回忆，在校期间，他除了学习规定的体育、军事课程外，还秘密阅读同盟会的机关刊物《民报》，"尤其喜欢听戴假辫子的教师提倡'自由平等'、批评旧制度的讲课"，"对于一切革命的事物都羡慕"。他对美国著名记者史沫特莱说，这是他"走向革命之路"的起点，成为他"祖国安危人有责，冲天壮志付飞鹏"的革命思想的重要支点。

---

① 黄天朋:《张培爵对民主革命的贡献——纪念辛亥革命七十周年》，《西南师范大学学报（人文社会科学版）》，1981年第2期。
② 张宣，张本昉:《我们的舅父卢师谛》，《红岩春秋》，2006年第1期。

开启中国进步的闸门 辛亥革命中的川大英烈

重庆府中学堂旧址
（现为重庆市第七中学）

四川省城高等学堂教学活动

任鸿隽保存的同盟会联络图

"蜀中同盟会"会章（会员间用于联络的信物，章内"高野大雄君"为孙中山在日本的别号）

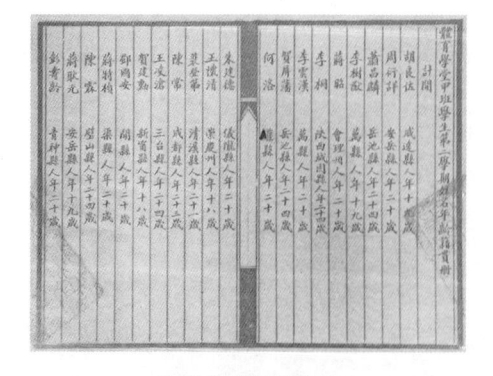

朱德在校学籍名册

朱德撰写的诗歌

在四川省城高等学堂附设中学堂，1910年的丙班被誉为"明星班"，班上云集了郭沫若、王光祈、李劼人、周太玄、魏时珍、曾琦等后来影响中国近代思想文化史的大家，在校读书期间，他们深受教师杨庶堪等同盟会会员民主革命思想的影响，努力探寻学海之瑰宝、治国之良策、救民之真谛，迈出了投身革命、寻求民族解放之路的第一步。

1912年，四川省城高等学堂附设中学堂丙班部分学生合影

1906—1911年，四川多数地区都有了同盟会的活动。川大校友杨庶堪、向楚、张培爵、龙鸣剑、杨伯谦等革命志士在孙中山革命思想的指引下，在重庆、成都建立同盟会的支部机构，成为四川民主革命的核心与骨干。成渝地区的同盟会机关不仅是四川革命党人的行动中枢，而且还在一定程度上影响了整个西南地区的革命运动，为四川保路运动和辛亥革命建立共和政权奠定了坚实的组织基础。

表1　早期同盟会中的四川大学校友

姓名	在校情况
彭家珍	尊经书院学生
吴鼎昌	尊经书院学生

续表

姓名	在校情况
尹昌衡	尊经书院学生
吴玉章	尊经书院学生，国立成都高等师范学校校长
周 翔	尊经书院学生，四川省城高等学堂总理
胡 峻	尊经书院学生，四川通省大学堂、四川省城高等学堂总理
李炳英	国立成都大学、华西协合大学、国立四川大学教授
向 楚	国立成都大学、国立成都师范大学教授，公立四川大学文科学院院长，国立四川大学文学院院长
熊晓岩	国立成都大学教授，四川公立法政专门学校校长
叶秉诚	国立成都大学教务长
任鸿隽	国立四川大学校长
杨庶堪	四川省城高等学堂教员
黄圣祥	四川省城高等学堂学生
雷铁崖	四川省城高等学堂学生
廖泽宽	四川省城高等学堂学生
刘 皑	四川省城高等学堂学生
刘长述	四川省城高等学堂学生
刘公潜	四川省城高等学堂学生
龙鸣剑	四川省城高等学堂学生
卢师谛	四川省城高等学堂学生
彭家骐	四川省城高等学堂学生
魏奉之	四川省城高等学堂学生
魏启元	四川省城高等学堂学生
张达夫	四川省城高等学堂学生
张培爵	四川省城高等学堂学生
张夷白	四川省城高等学堂学生
邹 杰	四川省城高等学堂学生

续表

姓名	在校情况
李宗吾	四川省城高等学堂学生，国立成都大学教员
李培甫	四川省城高等学堂学生，国立四川大学教授
张 颐	四川省城高等学堂学生，国立四川大学代校长
周太玄	四川省城高等学堂学生，国立四川大学理学院院长，四川大学校务委员会主任委员
杨伯谦	四川省城高等学堂学生，四川公立法政专门学校、四川公立外国语专门学校和国立成都师范大学校长
曹 笃	四川通省农政学堂蚕桑讲习所监督
朱国琛	四川通省农政学堂农事实验场场长
邓家彦	四川通省法政学堂教员
董修武	四川通省法政学堂教员
龙国桢	四川通省法政学堂教员
刘养愚	四川通省农政学堂
蒋淳风	四川通省农政学堂
方潮珍	四川通省师范学堂学生
汪子宜	四川通省师范学堂学生
徐 堪	四川通省师范学堂学生
张为炯	四川通省师范学堂学生
刘季刚	四川优级师范学堂学监，国立成都高等师范学校训育主任

注：表格内容采自四川大学校史馆校史专题展览"辛亥川大"。

二、创办进步报刊，传播革命思想

如果说办学堂旨在培养民主革命的中坚力量，那么办报刊则是革命先驱传播革命思想、扩大群众基础的重要举措。当时，无论立宪派还是革命派，都重视利用报纸杂志来启迪民众，传播进步思想。

曾在尊经书院求学和担任山长的宋育仁是中国早期资产阶级改良主义思想家，四川维新运动倡导者，被誉为四川历史上"睁眼看世界"第一

开启中国进步的闸门 辛亥革命中的川大英烈

人。宋育仁（1857—1931），字芸子，晚年号道复，四川富顺人。1876年，19岁的宋育仁入尊经书院学习，山长王闿运"通经致用"的思想对他产生了深刻影响。1886，宋育仁考中进士，授翰林院庶吉士。不过，宋育仁思想超前，并不受保守的清政府重视，在翰林院不得志的5年间，宋育仁完成了领风气之先的《时务论》和《时务论外篇》两部著作，倡导向西方学习，实行"君民共治"，被誉为"新学巨子"。1894年，宋育仁以参赞身份出使欧洲四国考察，其间撰写了《采风记》四卷，对于引进西方思潮、开启民智发挥了积极作用。在对西方社会制度进行深入考察的基础上，宋育仁着手谋划维新大计，倡导民主共和。①

1896年，宋育仁从驻英使馆离职回川后，约杨道南、潘祖荫、廖平、邓镕、吴之英等人在成都发起成立了蜀学会，蜀学会与北京的强学会以及刘光第、杨锐等人来往密切。四川维新派以蜀学会为阵地，以报刊为媒介，抨击旧势力，宣传维新变法主张，起到了开民智、兴民德的积极作用。

1897年11月，宋育仁等创办了近代四川最早的报纸《渝报》，这也是中国资产阶级最早创办的白话

宋育仁

报纸之一，主要介绍世界政治经济形势，宣传立宪派的改良主义，掀起了川渝地区近代史上第一次思想解放的潮流。《渝报》创刊之初，发行范围就覆盖了四川省20个府级单位中的18个，最远的宁远府远在西昌，已离重庆1000公里左右，其影响之大，可见一斑。②《渝报》还培育了许多引领新思潮、新风气的新人物。令人遗憾的是，《渝报》仅办了16期，便因宋育仁到成都担任尊经书院山长，无人接续经营管理而停刊了。

---

① 王跃：《宋育仁：四川史上"睁眼看世界"第一人》，《四川省情》，2019年第5期。
② 朱至刚：《戊戌时期的四川士林与本省维新报刊——以宋育仁为切入点的考察》，《新闻大学》，2019年第7期。

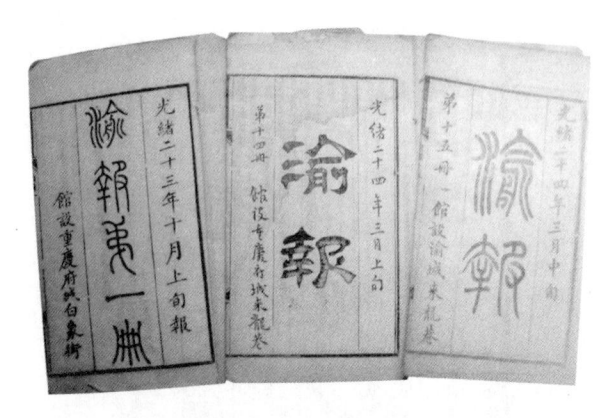

宋育仁等创办的四川近代第一报《渝报》

  1898年，宋育仁到成都担任尊经书院山长后，在学校中设置新科目、讲授新学，把尊经书院变成了培养维新人才的重要基地。他还积极推动各地兴办新式学堂，使四川各地更多学子接受新式教育。[①] 1898年5月，宋育仁与担任尊经书院"都讲"的吴之英等人共同创办近代成都第一报《蜀学报》，这可视为《渝报》的延续；他还组织人员编印《蜀学丛书》，重点介绍西方政治制度、教育制度及西方工商业法规，宣传资产阶级改良主义思想[②]。创办《蜀学报》旨在振兴蜀学，推动蜀学进步，进而将成都乃至四川、西南地区变成宣传托古改制、维新变法的基地，共同图谋西南地区乃至全中国的救亡图存大业，以达到"慨济时艰""扶圣教而济时艰"的目的[③]。《蜀学报》有"海外近事""中国近事""蜀中近事"等富有特色的栏目，报道内容较丰富。《蜀学报》在近半年的时间内共出版了13期，"戊戌变法"失败后，由于宋育仁与"戊戌六君子"之一刘光第关系密切，《蜀学报》被迫停办。此外，宋育仁还翻印了《天演论》《法意》《原富》等书，并为《法意》作注，写出《法意钞案》，为传播西方现代思想和现代制度发挥了积极作用。

[①] 王跃：《宋育仁：四川史上"睁眼看世界"第一人》，《四川省情》，2019年第5期。
[②] 佚名：《共和路上看四川》，《四川党的建设（城市版）》，2006年第1期。
[③] 参见《蜀学报》第一期《蜀学会章程》。

开启中国进步的闸门 辛亥革命中的川大英烈

宋育仁等创办的近代成都第一报《蜀学报》

当时在四川的办报者以傅崇矩先生最为闻名。傅崇矩（1875—1917），字樵村，四川简阳石盘乡人，四川省报刊界的先驱。1898年，他从尊经书院肄业后，协助宋育仁出版《蜀学报》。作为维新派代表人物宋育仁的弟子，傅崇矩认为，影响中国实现现代化的各种阻力，是近代以来中国积贫积弱、屡遭侵略的主要原因。要改变这一状况，挽救危局，使中国走向现代化，必须效仿西方，发展科学、提倡实业、开启民智。

1900年，傅崇矩创办了《算学报》，旨在介绍自然科学，这是成都继《蜀学报》之后的第二份报纸，也是成都有史以来第一份自然科学类的报纸。令人遗憾的是，当时的成都确实太闭塞，《算学报》曲高和寡，读者太少。傅崇矩曾叹道："可叹可怜，办了两期，莫得二十个人肯要！"《算学报》只好停刊。

但傅崇矩并不气馁，他于1901年又创办了《启蒙通俗报》，开设中外历史、外国新事、西国近事、地球纪事等专栏，介绍西方文化和科技知识，刊载了大量当时外国的新发明、新创造。《启蒙通俗报》推出后，不仅很快受到当时四川文化界的欢迎，也得到时任四川总督岑春煊的支持[①]。傅崇矩除了自己办报，还代为派送来自北京上海的各报，希图国人从报纸中接受进步思想。此后成都"中外各报始畅行"。

1906年，傅崇矩将《启蒙通俗报》改为《通俗日报》，傅崇矩一人编辑，多用白话。其主要报道各类社会新闻，褒贬时事，文艺副刊也不少，广受读者欢迎。后来《通俗日报》改为启蒙、通俗两种，分别改名为《通俗报》和《通俗新报》，并开始采用机器排印。1909年4月20日，傅崇矩又创办《通俗画报》。《通俗报》虽然不是专门的时事新闻类报纸，但是该报也会借机抨击时政。由于该报多有讽刺清政府官员腐败无能的新闻报道，1911年9月7日该报在四川保路运动中被清政府查封。

中日甲午战争以及义和团运动后，腐朽的清政府既遭到内部立宪派势力的批评和指责，也受到孙中山领导的同盟会革命党人的严厉抨击。为了应对风雨飘摇的局势，清政府宣布将实行君主立宪改革。1907年，受国内外形势所迫，清政府下令在各省设立谘议局，由于其初衷只是表达准备立宪的姿态，所以开始仅将谘议局作为咨询顾问机构。1908年，清政府迫于形势才扩大了谘议局的权力，使其可以监督本省的行政、财政大事，但是其议决的议案并没有强制的法律效力，谘议局受到地方督抚的限制较多。所以谘议局严格来讲完全不同于西方的议会，不具有西方议会的政治权力。四川因交通闭塞，到1909年10月才成立谘议局，蒲殿俊当选为谘议局议长，肖湘、罗纶为副议长。然而，蒲殿俊和当选议员大多具有强烈的民主思想，他们利用谘议局赋予的权力，积极揭批不法贪官的腐败行为和各种时弊，仍然取得了一定成效。

为了"创造舆论，指导国民""使政治思想普及吾蜀"[②]，进一步宣传

[①] 杨文华：《傅崇矩〈成都通览〉与近代方志转型探索》，载《志苑集林（4）》（四川大学历史文化学院专题资料汇编），内部资料，2020年。

[②] 参见《蜀报》第一期。

开启中国进步的闸门 辛亥革命中的川大英烈

君主立宪制度，1910年8月，以蒲殿俊和罗纶为首的四川立宪派创办《蜀报》，作为立宪派的喉舌，由蒲殿俊亲任社长。《蜀报》的中心任务是"造成健全之舆论，直接而为本省谘议局之补助，间接而裨益政府之实力进行，以促国会之成立者也"。其创刊目的在于"一以监督行政，促进宪政之成立；一以指导社会，鼓铸宪法之精神"[①]。蒲殿俊经常在《蜀报》上撰文介绍日本法政知识、国外科学论著以及本省本国大事，对于清政府的腐朽无能、横征暴敛，也予以大胆揭露，无所顾忌。尤其是蒲殿俊所撰写的《流民之慨》等社论，深刻犀利，慷慨激昂。该报虽然是立宪派报纸，但是其刊发的许多文章激发了广大人民对清政府的义愤，使其希望谋求中国的变革，推动历史前进。《蜀报》的影响并未局囿于四川，而是流布全国，在上海、北京等地均设有分售处，是当时四川报界的巨擘。[②]

蒲殿俊在创办《蜀报》之外，又创办了《白话报》《西顾》《启智画报》等反映立宪派主张改良革新的报刊，猛烈抨击清政府的腐朽无能及其大肆卖国的罪行。四川大学校友吴玉章在《回忆辛亥革命》中，充分肯定了蒲殿俊领导的四川谘议局大胆揭露清政府腐朽无能的作用，称其促进了辛亥革命运动的发展，做了革命的不自觉的工具。

孙中山先生领导的革命派在19世纪90年代与主张君主立宪的改良派同时登上中国历史舞台。为了宣传资产阶级民主革命思想，同盟会决定在宋教仁等人所办原华兴会机关刊物《二十世纪之支那》的基础上创办《民报》，作为同盟会机关报，四川通省法政学堂（四川大学前身之一）教员董修武和其他同盟会成员共同主持相关事务。董修武（1879—1915），四川巴州（今巴中）人，中国近代民主革命家。他于1904年以官费赴日本留学，就读于日本明治大学。在《民报》艰难草创的过程中，经费十分拮据，董修武以顽强的毅力为之四处奔走，筹集款项，与黄树中（又名黄复

---

① 参见《蜀报》第一期。
② 何一立：《蒲殿俊与四川辛亥革命》，《四川师范大学学报（哲学社会科学版）》，1992年第4期。

生）相互协助，购办印刷机器，采办所需物品，尽心竭力地处理报社事务，同盟会的同志都称赞董修武的才干。黄复生（1883—1948），初名位堂，字明玉，易名树中，字理君，四川隆昌人。他开始在泸州"经纬学堂"求学，1904年赴日本留学，加入同盟会，任四川分会会长兼《民报》经理。经过三个月的筹办，1905年11月26日，大型月刊《民报》正式创刊发行，并在东京设立了公开的编辑部。孙中山在《民报》发刊词中提出以"民族主义、民权主义、民生主义"为核心的"三民主义"，《民报》成为革命党人在海外的主要宣传阵地。

在《民报》创刊前，立宪派在舆论战线上明显强过革命派。两派论争形势关系到争夺群众支持的成败。随着中国同盟会的成立和《民报》的创刊，1905—1907年，两派论争进入了一个新阶段。论战主要在《民报》和《新民丛报》上展开。《新民丛报》是立宪派人士梁启超创办的倡导君主立宪的报纸，《民报》则完全以孙中山所倡导的三民主义思想为立论基础。这场大论战持续长达一年零九个月，最激烈的时段是在1906年，直到1907年冬《新民丛报》停刊为止，革命派在理论和舆论上大胜。通过这场思想大论战，孙中山的三民主义政治纲领得到了广泛传播，掀起了中国近代史上又一次思想解放潮流，为辛亥革命奠定了必要的思想基础。从此革命风潮一日千丈，其进步之神速，大大超出了人们的预期。董修武主持《民报》出版事务，是这场大论战的深度参与者。1906年4月，中国同盟会机关报《民报》出版临时增刊《天讨》，刊载了署名为相如的《四川革命书》和署名为望帝的《四川讨满洲檄》两篇战斗檄文，用四川人民在清政府统治下的惨况，激发四川人民的革命意志，号召四川人民反清。

在《民报》的引领和激励下，各种革命刊物如雨后春笋般涌现。1906年，为进一步宣传三民主义，在日本的四川大学校友董修武、雷铁崖与其他川籍同盟会会员等共同创办了《鹃声》杂志。该杂志以强烈的反帝爱国思想和民主主义为特色，以"发明公理，拥护人权"为主旨，旨在唤起民众挽救民族危亡，建设一个富强、民主的新中国。而刊名《鹃声》出自古诗"子规夜半犹啼血,不信东风唤不回"①,极具警醒作用,意图陈述民族危机和清政府的卖国罪行。

在"欲效啼鹃"思想的指导下,《鹃声》主编雷铁崖撰写了《中国已亡之铁案说》等名篇。他指出:"今之中国虽亡于异种,而吾民族欲起讨异种之义师而恢复祖国,以建民主政体。"② 这既揭露了国家已亡于清的危难情况,又怀着坚毅的爱国情怀,号召国人推翻清朝专制统治,合力共建新国家。

雷铁崖(1873—1920),四川富顺人,原名雷昭性。1903年,而立之年的他来到成都,进入四川省城高等学堂求学后,改名为雷铁崖。在校期间,他阅读了吴玉章从日本寄回的《劝游学书》,受维新思潮影响,前往日本留学。雷铁崖到日本后,加入了同盟会。他的战斗檄文使得在日本刊行的《鹃声》成为继《苏报》后颇具影响的刊物,引起了清朝统治者的惊慌。后来,在清政府的压力下,日本政府查封了《鹃声》。

1907年,吴玉章约雷铁崖等人一起以《鹃声》为基础筹办《四川》杂志。为确保《四川》杂志按期出版,吴玉章专门向自己就读的日本冈山第六高等学校申请休学一年,以主持《四川》杂志的出版工作。雷铁崖则发挥其文笔所长,担任《四川》杂志编辑兼撰稿人。1908年1月,《四川》杂志正式发刊,最初只出版了3期,但篇幅较厚,每期均有160页左右。汲取《鹃声》被查封的教训,《四川》将其办报宗旨含蓄地表述为"输入文明,开通民智",但实质上仍是反对帝国主义和腐朽的清政府,号召民众挽救民族危亡。所以《四川》刊登了大量揭露清政府腐朽统治、宣传革命思想的文章,如发表在第1号的《政党与国家之关系》抨击了清政府的专制主义;发表于第3号的《学生与政治》公开批判了清帝的"皇皇上谕",等等。

---

① 该诗乃宋代诗人王令所作《送春》,前句是:三月残花落更开,小檐日日燕飞来。
② 甘犁:《铁血啼鹃——雷铁崖》,《红岩春秋》,1997年第1期。

《四川》杂志创刊时的合影

《四川》杂志（第1—3号）

  时值英国侵占云南省片马地区，英国还暗中联合沙俄，图谋分裂西藏。雷铁崖在《四川》杂志上发表了雄文《警告全蜀》，全文共分八个部分，在《四川》的第一、二、三号发表了前五部分，主要是论列中国的病因病状，历数帝国主义列强对中国的侵略本性、侵略手段，直陈神州大地已沦为列强瓜分的中心，天府之邦行将成为列强竞争的大战场，神州子民面临成为"刀下之肉糜""枪下之血肉"的命运[①]。而帝国主义列

[①] 吴宇：《鹃因口瘁啼衔赤，烛为心多泪坠红——革命报人雷铁崖生平及思想述论》，湖南师范大学硕士论文，2006年。

强之所以能在华横行霸道，是同"盗钱政府"和"送礼政府"的腐朽统治分不开的，因此反帝必先反清。尽管《鹃声》被封的教训表明，在日本创办发行刊物，惹不得驻在国，但其在论述列强侵略中国时特别指出，日本虽然在中国新政中派出过教师与技工，但其在帮助中国的旗号下却包藏着攘夺之祸心。

同盟会会员、四川通省师范学堂校友龙鸣剑也常在《四川》杂志上发表诗文，其中有一首七言律诗《题四川杂志》写道："桃源何处避红埃，卷地风云海上来。司马倦游思'难蜀'，杜陵多病独登台。"反映了龙鸣剑留日期间强烈的爱国思乡之情和反帝反封建意识。

正是因为有着吴玉章、雷铁崖、龙鸣剑这样一批杰出的革命志士积极宣传革命思想，《四川》创刊后，大受读者欢迎，每期出版不久便再版发行，销售范围除四川、云南外，也覆盖到北京、上海、西安、贵阳、汉口、南昌以及缅甸、法国、越南、日本的一些城市，在全国产生了广泛的影响。该杂志以其鲜明的革命姿态倡导反帝反清的民主革命，是当时中国最进步和最革命的刊物之一。这份杂志以为四川人民代言为己任，加强了四川同国内外许多地区的联系，吹响了打破黑暗腐朽的旧世界、建设民主富强新国家的号角，对四川人民的觉醒起到了至关重要的作用。

但《四川》杂志屡屡发表大胆言论，除了抨击清政府，还敢冒犯日本霸权，自然会招致日本当局忌恨。1908年秋，《四川》与《民报》同时被日本政府查封，吴玉章因此被判刑半年，只因他尚在求学，才被批准缓期执行。《警告全蜀》最后三部分，也就是论中国与四川"病情"之后所开列的救国策略因而未能完整地刊发在《四川》杂志上。

川籍同盟会会员在创办《鹃声》《四川》的同时，还在《复报》《民报》等撰文批判改良主义和无政府主义。比如，雷铁崖曾在《复报》上发表了《主张政治革命之非》，指出清政府已面临土崩瓦解的"大溃烂"境地，非行种族革命之"大改革"不能解决问题，并指出"政治革命"之难见成效，就在于"有大溃烂，用小改革"。

《越报》是旅沪的一些浙江学生于国家危急存亡之秋在上海所办的刊物，希望以此"代表舆论，开通民智，排斥乱群，提倡教育，振兴实业，改良风俗"。雷铁崖担任《越报》主要撰稿人，他在《越报》发刊词里表示要靠全国的力量巩固内部实力来拯救国家，并在《越报》上发表了深刻批判封建纲常名教的《名说》一文，揭露封建专制与纲常名教以"无形之名牢笼社会""伪道德之祸乱斯民"，从不同的角度毒害人心。①

　　1910年7月，同盟会南洋支部由新加坡移驻马来西亚槟城。为传播革命思想，孙中山指示革命党人在槟城创办新报，以取代新加坡《中兴日报》。1910年秋，应胡汉民之邀，雷铁崖前往槟城筹办《光华日报》。经过一段时间的努力，1910年12月2日，《光华日报》正式出版，寓意"光复华夏"，后雷铁崖主持该报笔政一年有余。

　　在南洋地区，《光华日报》与保皇党人创办的《槟城新报》展开了思想交锋。《光华日报》充满活力的观点和主张吸引了一大批读者，有力地打击了保皇派的势头。雷铁崖在这场交锋中担任主笔，由此声名鹊起。同时，革命观念开始在华侨心中萌发，长期根植华侨头脑的"保皇"主张逐渐消退，这对争取华侨以实际行动支持国内风起云涌的革命运动产生了重要的推动作用。《光华日报》还十分注重对广大华侨进行科学、爱国思想的教育，雷铁崖曾在《光华日报》发表多篇文章，启发侨胞破除封建迷信和地域观念，提倡侨胞子弟学好中文，投身革命。雷铁崖还撰文表达对贫苦侨胞的同情，特别是对华工反抗殖民地工头的正义行动予以支持。

　　还有不少川籍人士在民主革命思想的影响下，回到故乡四川秘密创办报刊，继续传播民主革命思想。1903年，朱蕴章、童宪章、陈崇功等人设立了正蒙公塾，并将其逐步发展成为重庆青年宣传民主革命思想的重要据点。正蒙公塾的一批绅董集资开设了广雅书局，川大校友杨庶堪建议他们从全国各

---

① 甘犁：《铁血啼鹃——雷铁崖》，《红岩春秋》，1997年第1期。

开启中国进步的闸门 辛亥革命中的川大英烈

地广泛采购新出书报,并摘录各地报刊、论著所载宣传西方科学、民主和国内维新变法等方面的文章汇编成册、公开发行,引导青年学生接触新知识、新思想。这项建议得到士绅们的支持,1903年,杨庶堪与朱必谦等在重庆共同创办《广益丛报》,开始传播西方民主思潮及文化主张。

杨庶堪

杨庶堪(右)于1915年10月由日本回国,行前与谢持(左)等人合影

杨庶堪,字品璋,后改沧白,别号邠斋,1881年12月9日出生于四川巴县(今重庆市巴南区),1900年以重庆府试第一名成为秀才。戊戌变法失败后,杨庶堪目睹清廷腐败、国难当头,变革思想日浓。1903年,杨庶堪与梅际郇、童宪章、陈崇功、朱之洪等人秘密组织民主革命小团体公强会,以寻求富国强民为标志,以启迪民智为旨归。这是四川地区第一个资产阶级革命团体,会址设在重庆五福宫桂香阁,杨庶堪与梅际郇为主要负责人。公强会为重庆同盟会组织的成立奠定了组织基础。公强会一成立,杨庶堪就带头创办了《广益丛报》,这是重庆地区最早的一家文摘式刊物。1905年新年,该刊发表社论,题为《改良风俗》,力主三议:一去五经之毒,应废科举,兴学堂,修实学(即科学);二去鸦片之毒,须清除流品,加重灯捐,广开戒烟演说会;三去迷信之毒,要改良迷信之历

书，大兴女学，广泛创办白话报，普及新知识、新理想，以开民智，以振民风。① 同盟会成立后，该报公开宣传同盟会主张，介绍革命党人的斗争事迹。1910年10月，《广益丛报》总第118期、119期转载了同盟会革命党人冯自由的《民生主义与中国政治革命之前途》一文，这是孙中山的三民主义纲领首次在四川地区见诸报端，也给四川地区人民探索救国救民道路打开了另外一扇窗。

面对清政府的专制统治，《广益丛报》大胆抨击衰败世风和腐朽政局，倡导改革维新和民主革命，以振兴农工商业，强国富民，这些主张正是当时以杨庶堪为代表的四川进步青年所共同追求的目标。所以《广益丛报》

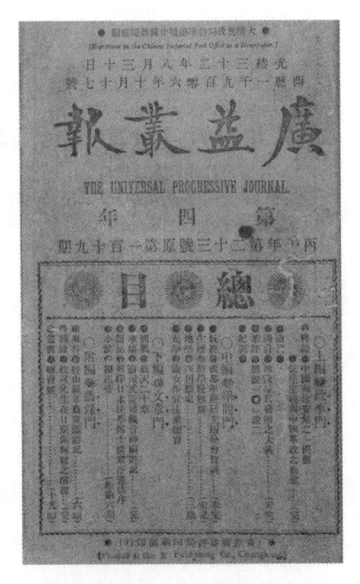

同盟会在重庆的喉舌——
《广益丛报》

吸引了较多的读者，有读者曾称赞该刊"为救亡图存之先声，作振兴实业之号角，充新知博闻之传人，实各界民众之益友"②。

三、同盟会革命党人前期的武装斗争

1905年同盟会成立后，在孙中山的领导下，把开展武装斗争，推翻清朝专制统治，建立民主共和国作为根本任务。孙中山特别指出：扬子江上游为中国革命必争之地，而四川位居长江上游，更应及早图之。为争取民族独立和国家富强，革命党人以大无畏的牺牲精神，举行了一次又一次的起义。

1906年8月，同盟会会员、绵州（今绵阳）人李实联络志士数百人，密谋9月在江油起义，然而起义计划泄露，他们被迫撤退至剑州（今剑

---

① 朱苏：《广益丛报和重庆日报简介》，《新闻研究资料》，1983年第5期。
② 朱苏：《广益丛报和重庆日报简介》，《新闻研究资料》，1983年第5期。

阁），后遭清兵袭击，遂转战至南部县小燕山。他们在小燕山聚拢各县来归者数千人，复遭清兵围剿，李实被捕，最后惨死狱中。

1906年，根据孙中山的指示意见，同盟会指派川籍革命党人熊克武等人回到四川，任务就是"先把散处各地的同志联络好，并设立机关，吸收党员，扩充力量，作为起义的领导和骨干。然后组织学生，联合会党，运动军队，发动起义"①。熊克武在成都召集谢奉琦、佘英、黄复生等同盟会会员在草堂寺开会，决定分头在四川举行武装起义。他们确定的第一个武装起义地点是泸州。泸州为川南重镇，交通便利，又是佘英的家乡，会党实力雄厚。起初准备在端午节赛龙舟时起义，后因成都革命党人要求，改为于1907年11月14日四川官吏庆贺慈禧寿辰时与成都同时发难。1907年，同盟会会员熊克武、黄复生、杨兆蓉、黄方等在泸州叙永谋划"永宁首义"，杨庶堪让张颐、杨伯谦等人从永宁中学理化实验室设法取得炸药原料。随后，熊克武、黄复生等用这些炸药原料在永宁兴隆场黄方家秘密制造炸药，但不慎引起爆炸，兴隆场的爆炸事件引起了清政府关注，最终导致起义失败。杨维、黎清瀛、黄方等6人被捕，杨庶堪则转赴成都，到四川省城高等学堂附设中学堂任教，而杨伯谦、张颐等人也随杨庶堪赴成都求学，随后考上了四川省城高等学堂，并结识了夏之时、谢持、徐堪等革命党人，继续投身推翻清政府的斗争。杨伯谦、张颐还与张少扬、黄隼高等人组织了革命团体勉学会。四川大学校友张培爵、廖泽宽、胡良辅与其他同盟会会员在成都谋划的武装起义也因计划泄露而遭到失败。其后，胡良辅只好出走嘉定（今乐山）、叙府（今宜宾）等地。由于清政府严加防范，同盟会会员、四川大学校友张培爵、彭家珍、胡良辅与其他革命党人在江安、泸州、叙府等地举行的起义，均被清政府扑灭。

1908年3月，熊克武、佘英、秦炳等在广安发动的起义也受挫。1910

---

① 中国人民政治协商会议全国委员会文史资料研究委员会：《辛亥革命回忆录·第三集》，中国文史出版社，2012年。

年1月，税钟麟、秦炳、佘英等在嘉定起义，此役同盟会死难者200余人，佘英牺牲于叙府。1911年1月，革命党人温朝钟、王克明、程昌祺、谭茂林等领导了同盟会在保路斗争发动前四川最后一次武装起义——黔江武装反清起义。起义军攻入了县城，这是四川同盟会发动的起义中唯一攻占了县城的一次，后遭川、鄂、湘、黔四地清军围攻，温朝钟中弹牺牲，王克明被地主武装杀害，黔江起义也以失败告终。

《大公报》关于黔江起义的报道

1906年至1911年，遵照孙中山的指示，以川大人为骨干的同盟会重庆支部和成都支部联合会党在四川开展的武装斗争，无论次数还是激烈程度，在全国都是比较罕见的。这些武装起义虽然都失败了，但是革命党人的起义扩大了民主革命的影响，鼓舞了人民的斗志，启发了群众的觉悟，为大规模反清武装起义的爆发播下了火种，壮大了革命力量，从而为辛亥革命在四川的发动做了思想上和组织上的必要准备①。

（廖爱民、毕玉编撰）

---

① 刘章霖：《辛亥革命前夕四川人民的反帝反封建斗争》，《内江师专学报》，1991年第1期。

第二章　引起中华革命先

　　随着工业革命成果传入中国，铁路作为工业革命的重要象征，其巨大的作用激起了中国人特别是四川人的渴望和憧憬。唐代诗人李白有一首诗非常形象地刻画了四川的交通状况："蜀道之难，难于上青天。"建设铁路是渴求天堑变通途的四川人民长久的愿望。但是，铁路也是西方列强对中国进行军事控制和财富掠夺的重要工具，他们势必要通过控制中国铁路修建和管理，来达到控制中国的目的。《马关条约》签订后，西方列强先后在中国划分"势力范围"，展开掠夺中国铁路修建与管理权的激烈竞争。1897年，法帝国主义强求修筑滇越铁路，企图由云南府延展铁路，经昭通入四川叙府以达成都。同年，英帝国主义也强求修筑滇缅铁路，企图由楚雄分支经宁远（今西昌）入四川雅州（今雅安），从成都出重庆以达长江。1903年，英、法公使均曾致电清廷外务部和四川督署，强求修筑川汉铁路。1904年，英、法政府又照会清政府和川汉铁路公司，要求修建川汉铁路。①

　　1904年，《四川官报》② 第二期刊文称：况四川一省，南接云贵，西连卫藏，高据长江上游，如果路权属于外人，就可建瓴而下，沿江各省，尽失险要，后患何可胜言？③ 所以四川人民发起成立川汉铁路公司，以保护铁路主权。但是，清政府迫于帝国主义势力的压力，却于1911年5月宣布了铁路干线国有、向外国贷款筑路等一系列政策，引发四川人民的强烈不满，轰轰烈烈的保路运动由此爆发，形成了波澜壮阔的四川保路运动，成为辛亥革命的前奏。在这场"破约保路"的爱国运动中，川大人成为极重要和活跃的中坚力量。

---

① 戴执礼：《辛亥四川保路运动的历史意义》，《人文杂志》，1958年第2期。
② 《四川官报》乃清末四川地方政府的官方报纸，1904年3月7日在成都创刊。
③ 四川省档案馆：《四川保路运动档案选编》，四川人民出版社，1981年。

四川保路运动分前后两个阶段，斗争性质有所区别。第一阶段为保路运动初期，在蒲殿俊、罗纶、张澜等立宪派人士的领导下，采取清政府体制内"文明争路"的合法斗争形式，主要目标是"保路"，倘若保路不成，则希望保住商团士绅之路股、路款；他们抱着光绪牌位请愿保路，政治上既不反赃官，更不反皇帝。第二阶段以吴玉章、龙鸣剑、张培爵等同盟会会员领导的保路同志军的武装斗争为标志，为保国家主权而保路，最终的斗争目标在于推翻清朝的封建专制统治，阻止西方帝国主义列强掠夺路权，捍卫国家铁路主权。此时四川保路运动提出的"破约保路"内涵已经深化，"破约"指破除西方帝国主义列强逼迫清政府签订的借款卖路不平等条约；"保路"指保住中国人的铁路主权。"破约保路"的矛头直指西方帝国主义列强和清政府，已初步具有反帝反封建性质。这一阶段，同盟会利用公开的保路运动组织保路同志军，开展武装反清运动，间接为辛亥革命创造了条件。在四川轰轰烈烈的保路运动中，以吴玉章、杨庶堪、张培爵、龙鸣剑等为代表的川大革命党人勇立潮头，敢为人先，为四川保路运动取得胜利做出了杰出贡献。

一、立宪派的保路运动

四川保路运动肇始于川汉铁路的筹建。20世纪初，随着中国民族资产阶级力量的不断壮大，反对西方帝国主义列强入侵、收回铁路主权的呼声日渐高涨。为了缓和国内矛盾，巩固封建统治，清政府开始推行"新政"。1903年9月，清政府同意招商局招募商股，成立铁路、农务、矿务等公司。随后，各省陆续成立铁路公司，并开始兴建商办铁路。在四川人民的强烈呼吁下，四川总督锡良也不得不奏请自办川汉铁路，并于1904年成立了川汉铁路公司，邀请时任四川省城高等学堂总理胡峻出任公司总理。

宣统元年（1909）十月二十八日四川铁路开工礼成宾主临别留影

胡峻（1869—1909），字雨岚，别号贞荏，四川华阳（今属四川成都）人，1895年考中进士，1898年授翰林院编修。在京任职期间，胡峻结识了同为四川人的刘光第、杨锐等人，受其维新变法思想影响，致力于探求革新之路。1902—1903年，四川中西学堂和锦江书院、尊经书院合并为四川通省大学堂，后又改为四川省城高等学堂，由四川总督和学政直接管理。时任四川总督岑春煊看中胡峻资深望重、学行兼优，三次登门邀请胡峻出任四川省城高等学堂第一任总理。胡峻被岑春煊的真情所打动，更痛恨科举制度埋没人才，毅然担负起创办四川近代第一所文理兼备的综合性高等学校的重任。胡峻到任后，提出了"以中国经史之学为基础，俾学生心术壹归于纯正，而后以西学瀹其智识，练其艺能，务期他日成才，各适其用，以仰副国家，造就通才"的教育方针，显示了他胸怀天下、为国育才的宏大抱负。

胡峻

致力于振兴四川教育的同时，胡峻也在密切关注着川汉铁路的修建。因此，胡峻出任川汉铁路公司总理伊始便做了两件事。一是明确提出拒绝外资。他向锡良指出："铁路交通要政，创始维艰，措施一不当，则弊害滋深。往者吾国建设事业，多借外债，终损主权，今英法领事竟以投资相饵，慎始防微，必绝外债。"[1] 后当胡峻被任命为公司总理时，他坚决反对外款入股，在公司章程第一条中明确规定："川汉铁路系奏明自办。川省绅民自愿筹集股分（份），恳请不招外股，不借外债；是以专集中国人股分（份）。其非中国人股分（份），一概不准入股，并不准将股分（份）售与非中国人，以符奏案。"[2] 二是开设铁道学堂和测绘学堂。为了培养铁路专门人才，1906年，胡峻于四川省城高等学堂附设测绘学堂和铁道学堂，并兼任铁道学堂校长。胡峻还赴美考察铁路建设并引进专门人才，聘请了陆耀庭和胡栋朝两位留美铁路工程师，拟使其分别负责川汉铁路东段、西

---

[1] 四川省地方志编纂委员会省志人物志编辑组：《四川近现代人物传（第三辑）》，四川人民出版社，1987年。

[2] 四川省档案馆：《四川保路运动档案选编》，四川人民出版社，1981年。

段的勘测工作。

川汉铁路公司成立之初属于官办，股东无权，公司衙门之风盛行，账目混乱，腐败严重，前景堪忧。1905年7月，川汉铁路改为官绅合办，胡峻任绅督。1906年，尚在日本留学的立宪派人士蒲殿俊邀约胡峻等数百位四川同乡组成川汉铁路改进会，推举蒲殿俊为正干事（会长），上书清廷，请求将川汉铁路改为商办。蒲殿俊以"告四川人公启"为名，印发《劝告书》，主张改川汉铁路为商办，并揭露官员盘踞川汉铁路公司，贪污腐化，挪用股款的丑恶行径。1907年，蒲殿俊撰写《改良川汉铁路公司议》并印发至全川各地，号召各州县组织股东分会，以监督官府，保障权益。同时，该会还定期编发《川汉铁路改进会报告书》，蒲殿俊在其中连续发文揭露官僚垄断公司的弊端，阐述商办铁路的好处。[①]
1907年4月，清政府准许川汉铁路公司改为商办，虽然川汉铁路经历了由官办到官绅合办，再到商办的复杂过程，但川汉铁路公司杜绝外资这一原则始终未改。

在贫穷落后的旧中国，杜绝外资就意味着路款筹集困难。为了筹集路款，在胡峻、蒲殿俊大力支持和呼吁下，早在1905年1月，川汉铁路总公司就拟定了集股章程五十五条，采取"内地集股，仿捐输而行债票之性质"的办法。股份来源在认购之股（商股，由投资者直接出钱投资的股份）、官本之股（官股，由政府拨款形成的股份）、公利之股（以铁路公司名义经营其他项目获得收入形成的股份）之外，又引入了抽租之股（租股，摊派在全省农户头上的股份）[②]，使广大农民成为铁路的股东及铁路利益攸关者。据《四川保路运动史》所载，截至1910年年底，在公司筹集的股金中，官股只有23万两，商股只有245万两，租股则有928万两之多。显而易见，清政府收路权为国有伤害的不仅是少数商人的利益，而且损害

---

① 祖远：《推翻清王朝的急先锋蒲殿俊》，《湖北档案》，2008年第11期。
② 四川省档案馆：《四川保路运动档案选编》，四川人民出版社，1981年。

了包括广大农民在内的各阶层人民的利益。因为川汉铁路股份构成以租股最多，而租股之股权又与广大农民利益息息相关，因此各州县的股东分会，实际上成为动员农民参加保路运动的宣传、组织机构，这就为后来各个州县迅速扩大股东分会而组成保路同志会打下了良好基础。① 由此，川汉铁路募股政策为四川保路运动的爆发埋下了伏笔。

商办川汉铁路有限公司股票

当时，腐朽无能的清政府早在正式出台铁道干线国有政策之前，就已经放出风声准备把川汉铁路改为官办，以图将铁路主权拱手出卖给西方列

---

① 成都市政协文史资料委员会：《辛亥四川风雷》，成都出版社，1991年。

强。这种卖路、卖国的卑劣行径引起了学生特别是铁道学堂学生的不满。以铁道学堂学生为代表的进步学生对铁路国有的政策进行了猛烈抨击和讨伐,却受到清政府的镇压。胡峻以校长的身份保护了一大批学生。1907年6月,四川总督赵尔丰张榜勒令学生不准干预路政,这更激起了学生的愤慨。

1911年5月9日,清政府正式宣布,将各省商办的铁路干线一律收归国有。5月18日,端方被清政府委任为粤汉铁路、川汉铁路督办大臣,强行接收川汉铁路公司。5月20日,邮传部部长盛宣怀作为清政府代表,与美、德、英、法四国银行团正式签订了粤汉铁路和川汉铁路的借款合同,不惜出卖路权以换取贷款。① 当清政府将川汉铁路强行收归国有时,川汉铁路宜(宜昌)夔(夔府,今奉节)段已经开始修筑,工程已完成三分之二以上,而川汉铁路公司所集股款已达1670余万两,已有足够财力先行完成宜昌至夔府六百里的铁路工程。② 而清政府这种夺路卖路的行径,无疑是卖国行为,并且侵犯了四川各个阶层广大人民群众的切身利益,所以激起了全国人民的公愤,尤其是四川人民的愤怒。

在"列强瓜分日烈,朝廷懦弱日甚"的险恶情势下,四川人民奋起反抗,掀起了轰轰烈烈的保路运动。1911年6月17日,川汉铁路公司在成都召开全体股东大会,并邀请总督赵尔丰到会,倾听四川人民的呼声,期望其代为向中央政府上传民情,然而赵尔丰到会后竟然说"不必争路废约",激起股东极大不满。川汉铁路公司股东会副会长张澜等人当场痛斥赵尔丰的错误言论。大会决议,坚持川汉铁路商办,川汉铁路公司有财力修建铁路,要求清政府收回铁路国有政策。时任四川谘议局议长蒲殿俊与川汉铁路公司股东会骨干罗纶、颜楷、彭芬等紧急磋商,决定组织保路同志会,以川汉铁路公司为大本营,以谘议局为后盾,以保路同志会为前

---

① 李殿元:《四川保路运动对辛亥革命的催化》,《四川党的建设(城市版)》,2011年第10期。
② 戴执礼:《辛亥四川保路运动的历史意义》,《人文杂志》,1958年第2期。

锋，三位一体，保路护权。① 随后，股东会的骨干人员在铁路公司门口挂起了"四川保路同志会成立大会"的横幅，蒲殿俊被推举为四川保路同志会会长，罗纶为副会长。四川保路同志会下设总务、文牍、讲演、交涉四部，各设部长一名，② 谘议局议员江三乘任总务部部长，《蜀报》主笔邓孝可任文牍部部长，谘议局议员程莹度任讲演部部长，谘议局副议长罗纶任交涉部部长。到讲演部工作的，全是学生；到文牍部工作的，以新闻界、学界人士为多；到交涉部工作的，则以居民和工商界人士为主；川汉铁路公司的全体人员则都参加总务部的工作。③ 其中讲演部和文牍部的学生很多都是四川省城高等学堂的学生。随后，蒲殿俊等人发出《四川保路同志会宣言书》《致各府厅州县有司启》等，号召全川人民团结起来"破约保路"，指出"保路者，保中国之路〔不〕为外人所有，非保四川商路不为国家所有。破约者，破六百万磅认息送路之约，并破不交院议违反法律之约"④。

四川保路同志会成立后，派会员分路讲演，并推举代表赴京请愿。此时，立宪派人士、各地绅士和留日学生仍为四川保路运动的中坚力量。而在同盟会革命派影响下，四川各州县纷纷成立保路同志会，妇女成立了四川女子保路同志会，甚至少年儿童也成立了童子保路同志会，其会长为黄季陆（后于1943—1949年担任国立四川大学校长）。

保路运动的漫天烽火，迅速燃遍全川各地，保路同志会成立不到半个月，参加者已达10余万人。以川南的荣县为例，由于四川大学校友龙鸣剑等革命党人发挥了很好的组织领导作用，其发展势头一直走在全省州县前列。7月18日，荣县正式成立保路同志会，其机关设在荣县租股局。荣县

---

① 祖远：《推翻清王朝的急先锋蒲殿俊》，《湖北档案》，2008年第11期。
② 隗瀛涛：《四川保路运动史》，四川人民出版社，1981年。
③ 石体元：《忆成都保路运动》，载中国人民政治协商会议全国委员会文史资料研究委员会：《辛亥革命回忆录·第三集》，中国文史出版社，2012年。
④ 隗瀛涛，赵清：《四川辛亥革命史料（上）》，四川人民出版社，1981年。

保路同志会吸纳了县教育会会长、各镇议长、各商务分会经理和警署警官等各阶层的代表人士。同时，荣县保路同志会还安排了80余名宣传员，分赴各乡镇进行演讲，抗议清政府的卖国行为。以龙鸣剑为首的革命党人在号召群众积极投身保路运动的同时，还对当前时局进行了分析，指出腐败无能的清政府面对外国列强瓜分中国的企图，不仅不思如何保国护民，反而出卖路权，讨好列强，其将矛头直接指向清政府。① 经过保路同志会的广泛宣传和动员，全省142个州县的工人、农民、学生、市民，以及和尚、道士都参加到保路斗争的行列。②

曾经参加保路同志会的四川省城高等学堂学生张达夫回忆说："辛亥年，我正在四川省城高等学堂分设中学第四班（丁班）读书，在保路运动的宣传鼓动下，激发出自己的爱国热忱，参加了保路同志会。……我和同班同学周太玄、魏启元等，经本校第二班同学刘某介绍加入同盟会。……川北旅省同乡积极响应，组织川北旅省同乡保路同志分会，我同附中第三班同学蒙文通一起去参加成立大会。……当天到会的同乡约四五十人，绝大多数都是高等、师范、法政等学堂及中学堂的学生。大会由蒙裁成主持，强调保路就是保川，要求旅省同乡共同努力，促进保路运动的开展。"③

在成都召开的保路同志会大会，到会者动辄数千人至万人，一致主张废约拒债。其演讲者的痛心演说，无不引起听者共鸣落泪。不久，川、鄂、湘、粤四地联合订立争路拒债公约，团结一致，声势浩大。曾经参加保路同志会的张达夫称："七月初一，我们高等学堂和分中都选派代表参加'四川保路同志会'召开的大会，第四班选派我和王槐（号树三）二人作代表，当时学生爱国热情很高，即使不是代表，也有自动去参加的，如

---

① 甘犁：《首义先天下——吴玉章和辛亥荣县独立》，《红岩春秋》，2001年第6期。
② 李殿元：《四川保路运动对辛亥革命的催化》，《四川党的建设（城市版）》，2011年第10期。
③ 成都市政协文史资料委员会：《辛亥四川风雷》，成都出版社，1991年。

第三班的张怡僧等。……我一共去参加过八次同志会的会议,因为怕去晚了挤不进会场。……当时成都虽没有较大的产业工人队伍,但手工业者却不少,他们在同志会的号召下,都踊跃地参加大会。……会场只能容纳六七百人,可是到会的人越来越多,经常都是几千万把人,礼堂的周围和空坝都站满了人,站不下的挤到大门外街上,把岳府街都扎断了,天天都是人山人海,情况之热烈,简直难以形容。"① 保路同志会不仅在四川各地开展宣讲,还派出代表前往北京、上海、湖南、湖北、广东等地请愿、宣传,产生了广泛的社会影响。

四川保路同志会的成立,标志着四川大规模的保路运动的正式开始,从而揭开了辛亥革命在四川的序幕。7月,四川保路同志会决议,号召全川罢市罢课,抗议清政府,并发表宣言,不再纳赋税,不再出杂捐,以之抵股息。当时插班在四川省城高等学堂分设中学堂丙班读书的郭沫若响应保路同志会的号召,积极组织同学们罢课。罢课后的第四天,郭沫若所在的班级举行英文考试,郭沫若和同学们则拒绝参加考试,在自修室里坐着不动。②

郭沫若

郭沫若在校期间写的诗歌

---

① 成都市政协文史资料委员会:《辛亥四川风雷》,成都出版社,1991年。
② 雷风行:《郭沫若的少年时代》,北京少年儿童出版社,1985年。

开启中国进步的闸门 辛亥革命中的川大英烈

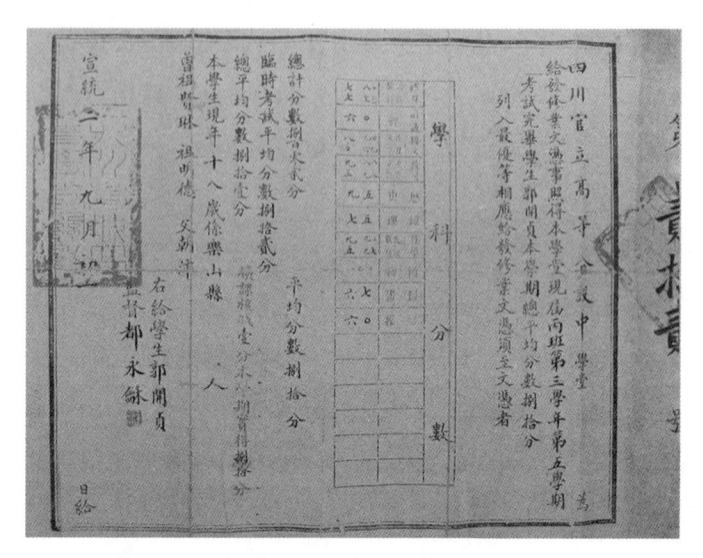

郭沫若在四川官立高等分设中学堂①的修业文凭

7月4日，荣县革命党人王天杰随即在荣县发动罢市罢课，不再缴纳捐税和赋税。② 8月，赵尔丰不顾全川人民的强烈反对，仍然强行收回川汉铁路宜（宜昌）万（万县）段路权，群众更加激愤。8月24日，蒲殿俊、罗纶组织四川省保路同志会在成都举行大会，通过全城罢市罢课的决定。传单一出，成都人民万众一心，商人罢市，学生罢课，以示抗议。接着从8月27日起，南自邛（邛州，今邛崃）雅（雅州），西迄绵州，北近顺庆（南充），东抵荣（荣昌）隆（隆昌），千里内外，府县乡镇，一律罢市闭户。9月1日，四川人民开始宣布不纳正粮、不纳捐税、不负担外债。9月5日，在川汉铁路公司特别股东大会上，出现了朱国琛、刘长述等人撰写的《川人自保商榷书》传单，朱国琛当时是四川通省农政学堂（四川大学前身之一）附属农事试验场场长，曾留学日本学习农科，加入了同盟会，归国后为民主革命来到成都。刘长述则是"戊戌六君子"之一刘光第的儿

---

① 即四川省城高等学堂分设中学堂。
② 成都市政协文史资料委员会：《辛亥四川风雷》，成都出版社，1991年。

子，由胡峻保荐到四川省城高等学堂学习。《川人自保商榷书》主张人民练兵，办团练，设兵工厂，自收赋税等。《川人自保商榷书》表面上号召川人"竭尽赤诚，协助政府""厝皇基于万世之安"；实际上却揭露了清政府"夺路劫款转送外人""日以卖国为事"的真相，转而呼吁川人"一心一力，共图自保"。《川人自保商榷书》提出了维持治安、一律开市开课开工、经手租税、制造枪炮、编练国民军、设立炮兵工厂、修筑铁路等"现在自保条件"和"将来自保条件"。《川人自保商榷书》还提出："凡自保条件中，既经川人多数议决认可，如有卖国官绅从中阻挠，即应以义侠赴之，誓不两立于天地。"[1]《川人自保商榷书》表面上没有革命口号，却揭露了帝国主义的蛮横和清政府的腐朽罪恶，提出川人"共同自保""共挽时局之危"的号召，隐含革命独立之意，给予当局极大的震动。[2]

立宪派在掌握四川保路运动领导权的初期，希望"文明争路"，但是随着广大群众的保路运动热情被激发，四川各地发生了农民暴动，他们捣毁经征局、自治局和教堂，对抗警察，突破了立宪派"文明争路"的范围。于是，立宪派一面向清政府输诚，表明他们无意犯上作乱；一面试图把群众运动控制在自己手里，使之不超出"文明争路"的范围。[3]

然而，《川人自保商榷书》散发后，人们纷纷传阅，这为急于镇压保路斗争的川督赵尔丰等人提供了借口。1911年9月7日，赵尔丰假意请保路同志会负责人到督署看邮传部发来的关于川汉铁路的电报，保路同志会的蒲殿俊、罗纶、张澜等人到了督署后，没有任何人接待，更没有看到电报，却迎来了一批巡警。就这样，赵尔丰先后逮捕保路运动领导人和积极分子共12人，其中蒲殿俊、罗纶、颜楷、张澜、彭芬、王铭新、叶秉诚、蒙裁成、阎一士等9人都是四川大学校友。其中蒙裁成和阎一士是听说蒲殿俊等人被抓后，主动要求"同死"的。

---

[1] 隗瀛涛，赵清：《四川辛亥革命史料（上）》，四川人民出版社，1981年。
[2] 隗瀛涛：《辛亥四川保路运动》，《历史教学》，1961年第C2期。
[3] 涂鸣皋：《辛亥革命在四川》，《西南师范大学学报（人文社会科学版）》，1979年第3期。

开启中国进步的闸门 辛亥革命中的川大英烈

川督赵尔丰的蛮横手段，激起了清政府内部立宪派的愤怒。1911年9月7日，由四川保路同志会从四川京官中推举的驻京争路代表及其他京官总计200余人，在北京全蜀馆召开大会，签名号召罢免邮传部部长盛宣怀。9月10日，赴京请愿的争路代表刘声元及京官杨光谌、卢文矩等百余人和学生数百人徒步奔赴庆亲王府跪哭请愿，却被拒绝。蒲殿俊、罗纶等人被逮捕的消息传到北京后，川籍京官御史赵熙立即向朝廷上折，弹劾川督赵尔丰。赵尔丰的蛮横行为更是激起了四川人民的强烈反对。9月7日，就在蒲、罗等人被捕的同一天，数万群众潮水般涌向总督衙署，有的手握香烛，有的头顶光绪牌位，一致要求放人。① 郭沫若、李劼人作为四川省城高等学堂分设中学堂的学生，黄季陆作为童子保路同志会会长，也参加了这次请愿活动。但是，面对手无寸铁的人民群众，赵尔丰竟然命令卫队开枪扫射，当场打死群众30余人，伤者不计其数。次日，城外民众得知这一噩耗，纷纷头裹白布，冒着大雨聚于城下请愿。赵尔丰再次下令守城官兵开枪，又打死数十名群众，伤数百人，并下令三日内不准收尸，制造了骇人听闻的"成都血案"。"成都血案"的爆发宣示了立宪派领导的"文明争路"运动彻底失败，"成都血案"也成为四川保路同志军武装围攻成都的导火索。

李劼人

---

① 甘犁：《首义先天下——吴玉章和辛亥荣县独立》，《红岩春秋》，2001年第6期。

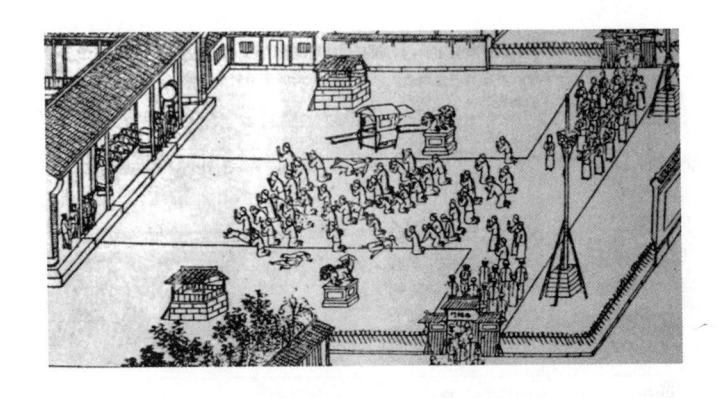

"成都血案"手绘图

在四川7000万人民轰轰烈烈的"保路运动"中,川大人发挥了骨干和组织领导作用。当时在四川省城高等学堂分设中学堂读书的郭沫若、李劼人等都是保路运动的积极参与者。校园内外,时常响起同学们"废约保路兮,吾头可断,志不移""川粤铁路不争回,不死复何期"的歌声。[1]

四川保路运动主要领导人中的四川大学校友有蒲殿俊、罗纶、颜楷、张澜、彭芬、蒙裁成、张森楷、黄季陆等,他们在保路运动中的职务如表2所示。

---

[1] 党跃武:《四川大学史话》,四川大学出版社,2017年。

表2　保路运动中担任重要领导职务的四川大学校友

姓名	职务
蒲殿俊	保路同志会会长 川汉铁路改进会会长
罗　纶	保路同志会副会长兼交涉部部长
颜　楷	保路同志会干事长 股东会会长
张　澜	股东会副会长
彭　芬	川汉铁路公司董事局主席
蒙裁成	川北旅省保路同志会会长
张森楷	川汉铁路公司成都局总理
黄季陆	童子保路同志会会长

注：表格内容采自四川大学校史馆校史专题展览"辛亥川大"。

下面对保路运动中担任重要领导职务的四川大学校友此期事迹作简述。

1. 蒲殿俊

蒲殿俊在留学日本期间就十分关注川汉铁路，曾电告清政府，希望保护四川路权。他代表留日的四川籍学生，发表了《敬告全蜀父老书》一文，历陈西方帝国列强霸占铁路的重大危害，号召四川父老百姓自力更生，坚决自修铁路，保护路权。

为了保卫川汉铁路路权，蒲殿俊不仅积极推进募集川汉铁路公司股金，而且首倡川汉铁路商办。1904年9月，蒲殿俊联合川籍留日学生300余人，召开同乡会商量川汉铁路商办对策。同乡会上，蒲殿俊根据自己的经济情况，总计认股4万余两，又主动承诺向亲友劝募20万两。后来他还上书时任四川总督锡良，提出川汉铁路公司应"悉遵外国有限公司之格式""厘定股东权利义务以著大公"[①]。1906年，蒲殿俊约集胡峻、肖湘等

---

① 戴执礼：《四川保路运动史料》，科学出版社，1959年。

300余名川籍留日学生，组成川汉铁路改进会，蒲殿俊被选为会长。该会联名上书清政府，要求将川汉铁路公司改为商办。他还出版《川汉铁路改进会报告书》月刊，撰文揭露官僚垄断川汉铁路公司造成的弊端，指出种种恶果均是绅商无权所致。他以清政府颁发的商律为依据，论证商办的合法性；他以川路"租股为大宗，租出于民，不出于官"的事实论证商办的合理性，要求铁路商办，明确股东权利，修订租股征收办法。他还大声疾呼，川汉铁路公司的改革如不立即进行，"路权将终归于外人之手"，且此"固不止四川一省之不幸也，此川汉铁路之成败，关系中国全局者也"。①1907年初，蒲殿俊放弃即将到来的毕业考试，由日本回国，专为川汉铁路之事奔走。蒲殿俊这种舍"小我"成"大我"的做法表现出他高度的爱国主义热忱。

保路运动领导人蒲殿俊

鉴于蒲殿俊留学日本期间所展示出的领导才能及积累的威望，1909年10月14日，他被选举为四川省谘议局议长，成为四川资本主义立宪派的领导人。蒲殿俊当选后即席发表演说，表示"殿俊尤愿与我全体议员共相

---

① 参见《川汉铁路改进会报告书》第一期。

策励,时时悬国事两字于胸中""当极力破除旧习"①。

　　1910年1月、6月、10月,为争取尽快召开国会,早日实现宪政,立宪派连续发起三次国会请愿运动。尽管由于四川交通不便,蒲殿俊未能参加第一次请愿运动,但他很快成为第二次国会请愿运动的骨干分子,到第三次请愿运动时他已经成为核心领导人。但清政府预备立宪不过是予其名、夺其实的"骗局",三次请愿运动均告失败,蒲殿俊被勒令出京。1911年夏,蒲殿俊为保路又到京请愿,依然遭到斥责。此时,蒲殿俊在政治上对清政府日趋失望,他痛感清政府腐败无能,失掉民心,势必走向穷途末路,意识到"吾人欲救中国,舍革命无他法"②。其态度由温和变得激进并有了"想革命"的倾向。蒲殿俊的这一思想转变,对他在保路运动中的活动产生了巨大的影响,促使他成为保路运动的核心领导者和"破约保路"最为坚定的精神旗帜,是"当时斗争中的健将"③。

　　1911年5月,清政府为举借外债而宣布铁路国有,全川哗然。蒲殿俊亲拟呈文,请时任川督王人文代奏清政府暂缓接收川汉铁路,指出:"取消商路,事系剥夺人民既得之权利,俱应由资政院议决。四川川汉铁路系本省权利,存废应由本省谘议局议决。"④他以民权反对君权,主张路权在民,只有资政院和谘议局才能真正代表人民,清政府应该"遵法律而顺舆情"⑤。有了路权在民的思想,"保路"即"保国"的理论武器,蒲殿俊猛烈抨击铁路国有是"务国有之虚名,坐引狼入室之实祸",它的观点引起了全川人士的共鸣。"破约保路"的请求被清政府拒绝后,蒲殿俊等人大力倡议组织四川保路同志会,群起"争路"。1911年6月17日,保路同志会成立,蒲殿俊任会长,发表了《保路同志会宣言书》《讲演部启事》等

---

① 隗瀛涛,赵清:《四川辛亥革命史料(上)》,四川人民出版社,1981年。
② 方然:《民主的求索者——张澜》,群言出版社,2005年。
③ 郭沫若:《反正前后》,重庆作家书屋,1943年。
④ 参见《川路收归国有要电及文稿》。
⑤ 戴执礼:《四川保路运动史料》,科学出版社,1959年。

文告，号召全川群众共同"破约保路"。当时，"同志会振臂一呼，全蜀响应，风潮尤为剧烈"[1]。蒲殿俊等人发出《遵先朝谕旨四川川汉铁路仍归商办意见书》，提出川路不可不争，"惟争路可以拒约，不争路并难保款"[2]。

鉴于蒲殿俊在保路运动中发挥着实质性的领导作用，川督赵尔丰将之视为眼中钉，称"川人争路之焰，至于极点。皆由邓孝可、罗纶、颜楷、张澜等鼓吹而成。而蒲殿俊复暗中为之主谋，以为后援"[3]，遂予以镇压。9月7日，赵尔丰下令逮捕蒲殿俊等人，诬其为叛逆。蒲殿俊被逮捕时，镇定自若，还号召一同被捕的同志赋诗会文以作消遣。蒲殿俊后来在一首诗中写下这样的句子："当时卧起刀锯丛，就中日月殊闲静""机锋是禅谐是箴，祛忿扫愁如麈尋"[4]。体现了他不怕牺牲、敢于赴死的大无畏精神。

2. 罗纶

1909年10月14日，罗纶当选四川省谘议局副议长，针对川汉铁路公司的弊端，提出整理"路事"的具体措施，逐渐恢复了人们的信心，唤起了民众的保路意识。保路运动中，由于采取了以谘议局为后盾，议长暂不露面，作幕后支持者的斗争策略，罗纶作为副议长，经常出现在前台主导相关事务，发挥了重要的组织、宣传作用。其时，"蒲殿俊的谋略""罗纶的演说"并称双绝，深为时人赞赏。他们各显所长，各尽其能，相辅相成，相得益彰。

1911年6月17日，川汉铁路公司召开股东大会，罗纶在会上充分发挥了他的组织宣传才能，以高超的演讲技巧调动了群众情绪，促成了四川保路同志会成立。郭沫若在其回忆录《反正前后》中对罗纶在会上的表现有精彩描述："罗纶，他是一位很白晰（皙）的胖子，人并不甚高。他一

---

[1] 戴执礼：《四川保路运动史料》，科学出版社，1959年。
[2] 参见《四川保路同志会报告书》第二十八号。
[3] 郑光路：《四川保路运动历史真相——炸响辛亥革命的惊雷》，四川民族出版社，2011年。
[4] 四川省政协文史资料研究委员会，四川省文史馆：《四川近现代文化人物》，四川人民出版社，1989年。

登坛向满场的人行了一礼，开口便是：'各位股东！'很宏朗的声音，'我们四川的父老伯叔！我们四川人的生命财产——拿给盛宣怀给我们卖了！卖给外国人去了！'就这样差不多一字一吐的，简单的（地）说了这几句，他接着便号啕大哭起来，满场便都号啕大哭起来了……"① 保路运动的亲历者黄绶也曾回忆当时的情景：罗纶起来发言说，"盛宣怀签订之四国借款合同，丧权辱国，招致危亡，必须坚决反对！既夺川路，又夺川路股本，已不能容忍，还要封锁舆论，不准发有关路事电报，真是岂有此理。盛、端歌电，实为苛政；夺路劫款，只发股票，实为骗局！压迫川人，违背朝旨，实为残臣！步埃及、印度后尘，大借外债，招致亡国之祸，实为汉奸！"② 几个"实为"还未讲完，罗纶已经哽咽，索性放声大哭起来，台下会众更是哭成一片，连维持秩序的警察也丢下警棍，伏案痛哭。待会场人员情绪镇定一点之后，罗纶又以洪亮的声音说道："父老昆仲们，我们的痛哭不是示弱，是对盛宣怀、端方的讨伐。但我们更要节哀，理智起来，商量下一步如何办。为了发动全川七千万人，一心一德，誓死反对铁路国有，拒债废约，我提议立刻成立责有攸归的机关——保路同志会。"③ 据《四川保路同志会报告》和王人文致清政府的报告描述："会时，人人号动，人人决死，组织保路同志会，拼一死以求破约保路，四座痛号，哭声干霄"，而"惟哀痛迫切之状，实异寻常"④。

保路同志会成立后，作为交涉部部长的罗纶每天多方奔走，四处演讲，鼓动群众入会、保路废约。旬日之间，成都各机关、学校、团体、街道及各行各业都成立了保路同志会，入会人数达10余万人。罗纶除积极领导发展保路同志会外，还亲自动笔逐条批驳四国借款合同；揭露四国掠夺中国主权的险恶行径，并于1911年6月25日率领成都各界绅民2400余人

---

① 中国史学会：《中国近代史资料丛刊·辛亥革命（四）》，上海人民出版社，1957年。
② 成都市政协文史资料委员会：《辛亥四川风雷》，成都出版社，1991年。
③ 成都市政协文史资料委员会：《辛亥四川风雷》，成都出版社，1991年。
④ 戴执礼：《四川保路运动汇纂》，"中央研究院"近代史研究所，1994年。

前往督署，将批驳四国借款合同的全文呈交时任护理四川总督王人文，请其向清政府代奏。这篇呈文自然引起了卖国投降派占上风的清政府的恼怒，四川保路运动受到清政府的"实力弹压"。当年9月7日上午，罗纶、蒲殿俊、张澜等9人被新任四川总督赵尔丰诱捕。在绳捆索绑、刀枪指胸的恐怖气氛里，罗纶从容不迫地反驳赵尔丰诬其"借争路造反"的责难，侃侃而谈："我系川人，遵德宗钦批——川路准归商办；钦定商律，股东有任免总理之权；钦定资政院谘议局章程，院局有议决国债及本省权利存废之权。盛、端收路不还股本，借款合同丧失权利甚大。且奏派股东会已撤销之李稷勋为总理，激成人民罢市罢课。我尽议员天职，保路保川，即是保国，何谓造乱？"①其驳得赵尔丰目瞪口呆，无言以对。

罗纶在保路运动中的言行受到了四川各县广大农民群众和哥老会的尊敬与景仰，罗纶与这些社会力量建立了密切联系。罗纶曾委托卸职军官吴凤梧劝说川南哥老会领袖侯宝斋参加保路同志会，并以自己力量出面组织保路同志会；在被捕前三天，罗纶还收到温江农民领袖吴庆熙的密函，吴在信中表示愿意以武装力量支持他尽早独立。这两股武装力量有一万余人，对于后来阻止来自雅安付华锋的巡防边军支援成都以及市内平乱起到了关键性的作用。

3. **颜楷**

颜楷（1877—1927），字雍耆，四川华阳人，清末翰林院编修加侍讲，是四川公立法政专门学校第三任校长，著名的书法家。颜楷曾师从刘止唐、王闿运、俞樾、翁同龢。甲午战败、维新思潮兴起时，颜楷正在北京读书，深受影响。戊戌变法失败后，颜楷目睹了父亲的好友、蜀中前辈刘光第及杨锐二人被押赴刑场处决，十分震惊与悲愤，放声痛哭，并出钱为刘、杨二人收殓。人们对他的这种义举，都很钦佩。

1911年，四川保路运动蓬勃发展，因川汉铁路公司股东会需要有一位

---

① 成都市政协文史资料委员会：《辛亥四川风雷》，成都出版社，1991年。

资望高、能够和本省大员打交道的人来负责主持，蒲殿俊、罗纶等便邀请生于阀阅世家，又是翰林院侍讲且年富力强的颜楷参加股东会。颜楷认为"铁路准归商办"系先皇帝（光绪）批准定案，不能轻易变更。四川人保路，保的不仅是铁路股东的利益，也是全川人民的利益，自己是四川人，不能坐视不管，就毅然接受，并以保路救国为己任，全力投入其中。当年6月17日，铁路股东代表临时大会召开，颜楷担任主席，当提到讨论四国借款合同时，他亲眼看见群众情绪激烈，这更加激发了他爱川、爱国的激情。当天宣布成立四川保路同志会时，他抑制不住激动的心情，觉得"见义不为，是无勇也"，就主动担任了保路同志会干事长职务。1911年8月5日，川汉铁路公司召开全川股东代表大会，颜楷被推举为川汉铁路公司股东会会长，他慷慨陈词：筑路系国家安危，积资为川人血汗，不能不拼死力争。8月24日，"破约保路"发展至成都全城罢市罢课，附近州县纷纷响应，形势日趋紧张。见此情景，总督赵尔丰约见颜楷，要求保路同志会号召市民开市，颜楷据理力争，阐述"文明争路"的道理。对于颜楷在保路运动中的所作所为，赵尔丰极度不满，称其为"少年喜事之人"，并以指为"乱党"相威胁，颜楷毫不畏惧。1911年9月7日，"成都血案"发生时，颜楷正与父亲游览青羊宫，一队军人将其包围，不怀好意地递上"请帖"。颜楷随即被一顶轿子"护送"至督署，到达门前时守卫士兵厉声喝令颜楷下轿。已感到杀戮之气的颜楷毫无惧色，端坐轿内，回声怒斥道："你知道我是什么身份？"随即，他递出翰林名帖。作为天子门生的翰林享有直接拜会总督的权利，颜楷得以乘轿而入，打击了敌人的嚣张气焰。赵尔丰将颜楷羁押在督署达2个月零9天，幸而不久辛亥革命成功，颜楷才免遭毒手。1913年，四川都督胡文澜在呈报北洋政府的文件中这样评价他：颜楷系四川保路同志会干事长，以恂恂儒者，乃见义则大勇。

4. 张澜

四川保路运动爆发后，正在南充的张澜随即联络川北的陈抱一、陈朴安等人，一同前往成都。张澜于途中大力宣传保路爱国的积极意义，当地民众无不响应。张澜抵蓉后，蒲殿俊和罗纶每有重要之事都事先征求张澜的意见。张澜的学生曾回忆称，有多次见到蒲、罗、张等人密商路事。①

面对高涨的反抗怒潮，清政府急令赵尔丰在川汉铁路公司特别股东大会召开之前赶赴成都上任。与此同时，四川各州县也相继推选股东代表在成都开会商讨对策。1911年8月2日，四川保路同志会召开全体大会欢迎股东代表，到会者近万人。会上，张澜以股东代表身份登台演说："吾辈为爱国而来，今爱吾国，必破约以保路，故能赞吾人破约保路则爱吾国者，虽仇亦亲之；不赞吾破约保路之贼也，虽吾亲亦仇之。"②

8月5日，川汉铁路公司特别股东大会在成都召开，作为川北地区南充的代表，张澜当选为股东会副会长，成为保路运动的领导人之一。当日下午特别股东大会正式开幕，四川总督赵尔丰刚刚到任，为了表示亲民，他应邀出席了此次大会。当看到四川人民群情激奋，民意汹涌之时，他辩称四川人民太穷，负担已经很重，要一口气募足筑路的资金很不容易，朝廷在深思熟虑之后，为了减少川民的负担和加快铁路建设的速度，所以才向外国人借款筑路，并威胁代表们不得违抗朝廷的旨意，否则将依律法办云云。到会的乡绅听到他的讲话，怕背上"犯上作乱"罪名，一时无人敢反驳。见此情形，张澜大步流星走上讲台，逐条驳斥了赵尔丰的诡辩。他表示：朝廷在租税以外，还用肉捐、酒捐、糖捐等形式搜刮四川百姓，并且捐税年年都在增加，从不顾及四川百姓的艰难，政府明明是夺取我们四川百姓的筑路权利，却说是体恤四川老百姓的艰难，这能够骗谁呢？中国有詹天佑那样的人，完全可以把铁路建造起来。今天朝廷不相信中国人，却相信外国人，若让外国人控制铁路交通命脉再出兵侵略中国，那么中国将会像朝鲜那样遭受亡国之祸。当他用高亢的声音讲到朝鲜亡国，遭受日本压迫，西方列强侵略中国，中国遭受殖民奴役时，在场许多老人产生强

---

① 中国人民政治协商会议四川省成都市委员会文史资料研究委员会：《成都文史资料选辑·第一辑》，内部资料，1981年。

② 隗瀛涛，赵清：《四川辛亥革命史料（上）》，四川人民出版社，1981年。

烈共鸣，泣不成声。张澜掷地有声地高喊：我们大家一定要同心协力，誓死保路废约。顿时会场上群情高涨，欢声雷动。股东们争相上台发言，表示坚决不做亡国奴，宁愿忍饥挨饿，也要筹足路款，自己筑路。

其后，特别股东大会通过了《遵先朝谕旨四川川汉铁路仍归商办意见书》，提出了"撤职李稷勋""质问邮传部"和"代奏纠劾盛宣怀"三项决议。张澜拟写了《川汉铁路公司特别股东会请赵尔丰代奏纠劾盛宣怀、李稷勋文》："……譬如临危将死，召家人为久诀之词，兼部署其身后之事，此即使暴客操刀，刑官决犯，恐亦不忍不贷以须臾，俾得从容尽意。……股东等生命财产，与本路息息相关，不远千里而来，固当逐日开会讨论，统筹全局……不敢鲁莽毕事。惟议情方始，即来此意外之部咨，四川川汉铁路公司一息尚存，实不能斯须忍受。"① 这篇呈文宣告了川人誓死破约保路的决心。

8月10日，张澜、颜楷以全体股东的名义请新任四川总督赵尔丰代奏弹劾盛宣怀、李稷勋，电令李稷勋本人限期辞职。8月12日，张澜主持特别股东大会，提出辞退李稷勋，通过"办一钱捐"提案，主张全川每人每日凑一钱自筹自修川汉铁路。8月14日，张澜再次主持特别股东大会，通过三项决议：质问邮传部盛宣怀；吁请总督赵尔丰代为上奏，希望誓遵先帝（光绪）谕旨，四川境内川汉铁路仍归商办；从速提回存于上海、宜昌各处用于修建川汉铁路的款项。② 8月24日，张澜参加特别股东大会，会议一致决定举行罢市罢课。9月1日，张澜与股东代表一致决议通告全川：自本日起实行不纳正粮，不纳捐输，以后不担任外债分厘。③

9月7日，总督赵尔丰制造"成都血案"，张澜、蒲殿俊、罗纶等四川保路同志会领导人被捕。其实张澜等人在被捕前已收到消息，外国学生连让三由于佩服张澜等人为民请命，忠勇慷慨，在得知赵尔丰准备对张澜等

---

① 四川师范学院《张澜文集》编辑组：《张澜文集》，四川教育出版社，1991年。
② 成都市政协文史资料委员会：《辛亥四川风雷》，成都出版社，1991年。
③ 成都市政协文史资料委员会：《辛亥四川风雷》，成都出版社，1991年。

人下毒手后立刻知会张澜等人，并承诺"如欲出省，外国人甘愿担任一切，尽力援助"①。但张澜拒绝了连让三的好意，从容地说："赵尔丰要下毒手，这是我们意料中的事，他要干啥，由他去吧！我们只知道保国、保川、保路、保款，没有想到要保命。"②表示坚持斗争，决不出走。由于张澜在保路运动中多次与赵尔丰针锋相对，赵尔丰一直怀恨在心。当时成都电报局的周祖佑在上呈邮传部的报告中讲，"张以种种难题质问，词语侵人，季帅颇愠"③。因此，张澜被捕后，赵尔丰特意命人用刀枪恫吓张澜和罗纶两人，胁迫他们屈服。面对大刀和长枪，张澜面不改色，临危不惧，侃侃而谈："既然准许四川人民出钱修路，断不能说路权不属于出了钱的四川人民……断不能说四川人民争取自己的路权为非法。要是出尔反尔，把路权从人民手中夺出去卖给外国，这简直是引狼入室，为害不浅！"④他的话充分体现了以民族为重、反抗帝国主义的爱国精神和反抗封建专制的民主精神。赵尔丰理屈词穷，拍案大叫："张澜，你太强横！"当即喝令士兵做出一副要立即处决张澜的架势。张澜毫不退缩，大声抗辩："我代表川民股东，痛苦深，故呼吁烈，怎么是横强蛮干？"赵尔丰被驳得哑口无言，只好将他们囚禁于督署中，诬以"抗命朝廷"之罪，令其"候旨听斩"。张澜先生在狱中，不为威武所屈，不为生死所动，与蒲殿俊、罗纶等人歌咏唱和，写有"黄州赤壁东坡赋，黑塞青林太白诗"一联和古风诗《田家乐》一首，诗中有多句嵌入鸟名，表现了张澜的临危不惧、从容坦然。

田家乐

有田不如归，谢彼绶带婴。

---

① 隗瀛涛，赵清：《四川辛亥革命史料（上）》，四川人民出版社，1981年。
② 谢增寿，康大寿：《张澜传略》，档案出版社，1992年。
③ 谢增寿，康大寿：《张澜传略》，档案出版社，1992年。"季帅"指的是赵尔丰，因赵尔丰字"季和"。
④ 龙显昭，郭光杰：《张澜纪念文集》，四川教育出版社，1999年。

择地远洿泽，小舍斫木成。
诛茅莫损花，屋脊令树平。
宵晨风日佳，眷属玉冰清。
忘世此爰居，计画漫纠萦。
眇巧妇工织，主伯劳并耕。
寻常足布谷，适宜而麋争。
负戴胜绂佩，教子规逃名。
搏黍岂徒饱，农毕方受经。
潜夫不自异，卑居饶远情。
邻里白头翁，提壶时共倾。
醉倒挂南窗，唤起参已横。
清流离垢浊，知希有余荣。
馋无百舌忱，斗无批频惊。
得失信天缘，春锄安平生。

5. 彭棻

彭棻（1875—1939），字兰村，四川双流人。幼入邑庠（即县学），中举人，为案首（第一名）。光绪维新期间，被选派赴日本留学，入日本宏文师范。1908年，彭棻任四川通省工业学堂（四川大学前身之一）监督。1910年，清政府颁行君主立宪，彭棻被选为四川省谘议局议员。清末筹建川汉铁路，作为双流民股股东代表的彭棻在出席川路股东代表大会时，被选为第二届股东会董事会主席。1911年，清政府宣布铁路国有政策后，彭棻与蒲殿俊、罗纶、张澜、颜楷、邓孝可等竭力反对，时人称之为"保路斗争十大王"。1911年9月7日，与蒲殿俊、罗纶等九人被赵尔丰诱捕，禁于督署。

6. 蒙裁成

蒙裁成（1859—1928），字公甫，号君弼，四川盐亭人，光绪初年举人，曾任绵竹县教谕，成都府学教授，四川法政学堂绅班监学。1910年8月，四川谘议局创办机关报《蜀报》，以"监督行政，促进立宪"为宗旨，宣传"预传立宪"与"地方自治"，蒙裁成是出资人之一。1911年，清政府宣布把川汉铁路收归国有后，蒙裁成与蒲殿俊、罗纶、张澜、胡嵘、彭棻等人的反对最为激烈。蒙裁成在破约保路的群众集会时，常常主动上台演讲，声泪俱下，听众深受感动。《辛亥第一枪——清末四川反正诛杀赵尔丰纪略》记载了蒙裁成演讲时的情景：

> 省城学堂的老教师蒙裁成先生，颤巍巍地冒雨奔上讲台，演讲起来：
>
> "同胞们，汉、满、蒙、回、藏族同胞们"，一句话刚出口，老先生便哽咽起来，说不出一个字。竟至老泪纵横，失声痛哭："呜、呜、呜。"
>
> "呜、呜、呜。"台下听众中也有人哭泣。那凄厉的哭声使天悲，使地恸，使鬼泣。哭声压倒了风声、雨声。
>
> 蒙老先生以手绢捂住流泪的眼眶，断断续续地泣述："……'马关条约'卖国，……'辛丑条约'卖国……盛宣怀……卖国！……各族……亡国奴……祖先……文化……保路……誓死保路……"最后蒙老先生昏倒在讲演台上。
>
> 谁个不悲？谁个不恸？谁个不爱国？谁个不爱惜生命？谁、谁、谁、没有谁！……群情悲愤。
>
> 悲壮的口号声此起彼伏，伴着急风骤雨，震撼着大地。[①]

随着保路运动的深入发展，蒙裁成召集在蓉的同乡（绝大多数都是川内高等学堂及中学堂的学生）组成川北旅省保路同志会，强调保路就是保

[①] 汪永：《辛亥第一枪——清末四川反正诛杀赵尔丰纪略》，西南交通大学出版社，1991年。

川,要求旅省同乡共同努力,促进保路运动的开展,并发动会员写信劝说亲友积极支持各县、乡成立保路同志会。

保路运动中,作为股东代表的蒙裁成与张澜、颜楷等人一起与赵尔丰针锋相对,毫不畏惧。1911年8月14日,特别股东大会在张澜的主持下通过了三条议决。蒙裁成与张澜、颜楷等几位股东代表拿了决议再次前往督署见赵尔丰。赵尔丰见决议第一条即"质问邮传部盛宣怀",不觉怒火中烧,斥责道:"真是胆大妄为,竟要质问起盛大臣来,盛大臣奉圣上旨意办事,质问他即质问圣上,你们还要不要头上这颗脑袋?"蒙裁成高声回道:"盛宣怀欺君罔上,卖国祸民,为何质问不得?"赵尔丰见吓不倒蒙裁成,便针对第二条决议向蒙裁成等人发难,指责他们:"尔等只知有先帝,难道心里全无今上吗?"蒙裁成驳道:"万岁还是幼君。"赵尔丰恼羞成怒,以辞官相威胁:"尔等如此顽劣不化,纠缠不休,冷了本督之心,我决意辞官了。"蒙裁成顺势回答:"大帅如辞官不做,那就更可无所顾忌代为上奏了。"气得赵尔丰当即端茶送客。[①]

1911年9月7日,赵尔丰诱捕蒲殿俊等九人,蒙裁成闻讯,自请与蒲殿俊等人同死,因蒙裁成也是朝廷命官,就被单独关押于巡警道署。

7. 张森楷

张森楷(1858—1928),字元翰,号式卿,四川合州(今重庆市合川区)。晚清举人,曾入成都尊经书院学习,因好发疑古言论,被学校以"离经叛道"名义削籍除名。后转入锦江书院就读,弃经攻史。1909年,任成都府中学堂历史教员,郭沫若为其学生。1925年,受聘为国立成都大学国史教授。

张森楷曾在北京上书《通筹四川应办事宜》,陈词恳切,深得好评。因此当1909年四川省谘议局成立后,蒲殿俊便邀请张森楷为谘议局提几个议案。张森楷针对四川省在新政中的流弊,提出三条议案:第一条揭示用

---

① 林淇:《张澜传》,上海文艺出版社,1993年。

人之弊；第二条指出行政之弊；第三条揭示筹款和用款之弊。此议案一经讨论，即告通过，下达各州县，深得民众支持。

1911年，四川保路运动爆发时，张森楷在成都府中学堂任教，年已54岁，出于强烈的爱国热情，他毅然决定暂时放下教职，加入保路斗争行列。他大声疾呼，清政府的铁路国有政策是祸国殃民的"误国政策"，要救国弭祸，只有"坚持破约保路"。其主张甚为激烈，即使同清政府决裂，亦在所不惜。张森楷的行动和主张，深得各界爱国群众的支持。

1911年9月7日，赵尔丰制造骇人听闻的"成都血案"后，张森楷闻讯，怒不可遏，立即前往四川省城高等学堂与校长高凤祥等人商议办法，最后大家决定派出以张森楷先生为首的7人亲赴将军玉昆府，请求释放蒲殿俊、张澜等人。在刀光剑影、暗藏杀机的情势下，充当代表去面质手握屠刀的刽子手，需要超人的胆量和自我牺牲的精神。张森楷在玉昆面前义正词严地指出：蒲、张等人乃忠君爱国之中坚，以书生言事，非欲逆谋。而赵尔丰诱捕诸人乃火上浇油之举，促使人人自危，殊非地方之福。将军为国家、为地方计，铁路之事，务须审慎处置，否则民急变起，局势将不可收拾。但玉昆施以搪塞，称自当向赵尔丰转达，但要张森楷具呈"事由单"和"公牍"以为担保，先生等信以为真，连夜写就保释蒲、罗诸人的"事由单"和"公牍"交送玉昆。

过了一天，玉昆转给赵尔丰的事由单签批，不仅没有回音，城里戒严的防军反而有增无减，形势更加紧张。张先生唯恐夜长梦多，事久生变，乃断然提出联名写保释"公呈"。既为"公呈"，须以公家的名义，张森楷首先想到以谘议局的名义出具，但找驻局议员商议时，议员们均谈虎色变，默不作声，良久才以"议会以议长为主，今议长被捕，主体已失，我等议员，法不能用机关名义上公呈"为由加以拒绝。张森楷不胜愤慨，表示：议长虽为议员之首，议员实居议长之先，主体是议员，不是议长。所谓机关代表为议长特权，若无议长，即无机关，试问议长被捕以后，议员们还领薪资否？诸位支薪则可，呈保则不可，实在令人难解。①张森楷在谘议局碰壁后，转到铁道学堂，立即以川汉铁路公司名义写就"公呈"交由铁路总理曾培迳转呈督署，逼使赵尔丰做出答复。数日后，获督署批示：保路同志会阴谋不轨，围攻督署，策划火烧良医巷，事在危急，因而采取断然措施，弭此大难。今已奏报朝廷，应候圣旨查办。众人见此颠倒黑白的批复，无不面面相觑。只有张森楷慨然发言道："堂堂督署，诬良为叛，人性何在？法理何存？蒲、罗等人盛年有为，因争路之故，性命旦夕不保，民气消沉，国何以存？森楷垂老向尽，不能惜此区区余年，一定要据理力争，义无反顾。"张森楷毅然写成控诉书两千余言投入将军玉昆府，其中有"青天白日，众目睽睽，何能以影响之谈作为事实，上述殿陛，下示民间"及"宁与臧洪同日死，不与将军共日生"等语。上书十余日，了无反响。为此，张林楷又联络各界人士，以绅学名义频繁质询督署。张森楷虽未直接领导保路运动，但是他在整个运动之中发挥的作用是不容忽视的。

8. 黄季陆

黄季陆（1899—1985），字学典，四川叙永人，1927年出任国立成都大学教授，1943—1949年出任国立四川大学校长，并任国民党四川省党部主任委员。

黄季陆9岁即受其兄长、同盟会会员黄寿宣的委派，去狱中探望革命志士，传递消息，12岁即发起组织童子保路同志会，并任会长。1911年，四川保路运动风起云涌，势不可挡。当年4月，保路同志会在成都川汉铁路公司门前举行成立大会，声讨清政府丧权辱国，要求收回路权。年仅12岁的黄季陆也登台慷慨陈词，疾呼："我们要争气，要保路……要把路权收回来！"全场震惊。吴汝成在《回忆黄季陆》一文中提到了年幼的黄季

---

① 中国人民政治协商会议四川省文史资料研究委员会，四川省人民政府文史研究馆：《四川保路风云录》，四川人民出版社，1981年。

陆在保路演讲中险些遇难的经历：其时黄季陆年纪虽幼，但行动机智，口齿敏捷，有演说天才，颇得同盟会会员曹叔实等人嘉许，曹曾率领他至成都盐市口、春熙路一带茶坊酒肆，扶持其站立于桌上，黄则大声疾呼，进行反清保路宣传，却遭清官僚四川总督赵尔丰所派鹰犬嫉视，其以手枪射击黄，子弹恰好击中黄身上所携银圆，弹头落地，黄因而得以幸免于难。①

1911年7月11日，黄季陆、黄斌等6名小学生到川汉铁路公司，手持保路同志会的简章，要求给已拥有300名成员的小学生保

少年时代的黄季陆

路同志会以一席之地，并表达了以死相拼参与保路的决心。他们真挚恳切、发自肺腑的言辞感动了在场人员。之后黄季陆代表童子保路同志会登台演讲，积极倡议小学生捐款助修商办川汉铁路，保路护路。四川保路同志会所发行的《四川保路同志会报告》第十一号和第十二号对此盛举有详细的记录②：

小国民大发爱国热

十一日午后三钟，有小学生六人持保路同志会简章来公司（指川汉铁路公司）晤总务部袁君，三揖言曰：余等愤盛贼（指盛宣怀）卖国，欺我皇上，愿设小学生保路同志会以死争，已集合同志三百余人，但未有会所，恳假贵公司空舍一间暂做会地。言时慷慨，急欲得所办事。当答以此事须经干事会议，私人碍难即复，约以明日午后三

---

① 中国人民政治协商会议四川省射洪县委员会文史资料委员会：《射洪文史资料·第九辑》，内部资料，1994年。
② 隗瀛涛，赵清：《四川辛亥革命史料（上）》，四川人民出版社，1981年。

钟答复。袁君恐失小学生热忱,转请蒙君公甫招待。学生等见蒙仍三揖言如上。蒙问渠以宗旨。渠曰:破约保路。蒙曰:约不破、路不保,当何如?曰:我等愿赴京面见摄政王、邮传部死争。蒙曰:君等小豪杰何必死,我等当先死,留君等他日成我等强国之志可矣。言时泣,小学生等也相对泣,起别出门,犹见其挥泪不已也。学生发起人黄学典、黄斌,赞成员汤世浚、周桃、舒世杰、曾杰。

感天地泣鬼神之学生

有小学生多人,提出组织童子保路同志会,假会所于事务所,已见昨报告矣。干事会昨决议,婉劝其解散。今十二日午后三时,童子中举出代表十五人至本会事务所听取复音。当由颜君(颜楷)、罗君(罗纶)、邓君(邓孝可)接见,即据干事会决议意婉劝之。代表黄(当为黄学典)、汤数童坚执不从,语极肫挚。时旁观者麇集,皆叹息泪下。后经再三以缓急轻重反复譬晓,劝其暂且读书,养成大国民资格,备将来爱国之用。童子等谓其报告章程业已发出,不能失信于人,并备述其昨欲集会海会寺,事阻不遂,遍寻会所不得诸苦状。旁观等皆深感其诚,重违其意,商许假会场听其定期一集演说,而集会则断然谢绝,乃携其名册谓议定复答而散。今祝该可敬爱之童子家中父兄婉解其意,勿纵亦勿遏,勉其成大,则匪独本会同人之幸也。童子队中签名册间有血书者。嗟呼!为父兄者慎劝其勿再如此。天乎!演出此极悲惨之剧,罪果在吾同志会众乎?抑在盛宣怀之荧惑政府耶?该童等章程甚有理,致因甚不欲再言,此事避不登,惟录其名如下:

发起人:黄学典、黄斌

赞成员:林先荣、舒士杰、林明川、黄乃淦、周桃、张传本、甘宝清、邓海全、余朝荣、史汇源、陈家骏、晏永清、汤士清、张国权、曾杰、曾申如、舒昌龙、刘绍承、程光灿、陈风、汤士浚。

蒲殿俊、罗纶等九名四川保路同志会的领袖人物被捕后，黄季陆又带领童子保路同志会成员参与了上千人的请愿队伍，和市民一起在总督府门前"环跪痛哭"，毫不畏惧。后赵尔丰竟命人射杀民众，因黄季陆人小灵活，才侥幸免死。《黄季陆先生怀往文集》中的附录《黄季陆先生小传》对此事有记载：七月十五日……赵尔丰令军队开枪，杀死请愿群众数十人，学典亦在请愿人群中，幸安然脱险。[①]另有诗盛赞他少年保路的盛举：

巴蜀翩翩美少年，
曾倡保路著先鞭，
官衙直入无人境，
血气奔腾薄九天。

二、保路同志军的武装斗争

保路运动初期，在蒲殿俊、罗纶等立宪派人士发动四川保路运动的时候，同盟会革命党人还没有完全掌握运动的领导权。保路运动一开始，革命派就明确指出立宪派的"文明争路，非根本之革命，无以拯救人民"，"不如激扬民气，导以革命"。不过，在蒲殿俊、罗纶等立宪派人士在全川发动成立保路同志会时，四川同盟会并没有袖手旁观，而是积极参加保路同志会，把它作为革命活动的场所，用"外以保路之名，内行革命之实"的办法，秘密进行活动，力图把群众引向武装反清的革命道路。[②] 革命党人中有许多人如杨庶堪、张培爵、龙鸣剑、吴玉章、曹笃、朱国琛等都是四川大学校友，他们积极联络各地哥老会首领，吸收他们加入同盟会，准

[①] 黄季陆：《黄季陆先生怀往文集》，中华书局，2016年。
[②] 隗瀛涛：《辛亥四川保路运动》，《历史教学》，1961年第C2期。

备武装起义。由于这些原因，四川保路运动不仅特别激烈，而且极其曲折、复杂。

1906—1908年，同盟会在四川组织的多次武装起义都遭到失败，国内环境更加险恶，许多会党中的革命分子纷纷逃往日本。1907年8月，吴玉章与孙武等组织这些会党的同盟会会员，在东京成立了共进会，吴玉章的大哥吴永𣟄（匡时）被推为临时主席。共进会以同盟会的总理为总理，以同盟会的纲领为纲领，但将"平均地权"改为"平均人权"。自从建立共进会后，四川的民主革命力量便在反清旗帜下联合起来，促进了革命运动的高涨。此后，许多会党领袖带领广大会党成员组成了保路同志军，攻打清军，荣县会党领袖王天杰就是其中的典型代表。共进会还与文学社合作，将湖北新军中的5000人发展为成员，成功地将新军逐渐演变为革命的武装力量，其在后来的四川保路运动及武昌起义中，均起到了极大作用。其间，吴玉章参加了同盟会执行部的工作，参与组织了云南河口起义、广安起义以及针对李准、端方、载沣等人的一系列暗杀活动。1911年4月，吴玉章还参与筹划、组织黄花岗起义，并负责购买和运送军火，黄花岗起义失败后，72名牺牲者被合葬于黄花岗。吴玉章虽然在起义当天未及时赶回广州，但邹鲁在撰写《黄花岗七十二烈士碑记》时，仍称他为"当日不死同志"。

吴玉章大哥吴永𣟄　　1905年，吴玉章在东京与同学合影（右一为吴玉章）

广安起义，起义军从这里进攻州署　　　　　　黄花岗烈士墓

　　1911年6月，同盟会成员开始在四川荣县、富顺、井研、青神一带组织民团，等待时机，发动起义。8月4日，龙鸣剑、王天杰、陈孔伯等在资州（治今资中县）罗泉井与秦载赓、罗子舟、胡重义、胡朗和、孙泽沛、张达三、侯治国等各路哥老会首领举行会议。罗泉井会议中，他们认真分析了全国保路运动的斗争形势，鉴于立宪派在保路运动中不敢直面清政府的投降主义倾向，他们对保路运动的斗争方式进行了认真讨论，决定改保路同志会为保路同志军，组织保路同志军在9月以保路为名开展武装反清斗争。罗泉井会议研究制定了保路同志军武装起义的具体方案，包括武装起义的时机选择、后勤保障、军纪问题、敌我情报等，明确了全川保路同志军武装起义的组织领导问题。[①] 保路同志军的领导骨干大多是同盟会会员或会党首领，主要成员是以农民为主体的广大劳动人民，其目标是武装推翻清王朝的反动统治。罗泉井会议是革命党人把朴素的四川保路运动引向反清武装斗争的一次重要会议，具有重要的里程碑作用。罗泉井会议团结了各地哥老会，夯实了武装斗争的群众基础，解决了全川武装起义的指挥问题，为保路同志军起义作了重要的思想准备和组织准备，为四川保路运动的最终胜利奠定了坚实的基础。罗泉井会议是辛亥革命在四川由

[①] 宋国英：《试析罗泉井会议在保路运动中的重要作用》，《四川文物》，1991年第4期。

开启中国进步的闸门 辛亥革命中的川大英烈

保路同志会争取保路保款发展为保路同志军武装斗争的转折点，是中国同盟会把保路运动变为反清民主革命斗争的第一个具体步骤。①

罗泉井会议结束后，龙鸣剑回到成都，立即召集革命党人部署武装起义。他们一边与各地会党联络，督促起义准备；一边在驻成都的新军中开展活动，争取新军同情革命。9月7日"成都血案"发生当天，赵尔丰下令成都实行全城戒严，派重兵把守城墙，并控制交通要道和邮电部门，妄图严密封锁"成都血案"讯息，从而阻止四川人民的保路斗争。为了尽快把"成都血案"消息传递出去，龙鸣剑与曹笃趁夜奔至四川通省农政学堂附属农事试验场，与同盟会会员、农事试验场场长朱国琛一起，巧妙地在数百块小木片上写下"赵尔丰先捕蒲、罗，后剿四川，各地同志速起自救自保"，待木片风干后，又涂上防水的桐油投入锦江。这些木片顺流而下，时谓"水电报"。捡到"水电报"的民众纷纷效仿，再以此法向下游传播消息，直到将消息传遍川东南。"水电报"的成功发送是保路运动成功的关键一环，是四川本土革命运动向全国发展至关重要的一环。由此，四川保路运动掀开了新的一页，各路保路同志军在同盟会会员的领导下纷纷起义，展开了声势浩大的武装斗争。

得到"水电报"的警讯，成都周边十余州县的同志军在同盟会和哥老会的率领下，纷纷向成都进发，发动"成都战役"。9月7日，温江保路同志军抵达成都南门外，驻扎在乐群公园；郫县（今成都市郫都区）保路同志军数千人集合在成都西门。9月8日，在四川大学校友龙鸣剑和会党首领的率领下，保路同志军四面围攻成都。来自中和场、石羊场的数千保路同志军集结到成都东门牛市口、大面铺一带；双流保路同志军聚集在红牌楼，人数达6000余人②。"成都战役"发出了武装起义的信号，打响了武装推翻清朝四川反动政权第一枪。保路同志军在武侯祠、红牌楼、犀浦、

---

① 中国人民政治协商会议四川省委员会，四川省省志编辑委员会：《四川文史资料选辑（第二辑）》，内部资料，1961年。
② 成都市政协文史资料委员会：《辛亥四川风雷》，成都出版社，1991年。

温江等地与清军激战，大小战斗不下百十次。保路同志军前仆后继，义无反顾，此起彼伏，使清政府为之震动，使赵尔丰为之胆寒。①

当时清军军官中的姜登选、方声涛、程潜、张次方、陈锦江都是同盟会革命党人，他们为了配合保路同志军，都要求前锋部队只许自卫，不得伤害平民。姜登选率领炮兵进攻保路同志军时，暗自去掉了炮弹信管，假装和保路同志军激烈战斗，相持不下。方声涛带领清军抵达秦皇寺时，不让部队前进，假意说"敌众我寡也"②。当然，保路同志军不了解这些情况，真的以为清军战斗力不强，所以士气大增。

不过，当时成都城墙坚固，清军武器先进，训练有素，战斗力还是很强的。由于短时间内难以攻下成都，保路同志军决定改变战斗策略，除留下少部分兵力继续围城外，其余保路同志军分兵进攻成都周边县城，各州县保路同志军纷纷揭竿响应，他们把守关隘要道，堵截电报文书，聚众攻打县城，彭山、眉山、青神、井研、仁寿、邛州、名山、洪雅、夹江、荣县、威远十余州县相继反正，革命之火一时呈燎原之势。③

在川西平原的成都周边地区，首先由侯宝斋、罗定川、高兴林等率领保路同志军攻占新津县城，使之成为保路同志军的西南重镇。为确保不失去这个重镇，侯宝斋等还率保路同志军占据了保资山、老君山等战略制高点，并在山脚沿着河流挖堑壕，构筑堡垒；此外，其得到温江李树勋、冯时雨和嘉定李松庭等保路同志军的接应和支援，从而牢牢控制着新津。吴庆熙则率部占领温江，张熙在灌县（今都江堰市）起义，向迪璋攻占双流，孙泽沛在崇州起义，张尊占据郫县，黄少堂占领新繁，刘丽生攻占彭县，曹文枢攻占大邑，等等。④

在川西南地区，严以政、罗子舟攻占雅安，控制川藏交通要道。汉

---

① 成都市政协文史资料委员会：《辛亥四川风雷》，成都出版社，1991年。
② 成都市政协文史资料委员会：《辛亥四川风雷》，成都出版社，1991年。
③ 成都市政协文史资料委员会：《辛亥四川风雷》，成都出版社，1991年。
④ 成都市政协文史资料委员会：《辛亥四川风雷》，成都出版社，1991年。

源、荥经、雅安、天全一带都被保路同志军占领。少数民族地区，李维明率领汉藏民军攻占汶川后，得到藏族土司阿日在后勤方面的支援。邢珍禄攻占茂县后，又攻占北川城；索代兴、索代赓在松潘、理县宣布起义。[1]这样的起义事例不胜枚举。

在川南地区，四川大学校友胡良辅和荣县范燮、范模率乡军围攻省城后回师仁寿；资州张益三倾其家产办保路同志军，胡良辅率资州保路同志军于资州、威远监视清军端方所部；秦载赓、范燮率部攻克威远城；内江余清率民军，联合周鸿勋部支援川南各县；彭山陈希禹率部占领江口；赵南浦等在青神起义；洪雅孟宗辉率部转战洪雅、夹江，并支援罗子舟部攻克嘉定；龙鸣剑率部在仁寿秦皇寺迎击清军；邓亚珍、邓树北在屏山举兵起义；张桂山率部攻占富顺县；文显模、黄万里在隆昌起兵；泸州黄芳、刘朝望起兵独立，称川南军政府。犍为、嘉定一带，犍为的王子宜率领保路同志军，迎头痛击来自贵州的清政府黔防军，血战于犍为下渡口、磨子场，而胡章义、官联升、李敬廷等部在犍为幺姑沱大战清军，使得清军不能前进一步。四川大学校友曹笃、方潮珍（四川通省师范学堂学生）等率部攻克自流井地区，清军投降。罗子舟、胡重义等集中兵力，猛烈进攻叙府，击败驻守叙府的滇军，叙府、高县相继独立，川南形势得以稳固。

在川北地区，广安张观风起义，称蜀北都督府，号令各部攻取南充、岳池、邻水等县，何庆云率部攻打蓬州（治今营山县安固乡）、巴州；曾省斋率部攻打蓬溪、射洪；王晓澄、陈英琦率部攻克渠县，绵竹侯国治起义，率保路同志军进战安县；王道立在三台起义，凌寅在江油举兵，王茂南起义于安岳。

在川东地区，高亚衡在涪州（今涪陵）独立，王维舟在宣汉起义，曾省斋占据垫江，熊兆飞在南川独立，李绍尹占据大竹大寨坪，晏祥武起义于云阳，赖容光、赵其屏等控制万县（今重庆市万州区）。四川省城高等

---

[1] 成都市政协文史资料委员会：《辛亥四川风雷》，成都出版社，1991年。

学堂校友、同盟会会员卢师谛与其他同盟会骨干率领保路同志军，为了截断清政府从宜昌来的援军，集中优势兵力，冒死攻击夔府，终于击溃川江的水道巡警营，占据了夔府，牢固地守卫着四川东大门。①

由于保路同志军采取了正确的战略决策——放弃对成都的攻坚战，转而先占领周边州县，最后再取成都，全川纷纷响应，举兵起义，数十日内全省142个州县几乎全部被保路同志军攻占。围攻成都的保路同志军则砍断周边的电线杆，断其通信，不许运输米盐进城，不许运输粪便垃圾出城，断其交通及粮食，将赵尔丰及所部困在成都城内。②

四川保路同志军的反清斗争势如燎原，动摇了清政府在四川的统治，客观上造成了四川独立的有利态势。清政府十分震惊，急令端方率领鄂军入川镇压，武汉三镇革命党人趁着清军兵力空虚，加紧活动，客观上为武昌起义创造了条件。

端方（中坐者）入川前与湖北官员及洋员合影

四川大学校友李劼人对四川革命党人在保路运动中的作用给予了高度评价，他指出："若不是革命党人在股东会、同志会中间煽动人心，恐怕

---

① 成都市政协文史资料委员会：《辛亥四川风雷》，成都出版社，1991年。
② 成都市政协文史资料委员会：《辛亥四川风雷》，成都出版社，1991年。

开启中国进步的闸门 辛亥革命中的川大英烈

连七月初一日的罢市罢课也不能闹起来,就闹起来也不会坚持到半月之久的。革命党人也因为看透了宪政派的弱点,因此,在争路期间,他们就不谋而合地实行了孙中山所手定的办法,一面加入各地同志会,一面积极联络哥老会,暗暗地把光用口舌相争的同志会改成一种有武力的同志军,时机一到,就光明正大扯起革命旗帜来排满。"[1]

四川保路同志军的武装斗争如火如荼地蔓延开来,在全国产生了广泛影响,曾经被清政府镇压下去的湖北、湖南、广东三省人民保路运动又燃起熊熊烈火。10月10日,在同盟会革命党人领导下,武昌爆发了武装起义,成立了武昌革命军政府。四川省城高等学堂校友卢师谛受四川同盟会委托出川进行扩大革命的活动,他在湖北宜昌募兵数千人,声援武昌起义。武昌新军起义的成功,又反过来鼓舞了四川保路同志军的革命斗志。

四川保路同志会由于团结了各个党派、各个民族、各个阶层以及各界领袖人物,所以受到广大群众的热烈拥护。其发起人蒲殿俊、罗纶虽然是立宪派,但是他们在召开成立保路同志大会之前,与各方面领导人物都交换了意见,得到他们的同意和支持。在同盟会方面,有谘议局议员程莹度、江潘、刘声元,四圣祠法政学堂监督龙鸣剑,重庆法政学堂监督周代本,《蜀报》总编辑朱山等;立宪派方面,有谘议局议员江三乘、李德芳、肖湘等,铁路学堂监督王铭新,法政学堂绅班教员叶茂林、陈崇基,《蜀报》主笔邓孝可、白坚,顺庆府中学堂监督张澜,成都府学教授蒙裁成等;在无党派方面,有谘议局议员郑家相、陈念祖等,电报局局长胡嵘,华阳中学堂监督林思进,商会会长廖治,股东代表张森楷,翰林院编修颜楷等。[2] 保路同志会就是广泛发动四川人民群众与清政府斗争的统一战线。所以,何其芳说过,保路同志会是当时革命政治派别的大联合,其中有同盟会、有立宪派、有哥老会。彭荣也说过,当时知与不知,或平时怀抱异

---

[1] 李劼人:《李劼人选集·第二卷·中册》,四川人民出版社,1980年。
[2] 成都市政协文史资料委员会:《辛亥四川风雷》,成都出版社,1991年。

见之人，均无不坦然共事，竭诚相援。这就是四川保路同志会能够迅速发展壮大的根本原因，也是最后能够推翻清政府在四川的统治，取得革命成功的根本原因。

四川保路运动戳穿了清政府这只纸老虎，鼓舞了革命派和全国人民的斗志，迎来了资产阶级民主革命的高潮，成为武昌起义的前奏，在辛亥革命史上有着非常重要的地位。孙中山曾高度评价四川人民在辛亥革命中的历史功绩："若没有四川保路同志会的起义，武昌革命或者要迟一年半载的。"[1] 四川大学校友朱德在《辛亥革命杂咏》中对其有极为准确的评价："群众争修铁路权，志同道合会全川。排山倒海人民力，引起中华革命先。"著名文学家、历史学家、四川大学杰出校友郭沫若曾慨叹："辛亥首义爆发点在武昌，但其导火线却是四川保路运动"，"辛亥革命的首功应该由四川人来担负"。其中，走在保路运动和辛亥革命潮头的四川大学校友更是功不可没。在保路风暴血与火的洗礼下，四川大学涌现了一大批仁人志士，他们用热情和鲜血铸就了光荣的革命传统，开辟了中国历史发展的新纪元。

（廖爱民、肖茜、毕玉编撰）

---

[1] 何一民，王毅：《成都简史》，四川人民出版社，2018年。

第三章　乾坤易帜共和路

随着保路运动的深入发展,在同盟会革命党人的率领下,保路同志军建立了一个又一个军政府,革命政权如雨后春笋般在巴蜀大地上出现,保路运动直接发展成为四川辛亥革命,沉重地打击了清政府四川地方政权的统治力量。在四川各地风起云涌的武装起义与政治斗争中,四川大学师生与校友发挥了骨干作用,成为推翻封建帝制的中流砥柱。

表3　四川辛亥革命主要领导人中的四川大学校友

姓　名	职　务
蒲殿俊	大汉军政府都督
尹昌衡	大汉军政府军政部部长、都督,四川都督府都督
张培爵	蜀军政府都督,四川都督府副都督、民政长
罗　纶	大汉军政府副都督,四川都督府军事参议院院长
张　澜	四川都督府川北宣慰使
邵从恩	四川都督府政务部部长,川南宣慰使
董修武	大汉军政府总政务处总理,四川都督府财政司司长
杨庶堪	蜀军政府高等顾问,四川都督府外交部部长
骆成骧	四川临时议会议长
徐　炯	大汉军政府高等顾问
方潮珍	蜀军政府军政部部长
向　楚	蜀军政府秘书院院长,四川都督府秘书厅厅长
张　颐	蜀军政府炸弹团团长
龙鸣剑	保路同志军东路民军参谋长
蒋淳风	保路同志军学生军大队长
林绍泉	蜀军总司令兼参谋长(后背叛革命)

注:表格内容采自四川大学校史馆校史专题展览"辛亥川大"。

在立宪派发起保路运动之际，吴玉章目睹四川革命浪潮日益高涨，于是动身回到四川荣县。1911年9月15日，吴玉章、龙鸣剑、王天杰等组织保路同志军在荣县起义。随后，龙鸣剑与王天杰率领保路同志军围攻成都，吴玉章则坚守荣县大后方，稳固革命政权，负起了后方的全部责任。荣县起义后，吴玉章痛斥大地主郭慎之对保路同志军的诬蔑，义正词严地指出："龙鸣剑和王天杰领着同志军去打赵尔丰，是替我们大家争铁路、争人格，他们是为国争权、为民除害，做的是正大光明的事情。"[1]吴玉章一方面在荣县加紧训练民团，支援前线，一方面又以按租捐款的办法，解决了保路同志军的经费问题。王天杰率保路同志军返回荣县后，当地县令和土豪劣绅闻讯仓皇出逃。1911年9月25日，吴玉章和王天杰在县城召开各界大会，宣布荣县独立，成立荣县军政府，自理县政，这是辛亥革命时期全国第一个脱离清王朝的县级民主革命政权。荣县"首义实先天下"，这一伟大壮举不仅使荣县成为川南地区反清斗争的大本营，推动了川南各州县的独立，而且点燃了辛亥革命武昌起义的导火线，对全国民主革命形势的发展产生了深远影响。

荣县城郊双溪书阁，同盟会活动之地　　荣县军政府旧址

荣县革命政权独立后，吴玉章负责掌管全县军政，运筹帷幄，并在

---

[1] 吴玉章：《辛亥革命亲历记》，北京出版社，2020年。

城南设立兵工厂，制造枪支、劈山炮、短刀等武器。为扩大革命政权，荣县军政府决定派兵向外进攻，鼓动更多州县独立。在吴玉章、龙鸣剑建立的荣县军政府的援助下，井研、威远、富顺、内江、资州、简州（今简阳）、宜宾、犍为、仁寿、南溪等地相继独立，建立革命政权，影响波及全川。10月1日，威远也宣布独立，成立军政府，四川大学校友胡良辅出任威远军政府副军政长。10月7日，范燮率荣县民团占领了邻近的井研县。10月29日，保路同志军进入自流井地区。由于革命形势发展迅速，内江知县闻风而逃。11月23日，吴玉章率众赶到内江，于11月26日宣布内江独立，建立了内江军政府，吴玉章出任行政部部长。12月2日，范燮、范模兄弟二人率民军占领富顺县城，宣布富顺独立，范燮出任富顺军政府司令。

内江天后宫遗址

当端方率领鄂军从武昌出发，进军四川，妄图清剿保路同志军，扑灭革命火焰时，武昌起义爆发，各省纷纷响应。四川各地也先后夺取政权，宣告独立，建立军政府。

端方率军到达重庆后，重庆的反革命力量大大加强，同盟会重庆支部负责人杨庶堪、张培爵认为重庆起义失败的风险很高，故而"酝酿未发"，考虑先在重庆附近州县发动起义，便派四川省城高等学堂校友、同盟会会员张颐去下川东夔府、万县一带，与当地的革命党人一起加入保路同志军，"俾倾向革命"，"同时起义"，以便分散和孤立重庆的清军。张颐（1887—1969），1887年8月11日出生于四川叙永县马岭镇的一个贫寒农家。1905年，张颐考入永宁中学读书，这是一所新式学堂，讲授现代科学知识。杨庶堪、朱之洪、向楚等很多教师是同盟会会员，常常给学生宣讲"三民主义"，介绍《革命军》《民报》等革命书刊，鼓励学生出国留学，接受新思想，永宁中学因此成为当地的革命司令部，在校期间，张颐深受革命思想的熏陶，并于1907年加入同盟会。1908年，张颐考入四川省城高等学堂，其间先后参加了革命团体"勉学会""乙辛学社"等。四川保路运动爆发后，张颐前往荣县、井研、仁寿、青神等地多方奔走，联络当地同盟会会员开展革命活动，随后又受同盟会重庆支部委派，到下川东推动保路运动。从此，革命烈火在川东形成燎原之势。

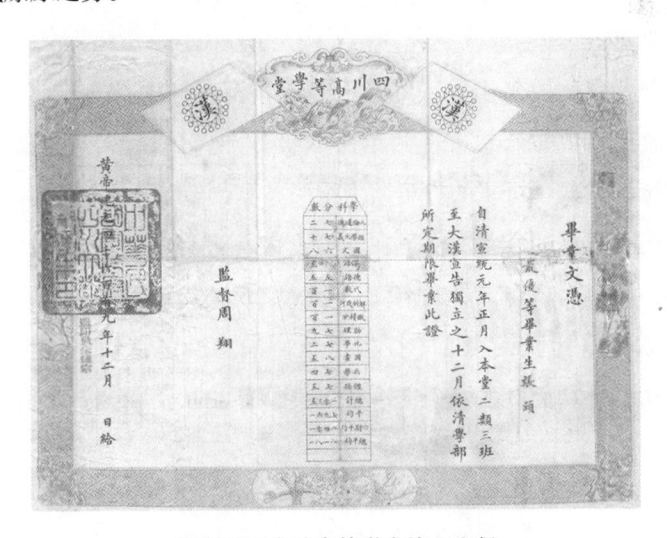

张颐四川省城高等学堂毕业文凭

开启中国进步的闸门 辛亥革命中的川大英烈

1911年11月7日,四川万县独立,起义军推举清巡防军统带刘汉卿为下川东蜀军政府副都督。11月18日,在涪州革命党人的支持下,同盟会重庆支部指挥起义军发动了长寿起义,逮捕知县沈兆翔,宣布独立,建立了长寿军政府。11月20日,涪州宣布独立,正式成立涪州军政府,由高亚衡担任军政府司令,李鸿钧担任副司令兼军政部部长。涪州军政府随即发兵,攻下丰都、酉阳、忠县、武隆等地,当地保路同志军也纷纷起义响应,川东各个州县相继宣布独立。1911年年初,在黔江起义中牺牲的王克明之妻,聚众起义,促成黔江独立,建立黔江军政府。

11月21日,张培爵率起义军在四川北部攻下垫江、大竹等九县,成立蜀北军政府,张培爵亲任都督。11月21日,长期活动在川东北的同盟会会员曾省斋率领义军攻下广安城,成立了大汉蜀北军政府,以曾省斋为都督,张雅南(观风)为副都督。11月22日,南川革命党人也率众起义。熊兆飞、邓笃等人同重庆府中学堂和川东师范学堂的同盟会会员一起拘留了南川知县等人,公推熊兆飞为统领,邓笃管司法,分设各机关。合江同盟会会员王颙书亦率众起义。11月30日,在同盟会会员冉君谷推动下,江津宣布独立。

川东各州县一般先于重庆起义而独立,都是同盟会重庆支部策动的。川东各州县"皆以重庆机关部为革命枢纽",他们的起义与独立给清政府在川东的统治造成了沉重的打击,为重庆独立创造了条件。

在重庆,独立的准备工作也在紧锣密鼓地进行中。齐聚重庆的同盟会会员公推杨庶堪为主盟,决疑定议,筹谋财政,周旋官吏,延揽同人;由张培爵、谢持主持联络交通,征集器械;朱之洪主持联络官绅,交涉各军;陈崇功、杨霖负责联络会党;熊兆飞、夏江秋负责制造炸弹;周际平负责军事。[①]

当时,武昌起义已经成功,各省纷起响应,辛亥革命迅速进入高潮。

---

① 隗瀛涛,赵清:《四川辛亥革命史料(上)》,四川人民出版社,1981年。

巴山蜀水之间，风起云涌，起义之势一触即发。在重庆，革命力量已占据了明显优势，独立的条件日渐成熟。

1911年11月21日，同盟会重庆支部向重庆府城内的各级清政府官员发出通牒，指令他们于11月22日上午9时到重庆朝天观议事。此时巴蜀大地革命形势风起云涌，赵尔丰已龟缩衙门内不敢外出，重庆府官员自然不敢违抗民意。张培爵、杨庶堪发动同盟会控制的清军、商勇、民团等起义，同盟会会员夏之时所部起义军则集结于重庆通远门外的浮图关，里应外合之下，重庆易帜。11月22日，各界代表在朝天观举行大会，重庆府城内的各级清政府官员准时来到朝天观，向楚、朱之洪等人责令清政府官员交出官印。当晚，同盟会通电全国宣告重庆独立，成立蜀军政府。革命党人杨庶堪在蜀军政府成立大会上同时宣布其革命主张和《蜀军政府组织大纲要点》，各界代表和群众顿时掌声雷动。1911年11月23日，根据《蜀军政府组织大纲要点》，推举出蜀军政府官员。后来，其被修订为《蜀军政府政纲》，并在1912年1月18日出版的《广益丛报》上发布。

《蜀军政府政纲》指出："蜀军军政府以谋中华民国之统一与廓清全蜀为主旨。……凡各部及各项办事细则，无论词语、意旨，均不得与此政纲抵触。此政纲如须改易时，当由都督召集临时大会提议，得四分之三议决始能改易。全蜀廓清，中华民国统一后，颁有民国宪法及各种法律，则此宪纲自当废止。"[①] 可见，《蜀军政府政纲》不仅是官方发布的规章，还带有"宪法大纲"的特点。

---

① 隗瀛涛，赵清：《四川辛亥革命史料（上）》，四川人民出版社，1981年。

蜀军政府成立的合影

　　蜀军政府之成立，杨庶堪、朱之洪厥功至伟，但他们却高风亮节，坚持不担任政府官员。于是，革命党人经商议，推举张培爵任蜀军政府都督，夏之时为副都督，并力推杨庶堪、朱之洪为高等顾问，蜀军政府倘若遇有重要问题，咨询两位顾问后才决定施行。此时重庆蜀军政府官员绝大多数都是同盟会会员。

　　重庆蜀军政府虽然成立，但经费十分窘迫，时任重庆蜀军政府秘书院院长向楚受命接收清政府在重庆的银行。他带着两名士兵来到大清银行重庆分行和濬川源银行，勒令其冻结银行所有资产，并交出全部账册。银行负责人要求他出具收据，由于蜀军政府刚成立，尚未刻制公章，他便拿出印有"向楚"二字的名片作为凭证，如此便取走了270万大洋和数十本账册，缓解了重庆蜀军政府的经费困难。接收资产属于肥缺，按照惯例，负责这项工作的官员若雁过拔毛，可以发大财。当时其属下也曾主动提出将部分资财转到向楚名下，但向楚廉洁自律，坚辞不允，终将接收的全部财物上交政府。

向楚

蜀军政府是同盟会重庆支部根据同盟会《革命方略》，参照西方模式建立的资产阶级革命政权，它的成立，把四川地区各州县的革命运动推向了高潮。张培爵在《蜀军政府始末》一文中回忆："先是成都未下，各道皆疑惧观望，一闻重庆独立，道、府、州、县相继响应。"[①] 川东南 57 个州县由此纷纷起义。

为了巩固新兴的资产阶级政权，重庆蜀军政府颁布了一系列改革法令，涉及政治、经济、教育、社会等诸多方面。1911 年 11 月 26 日，蜀军政府颁布了《蜀军政府通告》《蜀军政府对内宣言》等有法律性质的布告，这些布告融入民主共和的思想，缓解了民众所遭受的封建压迫与束缚。这些布告还鼓励发展资本主义经济及民主政治，客观上促进了四川辛亥革命运动向纵深发展，为四川军政府的成立提供了历史经验，并为中华民国成立后的法制建设奠定了一定基础。

---

① 周勇：《辛亥革命重庆纪事》，重庆出版社，1986 年。

蜀军政府成立后的重庆街景

　　蜀军政府还在新闻出版方面赋予民众更多的自由，改变了清政府钳制言论的一贯做法。在此之前，清末革命党人卞慕办《重庆日报》，因转载《苏报》消息触及清政府禁忌，被秘密处死，由此导致民众视办报为畏途，重庆新闻出版事业比较落后。重庆独立后，蜀军政府提倡、鼓励人民办报，各种报纸如雨后春笋般纷纷涌出，比较有名的如《光复报》《皇汉大事记》《正论报》《国民报》等。这些报纸既发表时事政论，也反映市井生活，民众可在报纸上自由表达思想，批评时政，及时了解国内外社会讯息。蜀军政府政闻通告，也经常借助报纸传达到社会各层面。

　　蜀军政府的成立，沉重地打击了清朝统治，鼓舞了四川各地的起义独立运动。卢师谛、方化南等在下川东的夔府、万县成立了军政府，杨兆蓉、黄方、邓希龄等在川南叙府、泸州等地联合哥老会、团防或新军开展活动，并表示愿意接受重庆蜀军政府号令。巫山、江津、綦江、岳池、永川、开县（今重庆市开州区）、铜梁、荣昌、合州、璧山、邻水等州县，也相继独立，并表示愿意接受蜀军政府的管辖。

　　随着独立的州县日渐增多，蜀军政府颁布《蜀军政府设置地方司令官施行细则》，指导各地革命政府规范工作，保证政令通畅。截至1912年3

月，重庆蜀军政府指导55个州县设置了地方司令官，并成立了"中华民国全蜀地方议会联合会"。不同于其他地方的独立政权，蜀军政府基本上由同盟会会员掌控，其内政外交也完全体现了同盟会的纲领和精神，这在当时全国革命政权中都是罕见的。

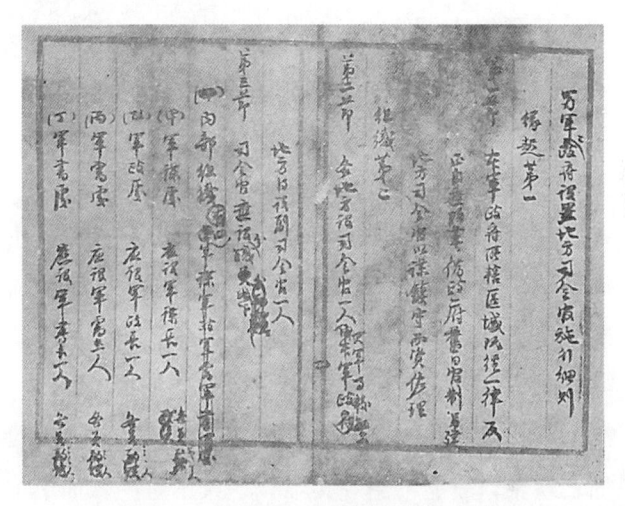

《蜀军政府设置地方司令官施行细则》（部分）

蜀军政府还策动了驻川鄂军起义、谋杀端方等重大事项。四川保路运动爆发后，清政府令湖广总督端方率鄂军进入四川镇压保路运动。蜀军政府成立时，端方的鄂军正驻扎在荣县、资州、威远一带，在蜀军政府的支持和吴玉章等人的策划下，11月27日黎明，鄂军起义士兵杀掉了端方及其弟端锦，蔡镇藩被推举为统领，率领鄂军返回湖北。杀掉端方，既巩固了新生的重庆蜀军政府，又解除了鄂军对四川保路运动的威胁，客观上有助于成都独立。

蜀军政府是四川资产阶级的革命政权，是资产阶级革命党人在四川建立民主共和制的尝试，结束了清朝在重庆及川东南50多个州县的封建专制统治，并为清朝四川地方政府的彻底覆灭敲响了丧钟，这对封建主义、帝国主义都是一个沉重的打击。蜀军政府的建立，使四川民族资产阶级的地位大为提高。

开启中国进步的闸门 辛亥革命中的川大英烈

后人总结重庆辛亥革命的历史功绩主要有以下五点。第一，同盟会会员通过秘密革命活动，推动了四川保路运动的发展，迫使清政府调鄂军入川，造成湖北守备空虚，为武昌起义创造了条件；尤其是蜀军政府的成立，极大地改变了革命势力与清朝统治力量对比，鼓舞着其他地区的革命斗争，推动了四川各州县的相继独立。第二，相比其他地区，重庆的反封建革命非常彻底，革命信仰更加纯洁，以四川大学校友杨庶堪、张培爵为代表的重庆革命党人建立的蜀军政府开明亲民，崇尚

清督办大臣端方

自由平等，毫无军阀官僚政客之习气，其治下的重庆"市井晏然，无惊，毫不觉有恐怖之现象，故能不用一兵不戮一人不筹一款而事定"[1]。第三，蜀军政府处理内政外交事务，以"诚"为先，"自都督以次，以至百司之职，皆和睦无猜，礼让为国，故得内安外攘，重庆始终无丝毫之惊扰"[2]。第四，蜀军政府独立之始，即以统一全川、成立民国为目标。蜀军政府始终以全川乃至全国人民的利益为重，顾全大局，最后蜀军政府主动与大汉四川军政府合并，促成了全川统一。第五，蜀军政府之川大革命党人一心为国，光明磊落，无争权夺利之私。成渝两地军政府合并，张培爵自愿推尹昌衡为正都督，他说"而己副之……一秉至公，迨镇抚府成立，而夏君

---

[1] 中国国民党四川省党部筹备处：《为十月初二日蜀军政府光复纪念敬告本党同志暨全川民众书》，《党务周报》，1927年第2、3期合刊；转引自袁志鹏：《中国国民党四川省党部筹备处对重庆蜀军政府的评价》，《黑龙江史志》，2013年第18期。

[2] 中国国民党四川省党部筹备处：《为十月初二日蜀军政府光复纪念敬告本党同志暨全川民众书》，《党务周报》，1927年第2、3期合刊；转引自袁志鹏：《中国国民党四川省党部筹备处对重庆蜀军政府的评价》，《黑龙江史志》，2013年第18期。

之时又复卸职，皆无一毫权利之私争"①。另外，杨庶堪和朱之洪二人都是重庆同盟会核心人物，在重庆独立时发挥了举足轻重的作用，蜀军政府成立后，却始终未任一官半职，仅担任顾问以备咨询，体现了其高风亮节的革命情操。

沧白纪念堂②

但是，重庆蜀军政府成立后，立刻面临着风雨飘摇的局面。重庆蜀军政府在发动重庆独立的革命过程中，不免要依靠新军、会党和乡绅等人士，其中混杂不少原清军的实权派，还有一些立宪派人士，这些人不一定有坚定的革命意志和大公无私的革命情怀，尤其是蜀军政府总司令林绍泉仗着自己手握兵权，私欲膨胀，居然持枪大闹蜀军政府都督府，威胁都督张培爵。而他手下的两个团长则放纵部队扰民滋事，横行乡里，甚至企图发动兵变，颠覆蜀军政府，当地百姓怨声载道，张培爵对此束手无策。于是，重庆蜀军政府邀请吴玉章到重庆主持大局，稳定局面。吴玉章身负重

---

① 中国国民党四川省党部筹备处：《为十月初二日蜀军政府光复纪念敬告本党同志暨全川民众书》，《党务周报》，1927年第2、3期合刊；转引自袁志鹏：《中国国民党四川省党部筹备处对重庆蜀军政府的评价》，《黑龙江史志》，2013年第18期。

② 1943年，重庆市将原重庆府中学堂旧址改建成"杨沧白先生纪念堂"，将其所在的炮台街改名为"沧白路"，并将杨庶堪的出生地木洞镇改名"沧白镇"，以纪念杨庶堪。

托来到重庆，他严肃地指出："只有严明纪律，才能维护革命政权。现在必须召开一个紧急会议来讨论这件事，并准备实行军事裁判，整顿军纪。"① 会上，林绍泉仍然是一副桀骜不驯的姿态，吴玉章见状，义正词严地指出："我们革命的宗旨是推翻清朝专制政府，实行民主政治，消除人民痛苦，并不是以暴易暴。我们革命党人是不侮鳏寡、不畏强暴的……如果我们今天刚一胜利，就横行霸道，和清朝官吏一样，实在违反革命的初衷……"② 最后，在吴玉章的坚定领导下，重庆蜀军政府终于解除了林绍泉蜀军总司令职务，消除了内患，稳定了局面。

川督赵尔丰眼看已经控制不住四川局面，不得不于当年11月释放了蒲殿俊、张澜、罗纶等人。蒲殿俊等人作为立宪派人士，不愿意看到保路运动演变成推翻清朝统治的革命，从而触及立宪派的利益，于是他们联名发表《哀告全川叔伯兄弟书》，认为保路同志会的目的已经达到，可以解散了，希望大家放下武器，解甲归田，恢复社会和平稳定云云。然而革命浪潮一旦涌起，人民的目标便已不是简单的保路，而是推翻清朝的专制统治，势必将革命进行到底。所以，蒲殿俊等立宪派的主张不可能受到人民群众的欢迎。

1911年11月27日，赵尔丰见大势已去，清朝气数将尽，被迫交出政权。成都当即宣布建立"大汉四川军政府"，但是因为成都革命的不彻底性，大汉四川军政府都督由保路同志会会长、立宪派人士蒲殿俊担任，原清政府陆军第十七镇统制朱庆澜为副都督，掌握兵权。由于大汉四川军政府掌权的是立宪派和原来的清军实权派，重庆蜀军政府最初并不相信大汉四川军政府是革命政权，认为那不过是清政府势力的缓兵之计，因此重庆蜀军政府准备待局势稳定后率军进攻大汉四川军政府。与此同时，赵尔丰也不甘心交出政权，妄图垂死挣扎。12月8日，他唆使旧官吏发动兵变，制造事端，企图乱

---

① 吴玉章：《辛亥革命亲历记》，北京出版社，2020年。
② 叶介甫：《革命老人吴玉章》，《文史春秋》，2011年第4期。

中夺权。蒲殿俊、朱庆澜仓皇离开,成都陷入混乱。时任大汉四川军政府陆军部部长尹昌衡带领新军入城平乱,随即改组大汉四川军政府。

四川省城高等学堂外教那爱德镜头中的四川辛亥革命

12月9日,四川大学校友徐炯、邵从恩、张澜与周骏、彭光烈等新军将领以及同盟会在四川省的革命党人士在北较场开会,公推尹昌衡、罗纶为正副都督。

改组后的大汉四川军政府正副都督(左尹昌衡,右罗纶)

开启中国进步的闸门 辛亥革命中的川大英烈

徐炯

邵从恩

12月22日，尹昌衡派兵逮捕赵尔丰，旋即在皇城坝进行公审。张澜以股东会副会长名义控诉了赵尔丰五大罪状，尹昌衡也当众尽斥其罪行，并令部下将赵尔丰当场诛于明远楼。随后，重庆蜀军政府认可了大汉四川军政府的革命性质。至此，清朝在四川的统治覆灭，辛亥革命在四川取得了胜利。

赵尔丰临刑像

四川省城高等学堂皇城校舍明远楼

1912年1月1日，中华民国成立。作为蜀军政府代表的吴玉章，应孙中山之邀，在南京临时总统府秘书处工作，负责总务，并于1月下旬作为代参议员出席了临时参议会正式大会。同时出任中华民国临时大总统府秘书的还

开启中国进步的闸门 辛亥革命中的川大英烈

有四川大学校友任鸿隽、雷铁崖等，他们为共和事业做出了杰出的贡献。

孙中山（前排中）和秘书处成员合影，后排右六为吴玉章

临时参议会开会时的合影

当辛亥革命熊熊烈火燃遍全国之际，1912年1月12日，良弼、载泽等清政府顽固派大臣组建了宗社党，叫嚣三个月内消灭孙中山及革命党。四川大学校友彭家珍闻讯后，立下誓言："不杀此人，共和绝望也。良弼虽力，我独当之，……共和成，虽死亦荣；共和不成，虽生亦辱。与其生

受辱，不如死得荣。"①

任鸿隽　　　　　彭家珍

彭家珍，1888年4月9日生于四川省金堂县，儿时常与父亲彭仕勋的得意门生张培爵一道阅读孙中山、章太炎的文章，受到民主革命思想的启蒙。1900年，12岁的彭家珍进入尊经书院求学，在书院学习的两年时间里，他逐步成长为民主革命者。1906年，彭家珍在日本加入同盟会，随后接受孙中山先生布置的任务，携带一批革命书刊返回四川，秘密从事反清活动。1907年，彭家珍加入新军，任排长，并在军中积极宣传革命思想。当时，一些同盟会骨干成员汇集成都策划武装起义，因消息泄露，革命党人遭到清政府全城搜捕。四川总督赵尔丰急调新军入城搜捕革命党人，彭家珍当时尚未暴露身份，奉令随军入城，得知赵尔丰的部署后，及时报信通知革命党人转移，使参与起义的一百多名同盟会会员大多幸免于难，为革命保存了有生力量。1910年7月，彭家珍在沈阳担任学兵营左队队官兼教练，其利用挑选学兵的机会，秘密宣传民主革命思想，吸收该队不少队员加入同盟会，增强了同盟会远东支部的力量，使东北三省的革命力量得到充实。武昌起义爆发后，彭家珍联系和指挥的人已成为东北武装起义的

---

① 彭家祥，彭传勇：《深切怀念彭家珍大将军》，《四川政协报》，2011年10月9日第004版。

骨干力量。1911年夏，彭家珍任天津兵站副站长、代理标统之职，挪出兵站大量款项物资用于革命活动，被清政府下令通缉。1911年12月，彭家珍返回北京，担任京津同盟会暗杀机关部部长，彭家珍决定擒贼先擒王，做出了暗杀宗社党首领良弼的计划。1912年1月26日晚，当良弼从肃王府议事返回自家宅邸时，隐蔽于途中的彭家珍向良弼投去炸弹，良弼重伤不治，于次日死亡。临终前，他声嘶力竭地说："知我杀我，真英雄也，我死不足惜，可惜清廷完已。"彭家珍则当场壮烈牺牲，年仅23岁。良弼死后，宗社党土崩瓦解。1912年2月12日，清帝溥仪被迫下诏宣布退位。

彭家珍以身殉国

彭家珍舍生取义、壮烈殉国的气概深深震撼了革命党人。孙中山闻讯后，甚为悲痛。1912年3月，孙中山先生在祭奠全国死义烈士的悼文中高度赞扬彭家珍"我老彭收功弹丸"；时任陆军部部长黄兴在通电全国的纪念文中称赞彭家珍"歼除大恶以收统一速效"。后来中华民国追认彭家珍为陆军大将军，宋教仁、章太炎等300余名同盟会会员题赠挽联200余幅，褒扬其"一弹帝制倒,一弹定天下""杀一身以救全国"等。① 1912 年 3 月,中华民国大总统孙中山命令地方政府修建彭家珍大将军专祠,以振奋民族精神。

位于四川成都青白江区的彭家珍专祠

彭家珍塑像　　　　彭家珍殉国纪念碑

---

① 彭家祥,彭传勇:《深切怀念彭家珍大将军》,《四川政协报》,2011 年 10 月 9 日第 004 版。

开启中国进步的闸门 辛亥革命中的川大英烈

辛亥革命时期，川大人不仅积极投身革命，为挽救民族危亡奔走呼号，华西医学教师还扶危济困，履行医者救死扶伤之责。在四川保路运动和辛亥革命期间，清兵、革命军以及百姓的伤亡都很重，华西协合大学（四川大学前身之一）教师启尔德以红十字会名义，率领医护人员奔赴前线，设立临时医疗点救助伤员。时值雨季，数月中他只能赤脚穿草鞋，冒雨在泥泞的战场艰难行走，无论伤员是何身份，均本着人道主义精神予以全力救助，并以精湛的医术救护了很多人，其仁爱之心深深地打动了许多人。美国人 Rev. James M 对他评价道："他是一位伟大的医生，他离开设备好的医院去为普普通通的士兵服务，而在当时士兵是不受人重视的。中国人都说他真正是一个完人，从未见过具有如此仁爱之心和人道主义精神的人。"[①]

启尔德在四川救治伤员

随着重庆和成都先后独立，四川出现了两个军政府并存的局面。尽管都是革命党人建立的革命政权，但是政权分立不利于四川的统一，也会给

[①] 伯莎·汉斯曼（Bertha Hensman）：《基尔伯恩一家在中国72年的奉献》，雷清芳译，https://www.myhxf.org/documents/jierboen.htm。1967年刊登于加拿大医学会杂志。

旧势力复辟提供空间。为了稳定政局、壮大革命力量，1912年起，重庆蜀军政府都督张培爵提出两个军政府合并的倡议。按张培爵的说法，蜀军政府之所以"名曰蜀军，言望成都之独立，重庆权以蜀军名义统系全川也。不名重庆军政府，言无割据之意也"①。这一倡议得到了大汉四川军政府都督尹昌衡的响应。大汉四川军政府总政务处总理兼财政部部长、四川大学校友董修武等人也力主两个军政府合并。于是，两地军政府的合并工作，在成渝两地同盟会中四川大学校友的积极推动下开展起来，双方多次就合并统一事宜进行磋商谈判。

1912年1月27日，成渝两地军政府代表在荣昌商讨合并事宜，因为两地代表都胸怀大局，希望四川在统一政权领导下，实现经济社会的稳定发展，所以很快就在重庆达成了《成都四川军政府、重庆蜀军政府协议合并草约》（总计11条）。该文件明确规定，以成都作为合并后的四川军政府中枢，于重庆设镇抚府。3月11日，尹昌衡、张培爵在成都正式就任合并后的"中华民国四川都督府"正、副都督，夏之时任重庆镇抚府总长，杨庶堪任四川都督府外交司司长，并致电南京临时政府大总统孙中山，报告全川从此统一。至此，成都大汉军政府与重庆蜀军政府正式合并为中华民国四川都督府，四川宣告统一。两地军政府合并后，四川都督府通饬成渝两地军政府合并札指出："照得去年成渝独立，各设政府，势使之然，并非故为歧异。迨大局稍定，两处人士佥议，以为非并合不足以谋政治之统一。……兹培爵于三月初九日到省，以吾川光复初成，责任艰巨，尹都督雄才大略，己所不及，已推尹公任正，培爵就副。昌衡固辞不获，复经两地文武各员，勖以大义，且以都督为国民公仆，不当在谦让之列。于三月三十一昌衡就正都督之职，培爵就副都督之职。"②乱云飞渡，方显英雄本色。尹昌衡和张培爵为四川辛亥革命立下汗马功劳，创下丰功伟绩。他们

---

① 周勇：《辛亥革命重庆纪事》，重庆出版社，1986年。
② 四川省档案馆：《四川保路运动档案选编》，四川人民出版社，1981年。

虽手握大权，却没有乘乱攫权的政治野心，只有安邦护民、支持革命新政的博大情怀。他们不计个人得失，主张合并两地军政府这一伟大壮举，在四川革命史上永远绽放着不灭之光辉。

为了尽量减少社会动荡与损失，四川革命党人严申部队纪律，严厉打击各种犯罪与暴乱活动，减免赋税，安抚人心，努力恢复正常的生活生产秩序。重庆方面，蜀军政府刚刚成立，就在《讨满虏檄文》中申明其革命宗旨"只为元恶剪除，其余附从赦免"，以安定人心。1911年11月26日，蜀军政府又发布通告，宣传新政府的治理政策，要求重庆各界人士"务希速图公安，维持桑梓"。成都方面，鉴于成都自古为四川省会城市，清朝官吏和驻防八旗人数众多，他们对辛亥革命有着深深的恐惧。为了消除其疑虑，减少革命的阻力，大汉四川军政府对不反对新政权的旧官员和旗人采取了优待政策，对要离开四川的，由政府提供路费，并派兵护送；对清政府官吏，除赵尔丰外，其余均无拘押或屠杀；对城内居住的满族人员，还专门设立机构为其办理善后事宜。

重庆蜀军政府和大汉四川军政府，以及合并成立的中华民国四川都督府，始终对外国驻川领事及人员持欢迎态度并给予礼让与保护。重庆蜀军政府成立后的第二天，即致日、美、法、德、英领事照会，同时附送一份《蜀军政府对外宣言》，告之现在军政府"同时各国益敦睦谊，以期维持世界之和平，增进人类之幸福""既已通电各省宣布独立，对于贵国商民、教士之在本埠者，不惟本政府为国革命，决不致加以暴动，并极力保护其他危险""所有外人之既得权利，一体保护。外国人居留军政府所占领之域内，其生命财产，本军政府自当保护"。[1]

---

[1] 隗瀛涛，赵清：《四川辛亥革命史料（上）》，四川人民出版社，1981年。

四川都督尹昌衡接见外宾

四川辛亥革命期间，以成都、重庆为首的四川各地军政府在推翻清朝封建统治的斗争中，以国家为重，不谋私利，为革命胜利与社会安定团结做出了巨大贡献。四川辛亥革命从首建荣县军政府到建立重庆蜀军政府、大汉四川军政府，再到建立统一的中华民国四川都督府，前后仅用时4个月，充分展示了四川人民团结一致、光明磊落的高尚情操。尽管军政府中仍有清朝旧吏和立宪派人士，但其主要权力仍掌握在以革命党人为主的进步力量手中，加上有全川人民的积极支持，很快平定了各种兵变与骚乱，巩固了革命政权，恢复了社会经济秩序。同时，由于军政府采取了比较务实的外交政策，主动保护在川外国人的生命财产安全，赢得了各国领事和侨民的理解，一定程度上改变了西方对中国人的刻板印象，减少了外国势力的干预，这些举措都是值得肯定的。

辛亥革命刚刚取得成功，在国家政治体制转型的关键时期，英帝国主义为了分裂中国，趁机图谋侵略西藏，策动西藏分裂，川边、滇边政局随之动荡。1912年，驻藏大臣因清帝退位而自动离职，西藏地方政权暂时出现权力真空。6月，英帝国主义借机派遣军队护送达赖喇嘛回西藏夺权。亲英分子趁机呼应英国，打着迎接十三世达赖返藏的旗号，积极策划"亲英反汉"的阴谋。在十三世达赖喇嘛返藏前后的数月内,许多地方发生了多起骚乱。

为了维护祖国的统一,新成立的四川军政府准备西征平叛。在西征军出征之前,四川军政府都督尹昌衡在多个公开场合慷慨陈词,"欲保四川,必先保西藏,西藏不定,不惟于四川有碍,即于中华民国亦有大不利者"①,大力宣扬进军平定西藏暴乱,稳定边疆的必要性及重大意义。在1912年6月16日武侯祠举行的"成都各界欢送西征军先锋队出发"会上,尹昌衡公开表态:"我军此次出征,宜严守军律。本总司令克期率队出关,愿与士卒同甘苦,但纪律极为严明。"② 在率大军进西藏的西征途中,他也不断发表演讲,阐述进军西藏的雄心壮志,如11月19日他在巴塘丁零寺会见巴塘驻军时说:"凡我军人,概属志士,区区之心,谅已识矣。惟是边乱未已,西征在即,我爱国军人,谅能化除界限,以图速清余匪,则不独本都督一人之幸,实我民国四万万同胞之幸也。"③ 他的演讲不仅弘扬了民族正气,激发了军人斗志,而且宣扬了国家统一与领土完整的政治远见。

尹昌衡亲自率领革命军队西征平叛中,军事行动与政治宣传相辅相成,战抚两手"恩威并用"。在与叛军作战中,他将威慑战略与灵活战术交互使用,交替推进。他制定了南北并进的路线,北线是成都—雅安—打箭炉—道坞—甘孜—德格—昌都,南线与北线的主要差异是从打箭炉分道,经打箭炉而至河口、里塘、巴塘,这样既可迅速收复川边重镇里塘,又可直捣入藏咽喉昌都。只要将里塘、昌都拿下,乡城、稻城、江卡等处必然受到"首尾夹攻",那么边疆之乱便可"迎刃而解"。④

从西征的军事斗争效果看,战争走势大体如尹昌衡军事布局。尹昌衡

---

① 《西藏风云录(三十九)》,《民立报》(上海),1912年8月1日。
② 《西藏风云录(二十五)》,《民立报》(上海),1912年7月8日。
③ 《尹硕权抵巴志详》,《国民公报》(成都),1912年12月14日。
④ 吴燕,刘一民:《尹昌衡西征三题》,《近代史研究》,2013年第3期。

率领的西征军大部队7月中旬从成都出发，一路势如破竹。南路军队8月下旬就顺利攻占了河口，直逼里塘、巴塘。北路进军更是顺利，9月便收复了昌都，有力地震慑了企图发动暴乱的反动势力，使之不敢轻举妄动，南路军后期顺利攻下稻城、乡城两地。

对于在军事征剿中如何贯彻五族共和、民族平等问题，尹昌衡明确说"五族一体，不失藏民之心，百折不回，用昭皇汉之烈"①，要求军队所到之处，"即一草一木，不得妄取，亦不得轻杀一人"②。尹昌衡五族共和、民族平等的现代思想，最明显的表现就是尊重藏族人民的宗教信仰。虽然尹昌衡本人并不信佛，但他却深谙尊重藏传佛教对平定叛乱、治理边疆的重大意义，所以他对喇嘛们说："本都督平生好佛，尤敬宗教，尤爱尔等喇嘛，……此番提兵入藏，实为保护尔等宗教而来，拯救尔等喇嘛而来，渡尔等登极乐世界，使佛教放极大光明而来也。"③ 他还从佛教教义的"空"和"普渡众生"的角度来阐释西征的意义，使藏族人民心悦诚服。同时，他还表示，自己虽有精兵强将，但不会像清朝官员那样滥杀无辜，但也不会像清政府那样轻易被愚弄。

治理和稳定边藏，仅靠军事手段和尊重信仰不能持久，必须规划发展，多管齐下，改善藏族百姓生活水平，方能长治久安。尹昌衡明白这一道理，一路征战一路改革，重点从改土归流、勘察边界、筹划经济建设等方面着手展开，效果显著。到次年1月，川边地区，改流设治者30余处，从前"羁縻系属之地，近已成地方行政之区"。后有报纸刊载：川边的区划包含川边东部、川边西部两道，分别管辖18和17个县，尹昌衡在西征中重新设置行政区划，建立相关行政机构，为后来西康省的建立夯实了管

---

① 《川都督报告藏事情形》，《民立报》（上海），1912年6月14日。
② 《川边杂记》，《民立报》（上海），1913年3月22日。
③ 《西藏风云录（七十二）》，《民立报》（上海），1912年9月27日。

理基础。① 改土归流等举措有利于加强国家对川边地区的治理，同时提升了川边百姓对国家的向心力，推动了川边地区向现代社会迈进，促进了共和国家的统一建设。

因为准备充分、谋划深远，尹昌衡自1912年7月率军西征平叛，一路非常顺利，捷报频传。不到3个月，川边的炉城（今炉霍）、理塘、巴塘皆被西征大军平定，西藏腹心地区的叛乱也相继被平定，恢复了社会秩序。尹昌衡的西征与治理，给妄图分裂西藏的英帝国主义以沉重打击，粉碎了当地分裂势力的狂妄企图，对初创的民主共和国给予了有力支持。它维护了国家领土主权和民族团结，推动了西部地区的近代化转型，为后来的国家建设奠定了基础，有力地保卫了辛亥革命的成果。

辛亥革命时期，四川人民浴血奋战，赢得了推翻清朝专制统治的胜利，使得民主共和观念深入人心。1913年，当袁世凯企图复辟帝制，"二次革命"发生，8月4日，熊克武、杨庶堪在重庆起兵响应，讨伐袁世凯"潜蓄异志，杀戮党人""背叛共和，帝制自为"。四川人民纷纷声援，一些保路同志军首领又重招旧部投入反袁斗争。所以，林伯渠论及四川保路运动和四川辛亥革命的深远意义时说："它反映了当时中国人民的爱国和民主的迫切要求。"② 四川人民在帝国主义荼毒神州、中华民族危如累卵的时刻，以炽热的爱国热情，争取自办铁路，实现祖国现代化，救亡图存，并且敢于同阻碍中国实现现代化的帝国主义和封建专制主义进行不屈不挠的斗争。正如吴玉章所言："中国辛亥革命之所以能够胜利，当然要归功于同盟会的组织力量，虽然他的组织者也有很多重大缺点。我感觉到四川铁路风潮之所以成为革命的主要力量，就是因为四川许多较好的留日学生，都是同盟会会员，他们的坚忍性、沉毅勇敢性、团结性是在各省

---

① 吴燕，刘一民：《尹昌衡西征三题》，《近代史研究》，2013年第3期。
② 《在公祭张澜先生大会上的悼词》，《新华日报》，1955年第8号。

之上。"①

四川保路运动和保路同志军大起义,是辛亥革命的重要组成部分,也是中国近代史上一次伟大的反帝爱国运动。它沉重打击了帝国主义和封建主义势力,在中华民族发展历程上立下了不朽的丰碑。1913年,经颜楷、张澜等提议,川汉铁路公司在成都少城公园(现成都市人民公园)修建"辛亥秋保路死事纪念碑",以纪念保路运动中壮烈献身的革命英烈。此碑高约31米,坐北向南,呈四方形,分碑台、座、身、顶四部分,其中碑座与碑身为方锥形,碑座四面分别是铁轨、火车头、信号灯、转辙器和自动连接器的浮雕图案,碑身四面均刻有"辛亥秋保路死事纪念碑"字样,碑文中南、北、西三面分别由四川大学校友吴之英、赵熙、颜楷用行、隶、草体书写,设计建造者为四川省城高等学堂附设铁道学堂学生、日本东亚铁道学校毕业的王栿(即王楠)。纪念碑至今仍巍然屹立,供世人瞻仰。

建于1913年的"辛亥秋保路死事纪念碑"

---

① 吴玉章:《铁路风潮》,载戴执礼:《四川保路运动汇纂》,"中央研究院"近代史研究所,1994年。

结　语

　　四川大学诞生于国难深重之际，立校宗旨就是兴学强国，培养具有"服务社会之能力"的国家栋梁。四川大学老校长胡峻先生曾经明确提出人才培养的目标是"仰副国家，造就通才"，要做国家之教育，培养国家之人才，由此培养了一大批影响四川近现代化政治、经济、文化、社会发展的人物。他们耳闻目睹西方资本主义制度、思想、文化，将眼光投向国家民族的命运上，萌发出强烈的民族主义意识。面对风起云涌的革命运动，他们再也不能安坐书斋，积极投身到变革社会的滚滚洪流中，成为四川保路运动和四川辛亥革命的中流砥柱，为武昌起义和辛亥革命的最终胜利做出了贡献。

　　天下艰难际，时势造英雄。孙中山先生曾慨然赋诗"惟蜀有才，奇瑰磊落"，以称颂四川仁人志士在辛亥革命中的丰功伟绩。在四川保路运动和四川辛亥革命中，四川大学师生与校友在争取民族独立和人民幸福的艰险道路上不懈奋斗，铸就了历久弥新的川大精神。四川大学光荣的革命传统，深厚的红色基因，激励了一代代川大人，形成了勇立潮头的进取精神和心怀祖国的革命情怀。这种精神和情怀继续激励着新时代的川大人，坚守兴学育才初心，矢志爱国奉献担当，在建设"中国特色、川大风格"的世界一流大学和实现中华民族伟大复兴的新征程上，开拓进取，砥砺前行！

（廖爱民、毕玉编撰）

下编　辛亥革命时期的川大英烈传

张培爵传

他是信仰三民主义的辛亥革命者，他是心系百姓的地方都督，他是为共和理想甘洒热血的反袁斗士。他，就是曾就读于四川大学的革命英烈张培爵。曾经，四川大学有一座以张培爵的字号命名的"列五馆"，这在学校的历史上是绝无仅有的。张培爵是四川辛亥革命元勋，他在中国旧民主主义革命中的历史功绩当为岁月所铭记。

张培爵

开启中国进步的闸门 辛亥革命中的川大英烈

一、探索：在乱世中图救世的蜀军都督

19世纪末，中华民族与帝国列强之间的矛盾，进步势力与封建王朝之间的对立，劳苦大众与剥削阶级之间的斗争，交织成一重重浓厚的迷雾，在中华大地无休止地扩散。而20世纪初期至中叶的那些彪炳千古的仁人志士，无一例外都从这里走来。

（一）入同盟，坚定信仰

张培爵，字列五，1876年12月5日出生于四川荣昌县油菜乡（今重庆市荣昌区荣隆镇）野鸭塘。张家是医药世家，他的父亲张照清，长期在当地行医。张培爵自幼勤勉好学，学业出众，父亲一直对他寄予厚望。因家无田产，张培爵凭借从隆昌张氏祠堂借出的公产地契，才获得进学资格（按当时规定，无田产者不能参加科举）。1899年，张培爵中了秀才，考入隆昌县学。通过参加科举考试，张培爵亲身感受到官场的黑暗腐朽，他渴望学习新学，探求革新之路。1903年，张培爵考入四川省城高等学堂，成为优级师范科第一班的学生。

清末荣昌城一景

张培爵被四川省城高等学堂录取的档案

张培爵在四川省城高等学堂就读第一年的名册

四川省城高等学堂是四川大学的前身之一,是在四川中西学堂、尊经书院、锦江书院的基础上发展而成的一所高等学校。学堂的教师大多是留学归国者,并且有不少外籍教师,师生思想整体比较开放,在这样的环境影响下,张培爵广泛学习新知识,接纳新事物,阅读了《革命军》《警世钟》等进步书籍,思想逐渐发生改变。在校期间,张培爵结识了李宗吾、廖泽宽等志同道合的有识青年,他们经常在一起阅读宣传革命思想的书刊,谈论时局。

张培爵在校学习成绩单

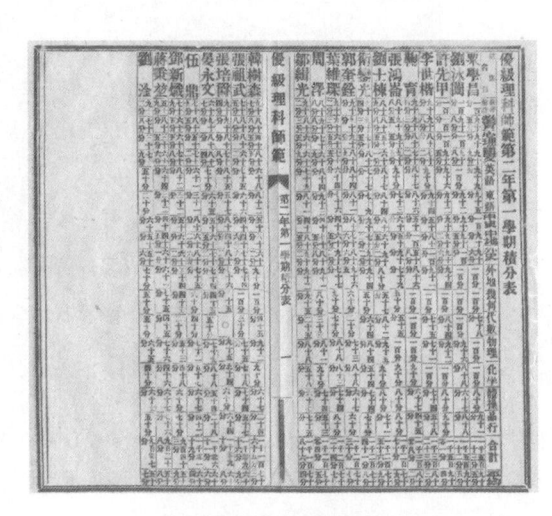

张培爵在校期间积分表

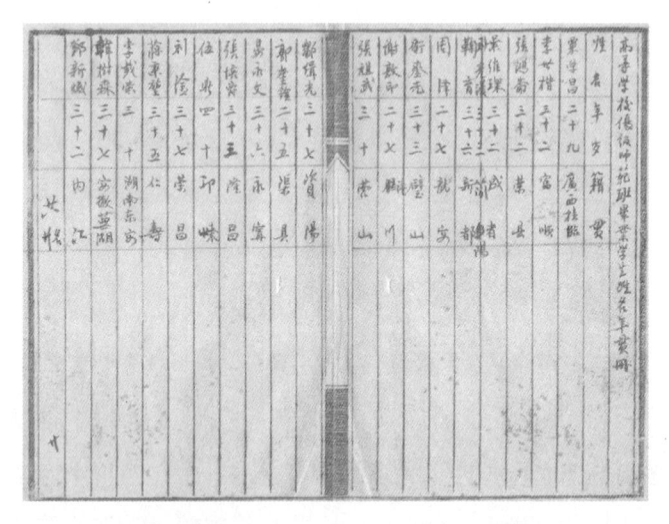

四川省城高等学堂毕业名册中有关张培爵的记载

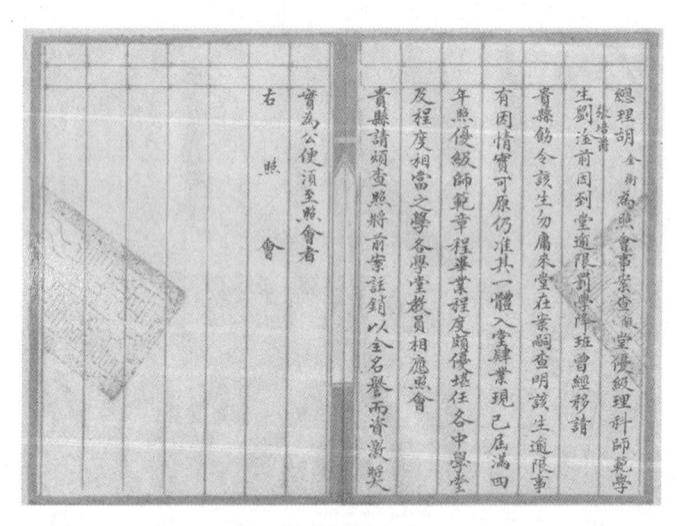

四川省城高等学堂确定张培爵具有中学任教资格的档案

随着民主革命思想的日益增长，张培爵的许多革新行为走在了时代的前列。张培爵认为，蓄发是封建帝制统治的象征，他率先剪去发辫，并和李宗吾等人组织"剪辫队"，四处说服人们剪掉发辫，理成平头。回乡期间，张培爵极力宣扬女子读书以及放足的好处。他募集钱款开办私立女子小学，使荣昌、隆昌两县的女孩可以免费读书，并且组织女子放足会，使家乡的亲友认清女子缠足的危害；从此女子读书、放足的风气在两县风行，有助于两县女子通过劳动实现经济独立。

张培爵作为叙属旅省同乡会会长，和同乡李宗吾等人奔走于叙属各州县，争取办学经费。1904年，他们在成都创办了叙属旅省联合中学即叙府公立中学堂，该校后逐步成为成都地区同盟会活动的重要场所。

张培爵等人商量筹建叙府公立中学堂
（黄承俊等绘）

李宗吾

成都列五中学，位于成都市成华区

开启中国进步的闸门 辛亥革命中的川大英烈

1906年,同盟会会员熊克武、黄复生受总部指派,建立同盟会成都支部。此刻,民主革命思潮在四川省城高等学堂广泛传播,学堂迅即有了同盟会的组织,当时的校长胡峻也是坚定的同盟会会员。四川省城高等学堂成为四川地区同盟会的重要舆论阵地和活动场所。1906年,张培爵在四川省城高等学堂加入同盟会。1907年9月,以熊克武、张培爵为首的革命党人密谋于慈禧太后寿辰前夜发动起义,拟将前来贺寿的官员一举歼灭,从而占领成都。后因叛徒出卖而未能成功,杨维、黄方等6人被捕,张培爵等40多名学生因校长胡峻的通知得以及时出走。

1908年,光绪皇帝和慈禧太后相继离世,宣统皇帝登基,隆裕太后掌权,她对各地革命活动实施残酷镇压。成都地区同盟会活动频繁,其间遭到多次镇压。张培爵与熊克武等人一起策划武装起义,多次失败。后到川西南、川西北地区活动,借助袍哥的力量继续策划起义,亦未成功。

1909年,张培爵受重庆府中学堂监督杨庶堪之邀,到学校担任学监。重庆府中学堂前身为东川书院,曾是川东地区最享盛誉的书院。张培爵等人利用重庆水陆交通枢纽的便利条件,继续开展革命工作。此时,同盟会在川东地区发展很快。张培爵回到重庆后,与杨庶堪等组织成立了"乙辛学社",以宣扬新学的名义活跃于文化界。张培爵一方面安排大量同盟会会员入学堂任职,一方面在学生中积蓄革命力量。重庆府中学堂是同盟会重庆支部的秘密活动基地,一到晚上,青年骨干会在此集会,商议保路运动以来的革命形势。张培爵等人以让学生进行军事操练,维护学校治安为理由向重庆知府要到200支快枪,此革命力量由同盟会重庆支部牢牢掌握,以备在重庆举事。

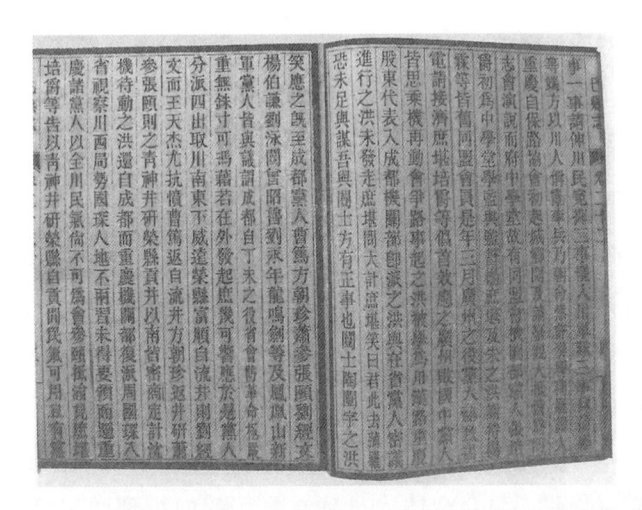

《巴县志》中有关张培爵等人在叙府公立中学堂开展革命活动的记载

张培爵在长期的革命斗争中，积累了丰富的革命经验，不论是组织能力还是军事才能都有很大的提升，他成为同盟会重庆支部的领导人之一，并且颇具威望。除张培爵之外，同盟会重庆支部的骨干成员主要有杨庶堪、朱之洪、谢持、李湛阳、李龢阳、向楚、周晞颜、黄金鳌等人。面对当时形势，巴县、江津等地的同盟会主张重庆尽快举事，重庆支部的骨干也大多赞成，但是张培爵却认为这还不是行动的最好时机。他认为目前要稳住重庆的局势，不让事态发展到不可收拾的地步，不然势必遭到清政府的武力镇压，且要安抚好广大学生。张培爵认为要完成革命事业应联合各方力量，筹集经费，做好充足的准备。

（二）善筹谋，保卫路权

1911年4月27日，同盟会革命党人在广州举行武装起义失败。5月，隆裕太后宣布废除军机处，成立内阁，收粤汉、川汉铁路筑路权为国有，并派总理大臣端方为督办大臣，限时接收湖南、湖北、广东、四川的商办铁路公司。随后，为购买枪炮镇压革命运动，清政府派内阁大臣盛宣怀与英、美、德、法四国银行签订合同，将湖南、湖北、广东三省百姓从美国侵略者手中赎回的粤汉、川汉铁路的筑路权,重新卖给了帝国主义。此事一经传开,顿时湖南、湖北、广东、四川等地游行四起,保路运动兴起,清政府遂派新军镇压。

与此同时,随着成都地区保路运动的发展,罗纶等人顺应形势,逐渐将原先缺乏组织性的运动,转变为有组织的捍卫合法权益的斗争,将成都地区的保路运动掌控在立宪党人的手中。1911年6月17日,四川保路同志会在成都成立,下设总务、文牍、讲演、交涉四部,会长是蒲殿俊,副会长是罗纶。四川保路同志会发表宣言,确定了"破约保路"的宗旨,同时通电全国,痛斥清政府的恶行,并派人到四川各地进行宣传,通知各州县成立分会。会后,与会全体人员到总督衙门向护理四川总督王人文请愿,要求他向朝廷代奏。王人文致电内阁无果,后又将罗纶等签注批驳川汉、粤汉铁路借款合同的原件上奏朝廷,清政府将王人文革职,调赵尔丰回成都重任总督之职。

四川保路同志会成立后,朱之洪回到重庆,在同盟会重庆支部秘密召开会议。张培爵与杨庶堪认真分析当前局势,大家都认为应当成立重庆保路同志会,这既是对成都地区的响应,也是对全国各地同盟会的响应。由张培爵或杨庶堪来当会长都会比较张扬,不合适,因此大家一致推举有哥老会背景的朱之洪来担任会长。同时,为了充实重庆的革命力量,在张培爵的努力下,同盟会重庆支部与重庆哥老会成功结盟。各方齐心声讨朝廷,保护路权。

张培爵与杨庶堪等人组织重庆保路同志会后,秘密准备起义。此时,全国许多地区保路运动风起云涌,经过商议,同盟会重庆支部骨干成员分别负责稳住重庆商会及购买起义用的武器装备,并派人联络其他支部商议当前革命形势,希望他们可以响应重庆的举事,以使革命队伍互相支援。

1911年6月28日,重庆保路同志会正式成立。与成都早期的保路运动不同,重庆的这次保路运动是经过精心策划的,具有极强的政治性和斗争性。张培爵和杨庶堪经过商议,认为重庆支部军事力量薄弱,要在斗争形式上推陈出新，显示出重庆地区的组织能力，以便日后可以在全川起义中占有主动权。此次运动的参与者有同盟会秘密组织的民众、商人、士绅、工人、农民以及进步学生等，他们从四面八方汇集到朝天观，有秩序地挥舞标语，高喊口号，每支队伍的站位都是事先策划好的。每一支队伍的领头者都是川汉铁路股权持有者代表，也是同盟会会员。由于组织得当，没有冲击知府衙门，不算反朝廷；带头的是股权持有者，是为了保护自己的利益。且从表面上看，这是重庆哥老会在领导重庆保路运动。因此，重庆知府钮传善一时也不敢采取强硬手段。

重庆保路同志会成立后，朱之洪作为重庆代表前往成都参加川汉铁路股东会议。朱之洪参会后，回重庆传达了会议精神，张培爵等表示强烈赞同。之后，重庆保路同志会先后在万寿宫、禹王宫集结群众召开大会，张培爵、杨庶堪、朱之洪等都进行了慷慨激昂的演讲，痛斥清政府卖国求荣，强夺川民财产的恶行，到场群众皆义愤填膺。[①]

张培爵、杨庶堪等人极力主张将保路运动转变为武装起义。有了哥老会的配合，重庆保路同志会的成立具有规模和气势，在全国有很大影响，同盟会重庆支部顿时人心振奋。保路同志会成立后，朱之洪等人到处演讲，每一次活动都有强大的号召力，形成了不容小觑的影响力。其后川东各州县都在成立保路同志会，活动开展得有声有色。在重庆哥老会的配合下，张培爵策划的有组织、有规模的保路活动，为日后同盟会起义奠定了基础。重庆局势逐渐起了变化，群情激昂，声势日大，革命队伍也日渐壮大。

（三）揭竿起，呼应武昌

四川保路运动在重庆、成都两地的带动下，愈演愈烈，并且得到全国各地的响应。此时，全川140余个州县的学生、工人、农民等纷纷加入保

---

① 陈朝权：《血性男儿张培爵》，《红岩春秋》，2020年第1期。

路运动，保路同志会员已达十万人。四川总督赵尔丰疲于应对成都的立宪党人，清政府决定实施武力镇压。清政府采取高压政策，严刑惩办参加保路运动的人，各省派到北京的请愿代表，也被押解回籍，引得民怨加剧。

1911年8月4日，四川同盟会会员龙鸣剑、王天杰等人邀请哥老会首领秦载赓、张达三等在资州罗泉井召开秘密会议，决定武装起义。他们决议成立四川保路同志军，总部设在新津和华阳，由秦载赓和张达三负责川东南和川西北的起义工作。在同盟会的组织下，有哥老会的参与，四川的保路运动势不可当地转变为与清政府对抗的武装斗争。

重庆与成都同气连枝，张培爵代表同盟会重庆支部争取到重庆哥老会的支持。1911年9月1日，川汉铁路公司股东会在成都召集股民开会，宣布"自本日起实行不纳正粮、不纳捐输""不担任外债分厘"，将四川保路运动推向一个新的阶段。同盟会重庆支部派张培爵赴成都联络秦载赓等人共同举事。

张培爵到成都后，原打算与蒲殿俊、罗纶、张澜等保路同志会的领导人会面。但赵尔丰诱捕蒲殿俊、罗纶、张澜等人，枪杀请愿群众，制造了骇人听闻的"成都血案"，并下令封锁消息。在张培爵和好友李宗吾创办的四川同盟会的重要活动场所叙府公立中学堂内，同盟会会员们激烈地商讨如何让城外的同志知道这件血案，让全国的革命者了解事件的真相。荣县同盟会会员龙鸣剑提议用"水电报"将消息传出，在张培爵等人的组织下，一张张涂了桐油，写着"赵尔丰先捕蒲、罗，后剿四川，各地同志速起自保自救"的木板，经由府河和南河流出。

第二日，得到消息的保路同志军向成都进发。因清军早有防备，保路同志军起兵匆忙，各路人马节节败退。几天后，秦载赓部、张达三部与龙鸣剑、王天杰部在仁寿籍田铺会师。经过磋商，三军听从了张培爵的建议组成保路同志联军，秦载赓为统领，王天杰为副统领，龙鸣剑为总参谋长。联军经过整顿，扩充至二十万人马，明确打出了同盟会纲领"驱除鞑虏，恢复中华，建立民国，平均地权"。秦载赓、王天杰、龙鸣剑各帅一支人马重新扑向成都，势如破竹，所到之处连连取胜，连下仁寿、井研、犍为、威远等州县。

张培爵则赶回重庆，与杨庶堪等人共谋响应联军的对策。众人分析了"成都血案"及联军与清军激战的经过，一致认为同盟会须与各方武装力量结盟才有胜算，切忌操之过急。与此同时，联军坚持近半个月，终因准备不够充分等原因无法攻克成都，不得不转战川南，先取周边州县。1911年9月25日，吴玉章在荣县宣布独立、建立军政府的消息传来，同盟会重庆支部秘密筹划举事。后因听闻清政府调端方带领武汉新军由水路入川，必经重庆，而重庆方面准备工作尚不充分，张培爵遂主张用"太平"假象迷惑清政府，徐徐图之。

端方到重庆后，因与西南首富李耀庭为旧交，遂委托李氏兄弟组建巡防军。这于同盟会重庆支部是意外之喜，便商议让大批进步青年加入巡防军。

端方带新军入川镇压保路同志军，使得清军在湖北的军事力量减弱，1911年9月14日，武汉的文学社和共进会在同盟会的推动下，成立了统一的领导机关，决意发动起义联合反清。经过一系列筹划，革命党人于10月10日晚发动起义，打响了武昌起义的第一枪，吴兆麟被推举为临时总指挥。在光复汉阳和汉口后，湖北军政府成立，黎元洪被推举为都督，通电全国，改国号为中华民国，宣布主权归于人民，并号召全国人民积极响应。

收到武昌起义的电报后，张培爵等人异常兴奋，众人抱成一团，喜极而泣。紧接着，全国揭竿而起，各地军政府相继成立。

1911年10月22日，长沙起义，成立湖南军政府，焦达峰任都督，陈作新任副都督。同日，西安起义，27日成立秦陇复汉军政府，张凤任都督。10月23日，九江起义，次日成立九江军政府。10月29日，太原起义，成立山西军政府，阎锡山任都督。10月30日，昆明起义，11月3日，成立云南军政府，蔡锷任都督。同日，载沣以宣统帝名义下诏"罪己"，

115

解除党禁，赦免党人，蒲殿俊等人被释放。10月31日，南昌起义，次日成立江西军政府，吴介璋任都督。同日，湖南兵变，焦达峰、陈作新被杀，谭延闿继任都督。11月1日，清军攻占汉口，袁世凯被委任为内阁总理大臣。

1911年11月3日，黎元洪任黄兴为战时总司令。同日，贵阳起义，次日成立大汉贵州军政府，杨盖诚任都督。6日，上海成立沪军都督府，陈其美任都督。11月4日，杭州起义，7日，成立浙江军政府，汤寿潜任都督。11月5日，苏州和平光复，成立江苏都督府，巡抚程德全改称都督。11月7日，广西宣布独立，巡抚沈秉任都督。同日，安徽宣布独立，巡抚朱家宝任都督。11月9日，广东独立，胡汉民任都督。同日，福州起义，11日改督署为福建都督府，孙道仁任都督。11月12日，奉天国民保安会成立，东三省总督赵尔巽任会长。同日，镜清、保民等十余舰在镇江起义。11月13日，山东宣布独立，巡抚孙宝琦任都督。同日，上海、浙江、江苏、镇江、福建、山东、湖南代表在上海汇集，成立各省都督府联合会。11月16日，吉林国民保安会成立。11月17日，黑龙江国民保安会成立。

（四）建功勋，统率蜀军

重庆的起义势在必行，此时武昌城形势危急，黄兴等人向各省求援，希望各省出兵援鄂。而四川局势也不容乐观，赵尔丰屯兵成都、简阳一带，端方屯兵资州，又有傅华嵩、凤山等率军向成都进发。这不仅对四川，对武汉也构成严重威胁。1911年11月，云南都督蔡锷决定出兵援蜀，其组建援川部队，编为"援川第一师"，由韩国饶任师长，下辖两个梯团。11月14日，第一梯团从昆明出发，经昭通向叙府进发。第二梯团经贵州威宁、毕节向泸州进发。此举意在消灭赵尔丰、端方，再行北伐。

全国各地的革命形势，使新军军官和封疆大吏成为革命起义的重要力量。张培爵希望团结重庆的各种力量，共同夺取重庆政权。张培爵被推举为重庆起义的总指挥，负责编制起义计划，征集军火，指挥调动各地保路同志军，策动清军起义，以及联络各地武装力量。杨庶堪负责全面统筹，朱之洪负责召集重庆保路同志军，谢持负责联络各地同盟会支部到重庆谋事。

同时，张培爵亲自完成了"蜀军政府""蜀军总司令部"两枚大印的雕刻。起事前，雕刻印信是一件十分重要的大事，需找熟练的工匠来完成，但是重庆起义在即，此时应当谨慎行事，不能交由外人去做，以免走漏风声。在这样的情况下，张培爵揽下重任，和擅长雕刻的同盟会会员周晞颜一起，每天夜深时悄悄躲在蚊帐中雕刻大印，最终顺利完成任务。

1911年11月5日，驻防成都龙泉驿的新军将领夏之时起义。夏之时是1905年在日本加入同盟会的。他决意脱离清政府的统治，亲自领导并取得了龙泉驿起义的胜利。夏之时希望与同盟会重庆支部的人取得联系，随即快马加鞭向重庆进发。

张培爵和杨庶堪都认为，要推翻清政府在重庆的统治，需要掌握一支正规的武装力量。夏之时的到来，使同盟会手里有了自己的军队，令重庆革命党人精神振奋。

1911年11月18日，夏之时的起义军抵达重庆江北。11月21日，同盟会重庆支部派朱之洪前往相迎，并与夏之时商定待其部队入城后立即发动起义。夏之时星夜抵达浮图关。张培爵、杨庶堪等人对起义军进行最后部署，准备全数出动已经被同盟会掌握的军事力量，实现重庆独立。

11月22日，夏之时率师整队入城，同盟会重庆支部正式发动重庆起义。因部署得当，起义以迅雷不及掩耳之势取得胜利，众人在朝天观举行起义大会，宣告重庆独立。到会人员200余人，围观群众数千人，重庆知府钮传善、巴县知县段荣嘉也被勒令到会，他们交出印信，俯首投降，昭示着重庆摆脱了清朝的腐败统治，杨庶堪在起义大会上宣讲了革命宗旨，宣布《蜀军政府的组织大纲要点》《维持治安办法》，现场氛围热烈，欢声雷动。

开启中国进步的闸门 辛亥革命中的川大英烈

1911年11月23日，重庆蜀军政府正式成立。蜀军政府成立后即宣布以"谋中华民国之统一与廓清全蜀"为宗旨。张培爵以他在重庆的威望，以及在起义中运筹帷幄、调兵遣将的才干为大家所信服，被公推为重庆蜀军政府都督，夏之时任副都督，杨庶堪任高等顾问，朱之洪任大汉银行行长正办兼高等顾问，林绍泉任总司令处总司令兼参谋部部长，谢持任总务处处长，向楚任秘书院院长，李湛阳任财政部部长。各政要机构负责人基本由同盟会会员担任。当日，蜀军政府发布了《蜀军政府对内宣言》，并致各国领事照会，附送《蜀军政府对外宣言》。11月26日，发布《蜀军政府通告》，后又将《蜀军政府组织大纲要点》修订为《蜀军政府政纲》，于1912年1月发布。①

随后，全国各省政府纷纷致电，承认蜀军政府作为省级政权的地位。四川各地也积极响应。11月24日，广安宣布独立，成立蜀北都督府。11月25日，万县宣布独立，成立下川东蜀军都督府。同日，泸州宣布独立，成立川南军政府。

颁发施政纲领后，在张培爵的领导下，蜀军政府即着手整顿军政事务，将参与的起义军各部整编为七标（团）。蜀军政府控制了重庆的经济命脉，接管大清银行重庆分行和浚川源银行，积极恢复生产和贸易，并减免厘税，减轻民负。

此外，蜀军政府还派人赴已独立的川东南各州县，宣讲政策纲领，安抚民心，使得各州县甘愿唯蜀军政府马首是瞻，听从其政令，服从其领导。张培爵主持制订和公布了地方政府的组织条例，引导各地改组和筹组地方政权，并对各地县义军及财政经济加以整顿。重庆的革命政权日趋稳固。

张培爵没有显赫的家族背景，没有进过军事院校，没有从政经历，却与清政府的斗争中显露出过人的军事才干、利于民主革命的战略思想。他

---

① 邱远猷：《重庆蜀军政府的成立及其法制》，《重庆师专学报（综合版）》，1998年第4期。

以教书先生的身份成功领导重庆起义，令人佩服。他是辛亥革命期间全国新政权中唯一一个非原地方掌权者，也非军阀出身的文人都督。因此，张培爵的行动在全国各地的起义行动中具有深远的影响。张培爵服膺孙中山的三民主义，通过民主革命建立民主共和国，是他一生始终不渝的追求和坚定不移的信仰。

二、权衡：在乱局中顾大局的革命领袖

"蚕丛及鱼凫，开国何茫然。"巴山蜀水虽为天下奇观丽景，但自古更是天下不易平、不易治之处。巴蜀的艰险象征了四川地区资产阶级革命的艰难征程，也成为中国资产阶级革命的缩影。

（一）民国初立，亦喜亦忧

武昌起义轰动全国，清政府的统治摇摇欲坠。武昌起义后的一个多月时间，湖南、陕西、江西、山西、云南、上海、江苏、贵州、安徽、浙江、广西、广东、福建、四川等地先后宣布独立。1911年11月1日，清政府任命袁世凯为内阁总理大臣，作为镇压革命军的总指挥。经过连日浴血奋战，战时总司令黄兴率领的武汉革命军虽竭尽全力，却接连失利，11月27日，汉阳失守。不过，武汉保卫战虽然失败，却换来了全局的胜利。在攻占汉阳后，袁世凯停止攻打武昌，向革命军提出停战议和。

11月28日，各省代表在汉口英租界召开会议，决议暂由湖北军政府代行中央政府职权；12月1日，与袁世凯签订停战协议；12月2日，江浙联军攻克南京，湖北和上海军政府倡议组织临时中央政府，同日，各省代表通过《中华民国临时政府组织大纲》；12月3日，各省代表决议临时政府设于南京；12月4日，各省代表在上海召开联合大会，推举黄兴为元帅，黎元洪为副元帅，由黄兴组织临时政府，同日，各省代表决议，以伍廷芳为代表与袁世凯议和；12月12日，十四省代表齐聚南京开会；12月17日，各省代表改推举黎元洪为大元帅，黄兴为副元帅；12月18日，"南

北和谈"在上海英租界南京路议事厅举行;12月20日,六国驻沪总领事照会南北和谈代表速定和议;12月25日,孙中山归国抵上海;12月29日,十七省代表在南京选举孙中山为临时大总统,黎元洪为副总统;1912年1月1日,孙中山在南京宣誓就职,宣告中华民国正式成立。[①] 新政权以1912年为元年,以五色旗为国旗。百姓欢呼雀跃,鞭炮声不绝于耳,大街小巷充满别样的气息。

1912年1月2日,南京临时政府正式成立。同日,直隶滦州新军起义。1月3日,英美法德日等国借口滦州新军起义,向京奉铁路京榆段沿线派驻军队,悍然介入中国内政。1月4日,伊犁新军起义,次日成立新伊大都督府。

孙中山当选为临时大总统,触碰到了袁世凯的底线,南北议和陷入僵局,全国革命形势不容乐观。袁世凯掌握着清朝的命脉,同样也制衡了中华民国的建立和发展。袁世凯假借与南京临时政府议和,实际上打的是谋夺革命胜利果实的算盘。各地军政府成立后,有一些官员是新军军官出身,他们掌握大权后更多的是在争权夺利。还有一些清政府的旧官吏,为了保全自身的利益,被迫表示拥护独立,被革命军推为都督,但他们不是真的为了革命,当看到袁世凯可能得势后,就转而支持袁世凯。而革命军队看起来庞大,实际上各自为营,一盘散沙,相反袁世凯的北洋军实力雄厚,因此以鄂军和南京方面军队为主的革命军与北洋军交战一再失利。就革命形势来看,此时不宜决战。孙中山当选后即致电袁世凯:"公方以旋转乾坤自任,即知亿兆瞩望,而目前之地位尚不能不引嫌自避,故文虽暂时承之,而虚位以待之心,终可大白于将来。望早定大计,以慰四万万人之渴望。"其表示只要袁世凯支持共和,自己可以让贤。

1912年1月16日,同盟会京津分会暗杀袁世凯失败。1月20日,民社在上海成立,拥黎元洪为领袖,黎元洪在武昌起义后,振臂一呼,点燃

[①] 郭凤英:《巴蜀都督张培爵》,中国戏剧出版社,2011年。

了革命烈火。他比袁世凯让人容易接受，袁世凯制衡孙中山的局面看似得到缓解。1月25日，为了结束南北对立，南京临时政府与袁世凯进行了多次谈判，最终取得了北洋军的支持，袁世凯及北洋将领通电支持共和。1月28日，南京临时参议院成立，表明南京临时政府已经走向共和政体。2月12日，袁世凯逼宣统退位，隆裕太后颁布退位诏书。清朝对中国的统治宣告结束，延续二千多年的封建制度也随之结束。2月15日，袁世凯正式被选举为临时大总统。

袁世凯当选的消息，看似令所有革命者感到意外，但实际上，孙中山所希望看到的是结束清朝的统治，建立真正的共和体制，他对于大总统权位，并不看重。当是时，袁世凯先是陈兵长江北岸，以武力威胁南方革命势力，同时又利用革命党人急于实现全国统一的愿望，迫使其进行和平谈判。1911年12月底，南北双方达成停战协议；1912年1月18日，南京临时政府所派代表伍廷芳与袁世凯所派代表唐绍仪在上海英租界市政厅开始进行南北和谈。其间，帝国主义列强频频对议和施加压力，声称"中国的战争若持续下去，将有危于外人的利益与安全"[1]，利用政治、军事、经济等手段，促使南方革命势力尽快向袁世凯妥协。此外，袁世凯有军事力量强大的北洋军，当时只有他有足够把握逼迫清帝退位。因此，在内外重压之下，孙中山不得不让位。

（二）巴蜀合政，谦让为民

1911年11月21日，重庆独立，成立蜀军政府，张培爵任都督。几天后，11月27日，成都召开四川官绅代表大会，宣告四川地方自治，成立大汉四川军政府，原谘议局议长蒲殿俊任军政府都督，陆军第十七镇统制朱庆澜任副都督，重庆方面尤为震惊。[2]重庆建立的革命政权，叫作蜀军政府，

---

[1] 郭凤英：《巴蜀都督张培爵》，中国戏剧出版社，2011年。
[2] 郭凤英：《巴蜀都督张培爵》，中国戏剧出版社，2011年。

蜀代表四川，而成都却又成立了大汉四川军政府。11月27日，黎元洪电各省都督，告以汉阳失守，请速派兵来援。成都与重庆同在一省，各具历史地位，两方政权分立，各行其是，就当时形势，不管是大汉四川军政府还是蜀军政府出兵支援武汉，都是不现实的。张培爵认为，首先要做的是巩固重庆政权，统一四川，其后才能有余力支援武汉。

自蜀军政府成立以来，万县、泸州、广安分别成立了川东、川南、川北军政府，内江、大足、合州、璧山、江北、永川、荣昌、铜梁、邻水纷纷宣布独立。蜀军政府的实力有目共睹。至12月底，川东南57州县先后独立，重庆成为川东南的行政、政治中心。这一切无不归功于张培爵出色的领导及谋略。然而，四川保路同志联军自秦载赓死后，除吴玉章与王天杰领导荣县独立外，川西北、川西南的保路同志军此时仍是一盘散沙。四川局势令张培爵担忧。经过商议，蜀军政府决定出兵讨伐大汉四川军政府，并发表《出兵讨伐公告》。

就在此时，成都传来兵变的消息。12月8日，大汉四川军政府军政部部长尹昌衡夺取政权，任大汉四川军政府都督，罗纶任副都督。尹昌衡，四川彭县人，1897年入尊经书院学习，1902年考入四川速成武备学堂，曾留学日本，于1910年任四川督练公所军事编译科科长。12月22日凌晨，尹昌衡指挥所部擒获赵尔丰，并在成都皇城坝召开公审大会公审赵尔丰，当众尽斥其罪，而后将赵尔丰处决于明远楼。尹昌衡顺利收缴旗人枪械，稳定成都局势。此时，尹昌衡领导的大汉四川军政府以四川正统自居。成、渝两军政府对立并存，形势严峻。

此时，鉴于四川形势变化，入川滇军驻扎于叙府、泸州一带。云南都督蔡锷分别致电成、渝政府，并派人至重庆商议统一事宜。入川滇军还引发了新的危机，驻扎在泸州的滇军和川军多有摩擦，甚至有滇军强行向百姓征收赋税。蜀军政府经过商议，和滇军签订互助合约。12月，清政府强攻潼关，蜀军政府经与云南、贵州军政府商议，制定北伐计划，组成以蜀军政府为主的北伐军，并通电孙中山，请求共谋北伐。孙中山大力支持这一计划，任命熊克武为总司令，筹组北伐蜀军。熊克武和郭云楼在宜昌组建蜀军总司令部，预备一旦四川局势稳定，便会同张培爵等人北伐。

大汉四川军政府成立后，颁布的各种政令都和蜀军政府有冲突，时有械斗事件发生。双方各自为政，大汉四川军政府政令到不了川东及川东南一带，更到不了重庆地区，蜀军政府政令到不了川西南及川西北等地。以荣昌为中心的大足、永川、隆昌、泸州、内江等地的革命军，不知道听哪个军政府的号令。四川的分立，使军政、民生受到很大影响，导致百姓怨声一片，四川局势日渐混乱。

此时，张培爵的处境与孙中山如出一辙，张培爵坐镇蜀军政府，就如同孙中山坐镇南京临时政府一般。一方面，张培爵领导的革命武装力量通过武力夺取成都的可能性很小，而且这也不是张培爵本人的意愿。当时同盟会的组织是很松散的，既没有组建起正规的军事武装，也没有凝聚起革命者全部的力量。武昌起义爆发后，表面上看各地纷纷响应，但地方武装大多心怀鬼胎，不是为了巩固自己的势力，就是为了贪图更大的利益，这样微弱的革命之火显然经不起外部反革命力量的反扑。另一方面，四川的混乱局面导致百姓困苦，张培爵不想通过武力解决四川问题，以免生灵涂炭。既不能使用武力夺取成都，同时又不想让重庆蜀军政府凭空交出权位，张培爵也只能望成都而兴叹。

蜀军政府，从名称上已经突破了重庆的范围，体现了成立者主政四川的意愿。张培爵上任以来，一直虚怀若谷、礼贤下士。他眼中只有繁忙的军政大事，心里只有崇高的革命事业，但是无情的现实却将他的理想击得粉碎。在入川滇军与蜀军政府签订互助合约，令尹昌衡不满，引发荣昌与隆昌革命军开战火拼之时，如继续犹豫不决，将带来更为严重的后果，甚至可能导致四川革命成果毁于一旦，这样张培爵就成了千古罪人。此时全国的革命形势令人心振奋，而蜀军政府与大汉四川军政府的对立局面，和大形势相比只是四川内部问题。是合并，还是决战？张培爵心中已经有了答案。这种情况下，张培爵和蜀军政府只能选择顾全大局，保全四川革命果实，一心为革命、为人民。在张培爵的心中，国家和民族的利益才是最重要的，个人利益根本微不足道。若两军政府合并，将成就新时期的"巴蜀合政"。当然张培爵所设想的结果是希望以"蜀军政府"为四川最高军政机构。

与此同时，孙中山在南京成立了临时政府，正在与北京袁世凯方面谈判，中央军已经做好挥师北上的准备。川军要出川参加革命，如走水路由重庆顺江而下到南京，与中央军汇合北伐，则方便快捷，事半功倍。而如果从成都出发，则要经由秦岭、大巴山至陕西境内，再挥师东向。此种出兵方式在铁路不通的年代不仅费时费力，更是劳民伤财。因此，必须先解决好四川的内部问题，才能腾出手来支援南京临时政府。

此时，成都的同盟会会员董修武、杨维等人也提出了成、渝两军政府合并的建议。为了解决双方军政府各自为政的问题，两地军政府于1912年1月各派代表在荣昌县安富镇会商。重庆蜀军政府派出的代表是朱之洪，大汉四川军政府的代表是张治祥。

平心而论，张培爵渴望保持四川革命政权的纯洁性。但是，张培爵更希望四川能够因两地军政府的合并而团结一心，挽四川狂澜于既倒，救巴蜀人民于水火。不论是出于他不变的革命信念和追求，还是出于对四川百姓的生计考量，张培爵同意了两地军政府合并。

最终，重庆蜀军政府和成都大汉四川军政府签订合并草约，约定成立统一的省级政权，以成都为四川政治中心。其后，张培爵离开重庆前往成都。

虽然担任蜀军政府都督只有短短两三个月的时间，但张培爵却似乎驾轻就熟，不论对军队的改编和建制，还是对地方官员的分派和任免，都显示出了他出色的领导才能。蜀军政府发布的政策纲领，强调军政府与国民同心勠力以尽责任，体现着他贯彻"国民革命"的政治主张，他为四川的安定和人们的安居乐业所做出的退让，更赢得了四川人民的尊敬和爱戴。

在离开重庆前往成都的途中,他经过了自己的家乡,受到了家乡父老的热情招待。

张培爵的心愿其实很简单,就是让百姓不再受清政府的欺压,让家乡父老都能过上安居乐业的生活。保路运动发生以来,四川各行各业都受到严重破坏,导致地方经济十分萧条,加之各地起义后的赋税加重,百姓十分煎熬。如果两地军政府合并成功,使政令通畅,那么来年的情况必定会有起色。四川百姓的安宁生活系于张培爵一身,压力无时无刻不在。因此,张培爵在隆昌正式通电谦让,同意由尹昌衡担任合并后的四川政府都督,自己甘居副职。张培爵的谦让,或许也是受到了孙中山的影响,所谓"天下未乱蜀先乱,天下已治蜀未治",中华民国尚百废待兴,为了四川百姓能够休养生息,免于战火,一让又有何妨。

(三)袁贼掌权,风云突变

1912年3月10日,袁世凯在北京就任中华民国临时大总统;同日,南京临时政府颁布《中华民国临时约法》,改总统制为内阁制;3月11日,孙中山公布《参议院法》,正式卸任临时大总统职务;4月1日,中华民国参议院议决临时政府移驻北京。[①] 这表示随着袁世凯成为临时大总统,政治中心也已经转移到北京。4月5日,共和党在袁世凯的支持下成立,总部设在北京,由黎元洪任理事长。

袁世凯上任后,全国的政治形势发生转变,越来越多的北洋军官被派到各地政府担任要职,各地政府中革命党人的职权逐步被剥夺,甚至各地方政府都督的权力也受到威胁。

孙中山的让步,令无数革命者惋惜,而袁世凯并不是真正的革命者,其原清朝重臣的身份让以张培爵为代表的革命者心存忧虑,他们对袁世凯的政治统治并不完全拥护,因此,袁世凯急于将自己的势力渗透到各地方

---

① 郭凤英:《巴蜀都督张培爵》,中国戏剧出版社,2011年。

政府。共和党的诞生，主要是袁世凯为了巩固其统治地位，用以支持自己的各项政治主张而促成的。共和党在袁世凯的授意下高调地开展活动，大有盖过同盟会活动之势。甚至就连袁世凯安插亲信进入各地政府担任要职，也被鼓吹为袁世凯对各地军政要务整顿有方，报纸上有大量文章在为袁世凯歌功颂德。

1912年8月24日，孙中山受袁世凯之邀赴北京，并表示愿意退出政界。8月25日，同盟会联合统一共和党、国民共进会等党派改组成立国民党。[1] 同盟会会员自动转为国民党党员，各地方将组建国民党支部。国民党成立大会于北京举行，孙中山被选为理事长。孙中山表示"决不愿居政界，惟愿作自由国民"，委任宋教仁为代理理事长，自己则出任中国铁路总公司总理，设总部于上海，致力于建设中国铁路。[2]

1912年8月27日，经梁启超、汤化成等人的组织，民主党在北京成立。其由共和建设讨论会、中华共和促进会、国民协会、共和俱进会、国民新政社等政团合并而成，以梁启超为领袖，汤化龙任干事长，马良、陈昭常、谢远涵等为干事，其政纲是"普及政治教育，拥护法赋自由，建设强国政府，综合行政改革，调和社会利益"等。民主党在政治上拥护袁世凯的统治，其成员主体属立宪派。此时，在临时国会中，袁世凯支持的共和党，由同盟会改组的国民党，由梁启超担任党魁的民主党呈三足鼎立的格局。同日，参议院和众议院两院复院，国民党获席占绝对多数，这一结果表明相较于其他政党，国民党的主张更加深入人心。即使孙中山退出政界，他的政治主张依然起着决定性的作用，这令国民党人十分振奋。

袁世凯为了夺取政权，巩固权位，将北洋军渗透到了各地方政府。一段时间以后，已经没有人能够威胁到他的权位。袁世凯还通过拥护他政治

---

[1] 郭凤英：《巴蜀都督张培爵》，中国戏剧出版社，2011年。
[2] 郭凤英：《巴蜀都督张培爵》，中国戏剧出版社，2011年。

主张的共和党，利用各种方式打压国民党。袁世凯的许多做法与三民主义背道而驰，十分不利于中华民国的发展，孙中山再次被迫远赴日本寻求出路。

由于各地政府的重要职位基本上被北洋军官占据，真正坚定的同盟会会员几乎都遭到了排挤，虽然孙中山将同盟会改组为国民党，但对大局而言实无太大改变，袁世凯对中央政府已经称得上全面把持，可以说是独揽中华民国的控制权。

（四）四川易主，独木难支

1912年3月9日，张培爵一行来到成都，尹昌衡亲自出城迎接。3月11日，张培爵和尹昌衡共同发出通告，正式宣布两地军政府合并，并成立四川都督府。3月12日，尹昌衡和张培爵分别就任正、副都督，原大汉四川军政府副都督罗纶改任军事参议院院长。成渝两地军政府合并，重庆蜀军政府自然要被撤销，但因重庆自古乃为四川重镇，不仅负责长江上游的军事，控制川东地区，必须设立军事机构，而且重庆有各国领事馆，有日本租界，还有几十个国家在长江上开办了航运公司。因此，蜀军政府撤销后，要在重庆设立镇抚府。张培爵西入成都前，起初内定由原蜀军政府副都督夏之时出任重庆镇抚府总长，但夏之时认为四川政局已定，自己资历尚浅，希望前往日本留学，不愿就职。

张培爵的处境和孙中山极为相似，为了川中百姓免受战乱，选择和平方式解决问题，为了革命信仰，孙中山可以让位，张培爵自然也能让。他通过一纸协议，便将重庆蜀军政府的前途交给了素昧平生的尹昌衡，可见其待人的真诚程度。他离开了自己苦心经营的革命根据地和武装力量，只身到成都就任没有实权的副都督职位，在封建官僚与立宪党人的包围之下，其前途与处境之艰难，可想而知。

1912年4月1日，蜀军政府正式撤销，重庆镇抚府成立。此时，袁世凯为了巩固统治地位，将北洋军渗透到中华民国各地方政府，便委任胡景伊为镇抚府总长。

胡景伊，重庆巴县人，1903年作为四川第一批公派生入日本士官学校第三期步兵科，与尹昌衡为士官学校同学，回国后曾在四川武备学堂任教官，后投靠袁世凯。1912年2月，胡景伊出面调停滇军与川军在四川南部发生的纷争，避免双方发生冲突。由于尹昌衡对重庆革命党人心怀猜疑，欲培植自己的势力，遂将胡景伊召至成都任职。1912年5月7日，胡景伊就任重庆镇抚府总长。为摆脱重庆革命党人的钳制，胡景伊与尹昌衡商议，借口很多人只知有蜀军政府，而不知有四川都督府，四川未能真正统一为由，提出撤销重庆镇抚府。张培爵为了四川民生，不想内战，处处隐忍。经重庆同盟会召开大会商议，认为同盟会开展革命斗争的初衷，是为天下之公义，谋民生之福祉，并非为争夺职位与地盘。征得张培爵同意后，经尹昌衡批准，重庆镇抚府于6月16日撤销，黄金鳌被任命为川东宣慰使，主管重庆政务，熊克武担任川军第五师师长兼重庆镇守使。

尽管如此，张培爵仍然拥有很高的威望。成都同盟会会员与张培爵频繁接触，交换各自政见，将张培爵视为革命事业的领袖。张培爵深得民心，通电全国"让位"的举动，更是赢得了四川人民的敬佩和爱戴。成都地区的士绅、立宪党人、普通百姓，都给予了张培爵极高的评价。

1912年6月，英国侵略者策划了西藏叛乱。尹昌衡被袁世凯任命为西征军总司令，并于7月奉命督师西进讨伐叛军，平息边乱。袁世凯为了扶植亲信，置副都督张培爵于不顾，任命胡景伊为代理四川都督。同盟会会员认为尹昌衡走后会由张培爵接任四川都督的希望落空，十分不满。这也让张培爵等人认识到袁世凯的势力已经渗入四川军政部门。此时，在袁世凯支持下成立的共和党，将北洋军渗入各地政府，鼓吹袁世凯对各地军政要务整顿有功，在胡景伊撤销了重庆镇抚府后更甚。重庆局势的变化，也让张培爵痛心不已。当时随张培爵到成都担任成都府知事的但懋辛力主张培爵辞去副都督职务以示抗议，新军中一些倾向革命的军官也集会密谋"去胡拥张",陆军被服厂厂长颜雍祠更是代表新军中的下级军官,向张培爵表示愿意听从指挥,起兵发难,把兵权夺取过来。但张培爵坚决表示,决不能为了争权夺利,引起兵端,造成生灵涂炭。张培爵在思想上对革命政权必须牢牢掌握在革命党人手中的重要性缺乏足够的认识,一再退让,任人宰割,这也充分显示了资产阶级革命的软弱性与不彻底性。

尹昌衡入藏平叛,历时一年有余,收复大部分地区,西征立功。1913年6月,袁世凯正式任命胡景伊为四川都督,尹昌衡改任川边经略使。后尹昌衡被袁世凯召至北京软禁。至此,尹昌衡完全失势,胡景伊取代尹昌衡掌握了四川实权,并依附袁世凯借以巩固权威。胡景伊当上护理都督后,一边极力拉拢实力雄厚的绅商,一边加重赋税,甚至在尹昌衡任都督时已经收过商业税、农业税等的情况下进行二次征收,很多小商贩因不堪重负而被迫停业。不多时日,四川各地就被胡景伊搞得怨声载道。胡景伊刚愎自用,盛气凌人,只在很少的事情上依从了张培爵的想法。当张培爵专心致志投入政府的事务时,胡景伊便处处刁难、层层设卡,为此,两人多次发生明面争执。胡景伊是袁世凯派来接管四川政权的人,有袁世凯撑腰,自是有恃无恐,而张培爵的支持者众多,对他是威胁,他不允许张培爵的势力抬头,便以护理都督的身份压制张培爵。二人关系紧张,时常或剑拔弩张之势。

不久,四川实行军政分治,张培爵改任四川民政长,四川都督府正、副都督接连变更。张培爵经过长时间的思考,认为要更有策略地跟胡景伊抗衡,必须巩固现有的权力,只有掌握实权才能真正参与四川军政要务,真正为四川人民谋福祉。不能让川内再发生内战,不能让革命军无辜死亡,要让四川人民过上安宁的生活,这是张培爵自始至终坚持的原则。张培爵积极为四川人民着想,提出修改财政分配,减轻赋税等改革主张,与胡景伊多有分歧。胡景伊想以权势压服对方,但是也畏惧张培爵的威望,不敢轻举妄动。

实行军民分治之后，张培爵作为民政长，工作勤勤勉勉，于他个人而言，他只是想在这个位子上为四川人民做些实事，力图将对民生有利的政策主张付诸实施，尽最大的能力坚定不移地守护四川百姓，使其不再承受战火侵袭。

1912年10月，袁世凯将时任四川民政长的张培爵召至北京，令胡景伊兼任民政长，至此胡景伊集四川军政大权于一身，四川革命果实被袁世凯盗取。此时，张培爵对胡景伊已经不构成威胁，他只能寄希望胡景伊能真正治理好四川。自重庆起义开始，至此刻赴京任职，对张培爵而言，宣告着他轰轰烈烈的四川革命生涯已经结束。自成渝两军政府合并后，北洋军阀的势力逐渐抬头，张培爵也曾萌生退志。

跌宕起伏的政治生涯让张培爵清楚地认识到，纵然革命胜利了，看不见的斗争依然存在，也总会出现意想不到的结果。四川的政权更迭变化太快，使他无所适从，他并不喜欢这样的斗争，因为这不是他理想中的革命事业，在他的心中，革命工作应是纯粹的。

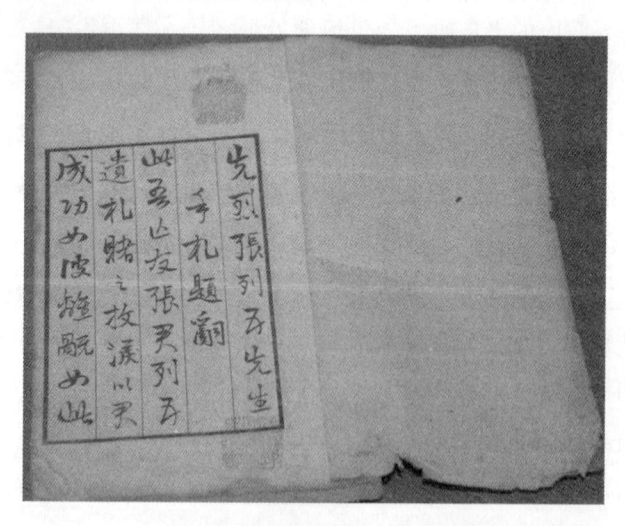

先烈张列五先生手札（1939年版）

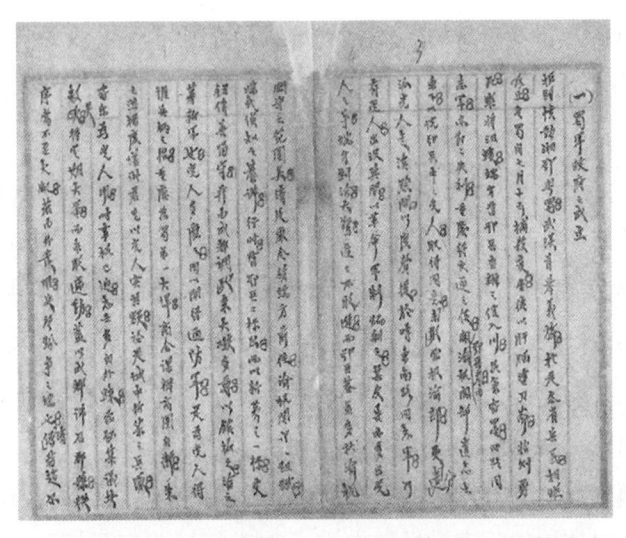

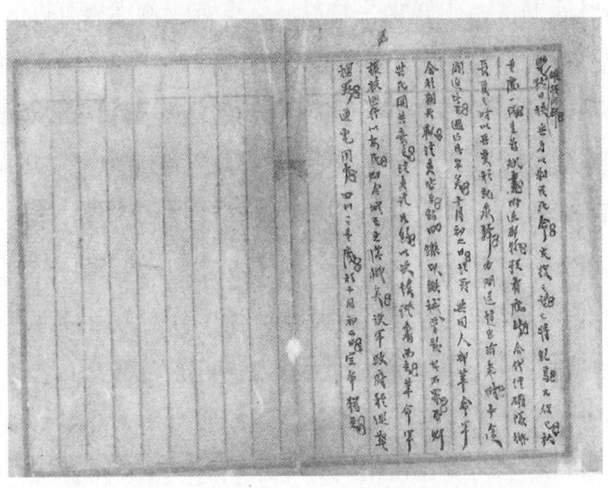

以张培爵名义写就的《蜀军政府始末》手稿

张培爵领导的重庆起义，曾经是当时全国革命行动的焦点，更是无数革命者的曙光，而这焦点和曙光却因其一味谦让而断送。张培爵为给四川人民带来安宁生活，不让四川因内乱分崩离析，委曲求全，一忍再忍，一让再让，最终将已经掌握在手中的革命胜利果实交付他人，使四川军政大权落入北洋军阀手中，充分暴露了当时中国民族资产阶级的软弱性。但自保路运动以来，张培爵独担大任，收拾残局，平定四川内乱，使四川和平统一，其功绩也是有目共睹的。

三、抗争：在战乱中守初心的英勇烈士

春花秋月，不堪回首。当心中的梦想已成为昨夜的昙花，是随波逐流，还是傲立风雪？千万勇士以零落成泥的勇气，守护着肝胆昆仑的信仰。

（一）赴京任职遭"软禁"

为独揽大权，胡景伊暗请袁世凯解除张培爵在四川的实权。1912年10月，袁世凯以"川省距京遥远，中央亟欲考核目前实际情形，以谋进行"为由，"特令培爵赴京，用备咨询"。张培爵于月底向胡景伊递交了辞呈，并于11月初离开成都前往北京。张培爵在成都期间，提出很多有关百姓休养生息以及有利于农业、商业发展的政策主张，他为民执政的态度得到了广大四川人民的肯定和敬佩。张培爵离开成都时，除国民党人，还有许多百姓前来送行。张培爵途经重庆时，又有许多国民党人前来为其饯行。

张培爵认为，他留在四川，胡景伊总会对他在国民党人中的威望有所顾虑，因而使国民党人处处受到压制，而他离开后，杨庶堪、熊克武等人会继续为四川的革命事业奋斗。他希望大家继续各尽其职，为民办事。张培爵虽心系四川，但也只能带着对革命事业的坚定信仰离开，他对袁世凯还抱有一丝幻想，认为虽然各地政府重要职位都被北洋系把持，同盟会会员遭到排挤，但袁世凯为巩固自己的统治，也要像个真正的领袖一样，应该是顾全大局的，不会完全不顾及百姓。张培爵想要和袁世凯谈四川民生和政治措施，谈革命理想和革命形势，希望他带领国家走向富强，做国家元首应该做的事情。

张培爵经武汉、南京，到达上海，由此转车北上。在上海和孙中山、黄兴、陈其美等人见面。他在《与受乾两弟书》中写道："并赴中山先生

之约，与伟人一商国事也。抵沪晤孙及黄外，又为海内外同志及各机关迭次开会欢迎""畅谈大局，真令人忧，以大局时状难以笔罄也"①。与黄兴等人会谈了无数次，张培爵对袁世凯的独裁统治以及当前的革命形势有了更深刻的了解。

张培爵到北京后，向袁世凯述职，并提出辞去四川民政长职务，出国考察政治。袁世凯则矫情挽留，以"总统府高等顾问"名义给予每月六百元的高薪，并颁予一等嘉禾勋章，留其长住北京，以便就近监视。②张培爵无奈坐困北京，他实则是被软禁了。

即便如此，张培爵仍一直关注四川民众的疾苦，曾借顾问身份向袁世凯建议解决四川财政困难等事，并达成了如下协议：

其一，解决四川财政困难。原大汉四川军政府及后来的四川都督府发行的军用票因没有保证金而不能兑换，急剧贬值，影响国计民生甚巨，四川人民对此非常不满，故张培爵把请中央兑换军用票一事作为头等重要的问题提请解决。中央政府应允以五百万元兑换券来兑换此前四川军政府发行的军用票。

其二，设立大理分院（即最高法院分院）。当时四川没有大理分院，凡四川高等审判厅不能了结的案件，苦主必须亲赴北京起诉。如果四川高等审判厅不替转呈，欲上诉也无门可入，民间冤苦不能伸的不知有多少，即或代为转呈，由四川到北京，普通百姓是花不起这样大一笔路费的，如果能够在四川设立大理分院，各种案件就可以在四川就地了结。经过张培爵多方奔走，中央政府最终派员到四川筹划建立大理分院。

此外，张培爵还建议改巡防军为巡缉队，但未被采纳。张培爵认为目前四川兵匪为灾，原因有二。一是各州县没有维持地方治安、缉捕匪徒的武装力量；二是新旧巡防军矛盾重重，骚扰人民。他主张"责成胡

---

① 陈朝权：《血性男儿张培爵》，《红岩春秋》，2020年第1期。
② 陈朝权：《血性男儿张培爵》，《红岩春秋》，2020年第1期。

督裁兵",将巡防军交与各州县节制,将来可改编为地方巡警。他的意见未被陆军部采纳,也不可能被陆军部采纳。因为这侵犯了袁世凯、胡景伊等人的根本利益,无异于剪除他们据以拥兵自重、镇压革命党人的势力。①

1913年初的国会选举,国民党所得议席最多,取得重大胜利。按照临时约法的精神,应该由该党理事长宋教仁出任内阁总理。1913年3月20日,宋教仁在上海火车站遇刺,两天后不治身亡。孙中山在日本发表文章,直指袁世凯授意暗杀宋教仁。袁世凯通电予以否认。孙中山立即从日本回国主持大局。

袁世凯急于建立新的统治体制和秩序,却苦于北洋政府财政空虚,因此袁世凯决定向西洋银行团贷款,帝国主义列强也想借此机会通过财政贷款掠夺政治经济权益。

1913年4月26日,袁世凯派国务总理赵秉钧、外交总长陆徵祥、财政总长周学熙为全权代表,在北京汇丰银行大楼与英、法、德、俄、日五国银行团(汇丰、东方汇理、德华、道胜、横滨正金)做最后的谈判,签署了2500万英镑的《中国政府善后借款合同》。该合同指定借款用途,主要为偿还到期的庚子赔款和各种外债、遣散各省军队、抵充政府行政费,此部分占实收额的一半还多,而到期归还本息竟达6780余万英镑。借款以中国盐税等主要税收作为抵押。此外,还有多条不利于中国的附加条件。②

此善后借款,北洋政府打着处理清政府在宣统三年(1911年)与四国银行团借款善后事宜的旗号,实际上是借助帝国主义西洋银行团的金融支持,筹集战争经费,用来对抗、打击、消灭国民党控制的南方各省革命势力,巩固其政治统治,其本质上和清政府出卖川汉、粤汉铁路并无区别。在推翻清朝统治,百姓需要休养生息的时候,庞大的政府开支,无疑加大

---

① 张泽孚:《张培爵烈士传记》,载张鹰,曾妍:《张培爵集》,重庆出版社,2011年。
② 《二十世纪中国实录》编委会:《二十世纪中国实录·第一卷·1900—1922》,光明日报出版社,2002年。

了压在广大民众身上的沉重负担，更何况若国家税收由西方列强来收取，中国老百姓的日子会有多么艰难，可以想见。

袁世凯在通过善后借款极力扩充北洋军武装力量的同时，也意图在议会中取得更多的席位，与国民党抗衡。他接受梁启超的建议，从善后借款中拨出160万作为建党活动经费，组建一支"拥袁"政党。在梁启超的筹备和主持下，1913年5月29日，共和、民主、统一三党合并改组为进步党，选举黎元洪为理事长，实际负责人是梁启超和汤化龙。1913年6月，与四川人民休戚相关的川汉铁路工程被交通部派员接收，川汉铁路事宜全部终止。北洋政府为了巩固政权将大部分财政用于解散南方的革命军队，而置民生于不顾，这更加令张培爵失望，此时的局面已与他理想中的革命相去甚远。

面对已是千疮百孔的中华民国，张培爵希望尽已所能，实现共和理想。但现实是残酷的。他在名义上虽为"总统府高级顾问"，但那不过是虚职而已，根本接触不到重要的政事要务。对于一些不利于国计民生的政策，他都极力反对，甚至公然反对袁世凯。他曾多次向袁世凯请辞回川，皆被袁世凯拒绝。袁世凯派胡景伊去四川就是为了逐步接管四川政权，将张培爵调到北京，既是缓解胡景伊的压力，也是为了对张培爵加以控制，所以坚决不放他回四川。袁世凯对张培爵予以高官厚禄，并用金钱、古玩字画，甚至美人计收买拉拢他。因为在全国的独立运动中，张培爵是唯一的非新军将领也非旧官吏的地方都督，并且保路运动以来，在四川的混乱局势下，是张培爵的让位促成了成渝两地军政府合并，使四川免于战乱。在全国各地动荡的政局中，四川的稳定不仅增强了张培爵的威望，更扩大了他的影响力。对袁世凯而言，张培爵是坚定的三民主义者，支持张培爵的革命党人，尤其是川籍国民党人，都会看向张培爵的方向。因此他认为只要拉拢了张培爵，就可以赢得更多革命党人的支持。但张培爵对此无动于衷。

（二）讨袁虽败敢担当

袁世凯出任中华民国临时大总统以来，处处实行独裁统治，破坏民主共和。国会前夕，国民党代理理事长宋教仁被害，孙中山从日本回到上海，主张立即兴兵讨袁。孙中山、李烈钧始终坚持武装讨袁，但由于军事力量薄弱，黄兴等人迟疑不决，国民党内部难以达成一致，致使丧失战机。孙中山曾三次于上海召开军事会议，商讨讨袁事宜，敦促南方各省独立，均告无果，革命动员受挫。而此时袁世凯借非法签订的善后借款获得了战争经费，已经完成军备扩充，正筹划消灭南方革命力量。1913年6月，袁世凯以不服从中央为借口，下令免去通电反对善后借款的江西都督李烈钧、广东都督胡汉民、安徽都督柏文蔚三人职务。李烈钧等三人都是国民党人，是三民主义的追随者，尽管之前袁世凯已不断在地方军政府中安插亲信，但从未直接换掉都督。这次将都督免职的做法相当于向国民党人发出通牒。此时，国民党内部才达成一致，并于仓促间发动了"二次革命"。

1913年7月10日，李烈钧在江西湖口树起义旗，宣布湖口独立。7月12日，讨袁誓师大会于南昌召开，正式宣布江西独立，"二次革命"爆发。随着江西打响了"反袁"第一枪，江苏、安徽、广东、福建、湖南、四川等省及上海相继宣布独立，加入讨袁行列，大江南北为之震动。当"二次革命"爆发的消息传遍全国，顿时人心振奋，张培爵立即决定寻找机会返川组织起义。张培爵摆脱了袁世凯的监视，秘密潜赴上海，会见黄兴。他将手中掌握的革命经费、个人多年积攒的薪水，以及为儿子留学和个人生活所准备的一笔钱款交给黄兴作为讨袁军费。在上海，张培爵还见到了孙中山，与孙中山分析了当下革命形势。

袁世凯虽因刺杀宋教仁、促成善后借款、排挤国民党人等行径尽失民心，但其利用外交策略，与帝国主义结盟，并且经费充足，兵强马壮。他立刻派北洋军抵御各地讨袁军，孙中山号召的南方各省讨袁军，虽然取得了短暂的胜利，但之后便连连失利。1913年7月25日，打响讨袁第一枪的湖口失陷，李烈钧败走，宣布取消独立，战局急转直下。时局发展变化之快，令革命者始料不及。

短时间内，各地讨袁军相继失败，革命军士气低落。面对严峻的革命形势，四川熊克武等人举棋不定，希望张培爵回川主持大局，张培爵与同在上海的谢持、夏之时、黄复生等人商议回川参加熊克武、杨庶堪等发动的讨袁起义。但是因川江航运为战事阻隔，未能成行。张培爵电令熊克武等人，寻找合适时机，宣布重庆独立，即使他不能回川，西南地区也要有所行动，希望借四川举事，扭转乾坤，摆脱不利局势。

在重庆的熊克武等人经过具体部署，周密筹划，于1913年8月4日成立讨袁军，宣布重庆独立，熊克武被公推为四川讨袁军总司令。熊克武以四川讨袁军总司令名义发布文告，正式通电讨袁，并于8月6日致电其他川军首领，希望共同兴师讨袁。四川讨袁军声势浩大，先声夺人，先后收复了内江、荣昌、隆昌等地，顿时全军士气大振。

但是，随着袁世凯派兵入川镇压讨袁军，四川讨袁军逐渐陷入不利局面。陕、甘、鄂、滇、黔等省奉袁世凯之命兵进四川，陕军张钫部越夔门抵川东直逼万县；滇军叶荃部抵宜宾虎视川南；黔军黄毓成部破綦江达险地三百梯，直接威胁重庆的安全，四川讨袁军多线作战，形势极为不利。

四川讨袁军独立支撑了一个多月，战败的消息纷纷传来，形势不容乐观。1913年9月1日，张勋攻克南京。福建、湖南两省宣布独立后，虽未与北洋军交战，但在江西、广东两省失利后，先后取消独立。随着各地纷纷宣布取消独立，四川讨袁军陷入孤立无援的局面，独木难支。9月12日，熊克武在苦苦支撑月余后，无奈之下宣布取消重庆独立，四川讨袁战争以失败告终。

在袁世凯的支持下，胡景伊通电四川全省，将国民党人定为"逆党"，派人到处抓捕，并制定了涉及108人的"大罚款计划"。被抓捕的"逆党"可以通过缴纳一定数额的"罚款"而被保释。比如，在郭氏家族的运作下，郭其章缴纳罚款三万元后获准出狱，成为四川大罚款案中被罚数额最大的人。讨袁战争未胜，川内党人被罚，革命前途一片昏暗。

至此，国民党对南方七省的控制权完全丧失。轰轰烈烈的"二次革命"最终以袁世凯的胜利而告终。孙中山、黄兴等再度流亡日本。袁世凯的胜利让他和他的追随者们感到异常得意和兴奋，也让各帝国公使馆沉浸在一片喜悦当中，因为袁世凯是他们在中国既得利益的维护者，他的胜利意味着他们可以继续在中国的土地上恣意妄为。1913年10月6日，袁世凯当选为中华民国大总统，随即于北京故宫太和殿宣布就职。11月4日，袁世凯下令解散中国国民党，同时收缴国民党议员证书，引发了国民党议员的强烈抗议。这表明袁世凯已经开始光明正大地诛锄异己，实施专制统治。

浩浩荡荡的讨袁大军的失利有国民党自身政治软弱性的原因。从一开始，其领导层就对出师讨袁的意见产生分歧，贻误先机，导致了战争主动权的丧失。并且，其缺乏统一的部署与领导，在孙中山最初呼吁反袁时，只有不到三分之一的省份响应，革命基础薄弱。加之军备不足，北洋军则兵力、粮饷充足，因此各地的反袁大军很快溃败了，最终只能以失败收场。经过此次战役，张培爵看清了北洋军的真正实力，也看清了袁世凯对内实行独裁统治，对外投靠帝国主义的反动面目。袁世凯从让北洋军渗透到各地政府，扩充北洋军的势力开始，一步步排除异己，逐步让中华民国成为他的囊中之物。袁世凯的政治权谋是革命党人所不具备的，作为清末头号权臣，他拥有封建王权统治的野心和欲望，也有足够的计谋和手段。因此，袁世凯逼孙中山退位后，又打败了革命军。

张培爵对讨袁战争是抱有很大希望的，他坚信取得胜利能够重新激发所有革命者的雄心壮志，否则，三民主义和共和理想只能是镜花水月。最初，他毫不犹豫与熊克武等人联络，支持四川参与讨袁战争，在各地讨袁军纷纷战败的情况下，张培爵敢于义无反顾地支持重庆二次独立，身体力行孙中山所提出的"敢为天下先"。他十分清楚要想取得讨袁战争的胜利，必定要付出巨大的代价，但他还是义无反顾地付出。讨袁失利后，张培爵坚决辞去总统府高级顾问等职务，拒领每月 600 元大洋的薪俸，并拒绝出任四川巡按使。他在《与李寒友书》中写道："断不愿俯同群碎，争腥啄腐，以自贬其操也。"①

（三）退谋实业苦支撑

"二次革命"失败后，张培爵不愿出国以避迫害，辞职离开北京后没有回四川，而是到了天津，以开机器织袜作坊为掩护，虽经济拮据，仍和革命党人密切联系，继续秘密反袁。1914 年 5 月 1 日，袁世凯公布《中华民国约法》，取代了《中华民国临时约法》。其后又改内阁制为总统制，并修改总统选举法，规定每届总统任期为十年，任届没有限制。此举名义上是将内阁制改为总统制，实际上是为搞独裁统治铺平道路。至此，袁世凯专制复辟的野心已经昭然若揭。

虽然充满险阻，张培爵仍然心系革命，他只能忍辱负重，韬光养晦。张培爵在天津居住期间，房东是一位日本人，在与房东的交往中，张培爵的日语突飞猛进。他一直坚持学习，每天阅读各类中外书籍，希望从中汲取经验，以备将来政治活动之需。此期间，张培爵目睹了直隶省范围内的几个县，因作为善后借款的担保地区，赋税加重，人民负担增加，百姓怨声载道。孙中山曾认为袁世凯可以令国家富强，因此不计较个人得失，甘心让位，张培爵当时在四川让位也是如此考虑的，而现今中国社会的情形已让他失望至极。

张培爵打算退政从商，开办工厂，实业救国。不可否认，北洋政府在经济制度上还是有所作为的，对厘金制度、货币制度以及财政税收制度等进行了改革，在某种程度上促进了国民经济的发展。袁世凯利用和西洋各国的联系，吸引海外华侨归国兴办实业，京津一带的民族企业越来越多。

---

① 陈朝权：《血性男儿张培爵》，《红岩春秋》，2020 年第 1 期。

开启中国进步的闸门 辛亥革命中的川大英烈

天津属于直隶省,紧邻北京,且濒临渤海湾,航运十分发达。自英国人最早在天津建立租界以来,此地各国租界林立,西洋商业理念逐渐被带入天津,因此,近代天津的工业十分发达。有不少有为的实业家和爱国华侨投身民族工业,走实业救国之路。

此时的张培爵,从推翻清朝统治以来,一直秉持着革命者坚定的信念,从四川到北京,从四川政权之争到讨袁战争失利,看清袁世凯的居心后愤而辞职。虽然他既不能从军也不能从政,但是革命之心未改。张培爵在天津结识实业家,对革命有了新的认识。他开始住进租界,和更多商界人士接触。

孙中山发动"二次革命"时,明知道军事实力无法和北洋军抗衡,为了民主革命的理想,也要义无反顾地反袁。孙中山流亡日本后,依然竭尽所能,发展革命事业。他积极联络世界各地华侨,这些华侨大多具有很强的经济实力。在日本,孙中山继续积极从事反对袁世凯称帝的斗争活动,许多在国内不得志的国民党人都选择了远赴日本追随孙中山,一股反袁的力量正在暗地里不断扩大。张培爵决心开办工厂,一方面可以创造更多的财富支援国家建设;另一方面,可以通过联络更多的爱国商人和华侨,为孙中山将来的革命筹集经费。虽然革命方向改变,但是初衷未改。就像当初领导重庆起义一样,张培爵有信心,他坚信革命理想会实现。

张培爵虽然退出了政界,但以他曾任四川副都督的身份,以及他的风度和见识,依然得到了大家的尊敬。短短几个月时间,张培爵已经在全新的领域完成了角色转换,工厂的经营渐入轨道。同时,有一些参加"二次革命"的国民党人,在孙中山等人离开后失去了主心骨,听到他在天津办厂的消息,也来投奔他。大家再次看到了革命的方向,相信张培爵会继续追寻三民主义。1914年7月8日,孙中山在东京召开大会,宣布成立中华革命党,大会通过了《中华革命党总章》。孙中山出任总理,并发表宣言。此消息传来,张培爵等人振奋不已。

1914年7月28日,以萨拉热窝事件为导火索,第一次世界大战爆发。

随后，多国投入战争，以德意志帝国和奥匈帝国为首的同盟国，与英、法等国组成的协约国为重新瓜分世界和争夺全球霸权而激烈交战。

1914年8月3日，以袁世凯为代表的北洋政府向美、德等国使节表示，希望租借地和租界中立化。而后又提出，希望得到美国海军的支持，增加美国在中国的军队，并希望美、日两国可以劝说其他国家不在中国的租借地作战。日本意在夺取被德国占领的青岛，在中国乃至东亚扩展其势力范围。此时，协约国希望中国加入其阵营，但是日本出于其在胶东半岛的权益迫使北洋政府保持中立。在日本进攻青岛之前，德国以将来归还青岛为条件，希望北洋政府从中调停，说服日本不参战，但面对日本强大的军事实力，袁世凯采取了中立的态度。8月8日，日本以曾经与英国缔结"英日同盟"为借口，宣布对德宣战，并通过武力迅速占领德国在中国山东的势力范围。

在参战问题上，美国和日本竞相对北洋政府施加压力，北洋政府哪一方都不敢开罪，保持中立似乎是最好的选择。虽然世界大战的烽火没有蔓延到中国，但是随着战争的升级，在中国拥有租界的国家，不仅毫无原则地在中国抢购包括粮食在内的货品充当战争物资，而且竞相将他们国家生产的物品运到中国以高价售出，以赚取更多的资金支持本国的军事开销，这场战争让本就积贫积弱的中国更加千疮百孔。

北洋政府保持中立的态度，也赢得了部分反对战争的党人的认同，但不管怎样，袁世凯窃取革命成果，并且拥兵自重，严重威胁着中华民国的民主革命进程是铁一般的事实。袁世凯积极笼络租界各国，不让中国成为世界大战的主战场之一，其目的是巩固其专制统治，逐步实现他的皇帝梦。

袁世凯的所作所为，让张培爵等革命者明白，他正筹划恢复帝制。其时有革命者不断在报纸上阐述观点，多有呼吁孙中山重新建立国民政府之言，不少国民党人也因此被捕。对于袁世凯领导的北洋政府，张培爵实在感到失望，并且反感，他开始设法募集钱款支持孙中山组建革命军。

这场世界大战也使得孙中山募集钱款变得越发困难。因为日本正式对德宣战，成为世界大战的参战国，军费开支陡增，必然需要雄厚的经济实力作为基础，孙中山所联络的爱国华侨必须拿出相当一部分经济财富来支援所在国的战争，这对孙中山等人在日本的秘密活动产生了严重的影响，使旅日革命党人的处境越发艰难。

在天津，张培爵一边经营工厂，一边为支持孙中山革命筹集钱款，因日本参战的关系，汇到日本的资金要格外小心谨慎。此时，国内的华侨也在不停地捐款捐物，但他们对革命的态度也有可能发生变化，这些情况使得张培爵的募集工作愈发艰难。尽管如此，张培爵仍在努力募集革命经费。

多年来，张培爵心甘情愿地追随着孙中山，一直为推翻封建帝制而奋斗，不管失败多少次都无怨无悔。虽然反袁失败了，但张培爵始终相信三民主义是中国未来的方向，坚定地认为革命一定会成功。

（四）舍生取义慨而慷

宋教仁案发生后，1913年5月，谢持等人密谋暗杀袁世凯未遂。宋教仁被刺，袁世凯为掩盖罪责，转移视线，借遇刺一事，炮制"血光团事件"，直指黄兴为血光团团长，诬陷其指派大批成员暗杀政府要员。于是，袁世凯借机四处搜捕血光团成员，逮捕国民党人，谢持等人相继被捕。很快，各地都有血光团成员被捕的消息传来，越来越多的革命党人因受牵连而无辜被捕，但其实袁世凯方面并没有所谓血光团的确凿证据。由于谢持的议员身份，北洋政府参议院对其被捕提出严正抗议，孙中山等海外革命党人也表示强烈反对，袁世凯迫于压力不得不释放谢持等人，但其打算放人后再秘密暗杀。谢持后避往日本。"血光团事件"，是北洋政府单方面的说法，也可以说是袁世凯为掩盖宋教仁事件借题发挥所玩弄的政治权谋，不仅是其为转移宋案焦点抛出的烟雾弹，也是袁世凯借以观察在其复辟帝制的道路上有多少反对者的幌子。

类似此种事件，一直到"二次革命"被袁世凯镇压后，都被袁世凯当作消灭革命党的借口和手段。这一时期，出现了"新同盟会"等多个反袁团体，专门暗杀袁世凯政府要员，其中有一些受同盟会思想影响的革命青年，认为袁世凯有英美等帝国主义国家的支持，靠武力打败袁世凯是不可能的，暗杀则是可行的方法。而此时袁世凯势力庞大，要暗杀他谈何容易，这些团体反倒成为袁世凯打压革命党人的工具。比如志诚团就是为了诱捕反袁志士设下的陷阱，袁世凯暗中唆使其党羽组织、吸引反袁志士参加，当确定参加者的身份和目的后便进行逮捕。由于北洋政府在第一次世界大战中保持中立，世界局势发展对其影响不大，袁世凯一心忙于恢复帝制，这个时候就要找个由头清除一切对他不利的障碍。他搞株连把革命党人关押起来，不仅可借此发现反对他的人，也可弄清楚哪个地方政府有可能不受其控制，会在他称帝时站出来反抗他。

张培爵在天津办工厂，规模不大，经济还是较为拮据，但不论是孙中山改组的中华革命党，还是爱国青年的革命团体活动，他都给予经济上的支持。他虽然没有正面从事革命活动，却始终惦记着革命的未来。孙中山在日本将国民党改组为中华革命党，张培爵虽不在日本，但自认为是中华革命党的一分子，积极为自己所信仰的党派筹措经费。

1915年2月20日，张培爵被袁世凯密探以合股扩大袜厂经营为由，从租界诱出拘捕。同时被捕的还有其好友邹杰等人，随后一起被押往北京西郊宛平军政执法处监禁。执法处提调恰恰是张培爵领导重庆起义时被逼投降的重庆知府钮传善，张培爵等人的处境可想而知。

张培爵被捕的消息传出后，全国反响强烈，国内舆论一片哗然。张培爵以教书先生的身份成功领导重庆起义，在成、渝政府合并后主动出让权位，放弃总统府的高官厚禄，种种义举赢得人民的一致拥护，影响力遍及全川，辐射全国。在国内的革命力量被袁世凯压制、孙中山等人东渡日本的情况下，张培爵坚持留在国内以实业救国，通过募集善款的方式继续支持革命，这一行为也得到了广大革命党人和爱国人士的普遍赞誉。

开启中国进步的闸门 辛亥革命中的川大英烈

虽然孙中山等人远赴日本，但袁世凯知道如果自己称帝，国内还有很多革命志士反对他，一旦恢复帝制，是否会有人奋起反抗，也是未知之数。袁世凯清楚人民反对帝制的决心，但依然希望在一片颂扬声中称帝，那样他才能更加安稳地坐在"皇帝宝座"上。因此，他用尽手段残酷打压、株连国内有影响力的革命党人，张培爵算是其中一个。张培爵在全国影响颇大，尤其在四川可说是一呼百应，当初他被袁世凯骗到北京软禁，就是很好的证明。袁世凯要通过逮捕张培爵来检验有多少人反对他，杀一儆百，让反对他称帝的人有所畏惧。

张培爵在狱中十分平静、坦然，是革命的信念支持着他。虽然身陷囹圄，他的意志却愈发坚定。牢笼关不住他的信仰和追求，若他的死能换来革命者认清形势，重燃斗志，建立共和，拯救民众于苦难之中，他也就死得其所。

在案件审理期间，张培爵怒斥袁世凯背叛革命，妄图复辟帝制，为国人所不容。面对严酷的刑讯，他始终神色泰然。最终张培爵被判处死刑。

1915年4月17日，张培爵被押往北京土地庙街受刑。坊间流传其时黄风大作，风卷尘沙，阴云满天，张培爵临刑坚强不屈，正气凛然，慷慨从容，拒绝跪下受刑，他盘腿坐于刑场怒斥道："我非罪人，岂能跪？"枪声响起，子弹射进张培爵的额角，他带着不屈的精神和执着的信念，为共和理想付出满腔热血，身躯端坐不倒，英勇就义，终年39岁。中国大地虽然乌云密布，暴雨即将来临，但是终有一天会迎来烈士所期盼的万里晴空。

张培爵牺牲后，家中别无长物，家人仅有一间小屋供以容身，作为一省之高官，清贫如此，实属罕见。幸得朱之洪、熊克武等同盟会会员资助，其家人方得以免受饥冻。袁世凯去世后，朱之洪将张培爵遗骨运回其家乡荣昌安葬，于重庆浮图关另设衣冠墓。

·下编　辛亥革命时期的川大英烈传·

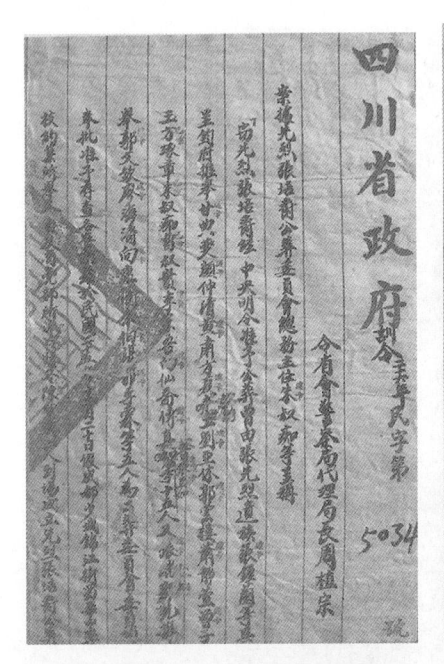

1937年3月省府训令：张培爵公葬委员会成立，请派员参加并拨给公葬费

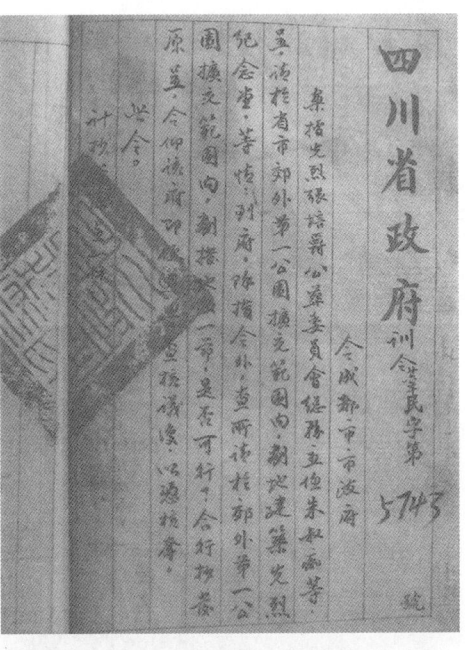

张培爵公葬委员会主任朱叔痴请于省市郊外第一公园扩充范围内建张培爵纪念堂以兹纪念

重庆浮图关张培爵衣冠墓

致祭张列五先生墓园摄影

145

开启中国进步的闸门 辛亥革命中的川大英烈

重庆张烈士培爵纪念碑

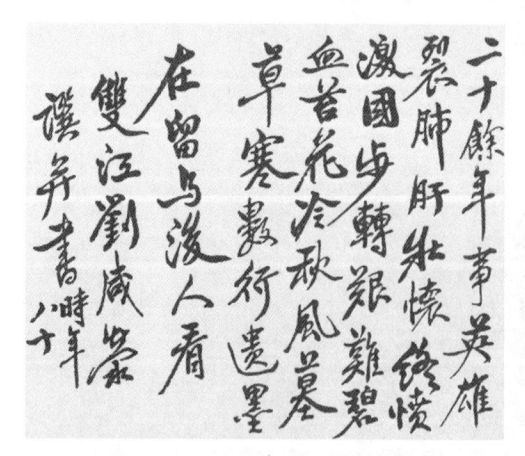

四川大学教授刘咸荥纪念张培爵诗

国立四川大学学生、
张培爵之女张映书

在风起云涌的旧民主主义革命时期，张培爵在实现革命理想的道路上不断前行，他是孙中山所倡导的三民主义的追随者，毕生为实现共和体制奋力抗争。他对信仰执着坚定，对革命事业坚贞不屈，赢得了世人的崇敬和爱戴。张培爵领导重庆起义的义举，出让四川都督权位的无私精神，彰显了博大的胸怀和气度。讨袁失败后，他也没有放弃抗争，而是总结经验教训，走上了实业救国的道路，开辟了新的途径。他的牺牲影响了许多革命者，对南方将领唐继尧、蔡锷、李烈钧等人在袁世凯复辟帝制后发动护国战争起到了一定程度的促进作用。他是那个时代当之无愧的先行者，是历史长河中不可遗忘的英雄。

（杨胜君编撰）

参考资料：

1. 张鹰，曾妍：《张培爵集》，重庆出版社，2011年。

2. 郭凤英：《巴蜀都督张培爵》，中国戏剧出版社，2011年。

3. 张映书：《回忆我的父亲张列五（张培爵）》，载中国人民政治协商会议四川省委员会文史资料和学习委员会：《四川文史资料选辑（第四十九辑）》，内部资料，时间不详。

4. 陈光复，靳用春：《张培爵烈士——为共和甘洒热血谱春秋》，载党跃武、陈光复：《川大记忆——校史文献选辑（第四辑）》，四川大学出版社，2011年。

5. 陈朝权：《血性男儿张培爵》，《红岩春秋》，2020年第1期。

6. 邱远猷：《重庆蜀军政府的成立及其法制》，《重庆师专学报（综合版）》，1998年第4期。

7. 苏奇：《蜀军都督张培爵 点燃重庆独立烽火的文秀才》，《城市地理》，2016年第3期。

8. 周斌：《尹昌衡〈与张培爵书〉辨析》，《近代史研究》，2012年第6期。

9. 陈娟：《张培爵：蜀军政府"一把手"》，《重庆行政（公共人物）》，2011年第6期。

10. 《张培爵：象牙塔里走出的蜀军都督》，《科学咨询》，2016年第25期。

11. 黄天朋：《张培爵对民主革命的贡献——纪念辛亥革命七十周年》，《西南师范大学学报（人文社会科学版）》，1981年第2期。

12. 重庆中国三峡博物馆，中共荣昌县委党史研究室：《张培爵与重庆辛亥革命》，《红岩春秋》，2011年第5期。

13. 龚义龙：《张培爵遇难三疑问小考》，《红岩春秋》，2011年第6期。

14. 袁志鹏：《中国国民党四川省党部筹备处对重庆蜀军政府的评价》，《黑龙江史志》，2013年第18期。

龙鸣剑传

龙鸣剑，中国近代资产阶级民主革命的先行者，同盟会会员。1877年5月14日生于四川荣县五宝镇，原名骨珊，字顾三（山），别号雪眉。1905—1907年在四川通省师范学堂优级师范科学习；在日本加入同盟会，回国后任四川谘议局议员，组织四川保路同志军，发动武装起义。1911年，他在行军途中病故，年仅34岁，被吴玉章称为"辛亥革命真正的英雄"。

龙鸣剑

一、少年求学多坎坷

1877年5月14日，龙鸣剑出生于四川荣县五宝镇一户传统士绅家庭，父亲龙章，又名龙德江，在五宝镇上经营一家油坊。龙鸣剑九岁时父亲病逝，母亲丁氏勤俭持家，靠经营油坊把龙家几兄妹抚养长大。龙氏一族在五宝镇上颇有声望，龙鸣剑幼年在家族所办私塾凤鸣书院读书，稍长时因聪颖勤奋，得到时任云南昭通知府的叔父龙沛然的资助外出求学，后到嘉定府九峰书院求学。龙剑鸣19岁时，在嘉定府考取秀才。龙鸣剑虽深受中国传统文化教育熏陶，但如当时许多有志有识的青年人一样，面对风雨飘摇的社会，他积极地想从新式教育中探求新知，求取救国救民的办法。

1895年，清政府签订丧权辱国的《马关条约》，激起了国人尤其是忧国忧民的青年学子们的愤怒。龙鸣剑在家乡看到外国人飞扬跋扈，欺压乡民，而当地官吏崇洋媚外，为虎作伥，心中无比愤懑，他作诗道："虎威端在假狐威，胥吏因缘蠹役肥。赔款大家分润好，向来成例莫轻违。"1898年戊戌变法的失败，又给予龙鸣剑极大的刺激，他开始思索中国的出路，反对孔孟程朱空疏的性命之学，鄙视"死读书"和"读死书"的"读书俑"。他把自己的命运和国家民族的前途结合起来,增强了爱国救亡的责任感和使命感。国家民族危机日益深重,他忧心如焚,希望能做力挽狂澜的弄潮者。面对未来的迷茫之路,龙鸣剑写下这样的诗句:"江干离聚太匆匆,锻翮飘零西复东。诗思每怀牛堵月,文章难借马当风。酒光潋滟春波绿,帆影招摇夕照红。我亦支那小分子,横流砥柱要当中。"①

为了探索救国救民的方法,也为了探索新知,龙鸣剑再一次离开家乡来到省城成都求学。1905年,龙鸣剑考入了四川通省师范学堂。

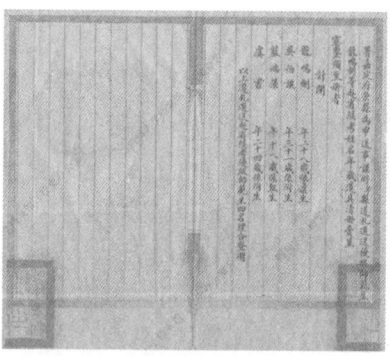

四川通省师范学堂对荣县选送师范生龙鸣剑等人赴省候考的批复及原报告

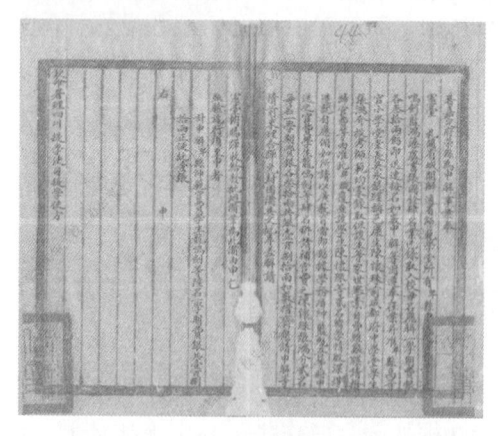

四川通省师范学堂申解官费生龙鸣剑等的函

---

① 中国人民政治协商会议四川省荣县委员会文史资料研究委员会:《荣县文史资料选辑·第七辑·雪眉诗集》,内部资料,1988年。

在这里，他得偿所愿，有机会广泛阅读与西方自然科学和资产阶级政治学说相关的书籍，对政治时局有了更深入的认识及见解。学校的图书馆是他最喜欢的地方。在书本中，龙鸣剑了解到自鸦片战争以来，清政府闭关锁国的态势被西方的坚船利炮打破。随着资本主义学说和自然科学被不断引入中国，一些先进的知识分子开始反思现状，逐渐接受西方的自然科学和政治学说，他们用进化论思想反对"天不变，道亦不变"的传统儒家理论，逐步建立起主张变革的进化论史观。如康有为以赫胥黎《天演论》进化思想为基础，写出了《孔子改制考》和《新学伪经考》等著作，提出变法改制的主张。这些新思想、新学说仿佛一阵春风，吹散了多年来一直萦绕在龙鸣剑心中的迷茫，使他的思想豁然开朗。而戊戌维新运动又使他感受了先进的知识分子为振兴国家至死不渝的坚定信念，同时维新运动的失败又使他认识到，苟延残喘的清政府虽然已经破败不堪却又不愿放弃既有利益，要救国图存只能用更加激进的变革手段。他抨击时政，言辞激烈，还力陈学校存在的腐败现象。当时的四川通省师范学堂是由清政府创办的高等学府，虽然在教学内容上引入西方算学、外文等新式科目，但教育的核心仍是"忠君守孝"的传统思想，四书五经仍在学校教学中占据重要地位。思想日益激进的龙鸣剑对此深感迷惘，他不愿"长此忆忆睍睍，尾附于双瞳如豆，一叶迷山之小儿"。[①] 因对校内部分保守势力采取的教育模式有所不满，这个学业优异的热血青年四处游说，一日竟邀约一批思想激进的同学，闯进教务长办公室，义正词严地向教务长指出："西方国家的学校教育以传授科学知识为主要内容，学以致用。中国的传统教育，让学生死读四书五经，成为名副其实的'读书俑'，束缚了学生的思想。"他们要求学校摒弃传统的教学内容，改授自然科学知识和先进的政治学说。这些努力清理积弊的举措却使他因

[①] 中国人民政治协商会议四川省荣县委员会文史资料研究委员会：《荣县文史资料选辑·第七辑·雪眉诗集》，内部资料，1988年。

"诋毁孔孟之道,顶撞师长,蓄意滋事,影响恶劣"而被学校开除了学籍。

四川通省师范学堂斥退龙鸣剑等 20 名学生的函件及牌示

学业受挫的龙鸣剑回家之后,经过一番冷静的思考,没有因此而消沉妥协,而是下定决心向顽固势力挑战到底,他拿起剪刀剪掉了发辫,以示与清政府彻底决裂,并作诗以明志:"修正予尾可怜身,发短心长苦认真。似拔一毛非为我,只求三握总无人。"① 为了寻求救国救民之道,龙鸣剑深入荣县、叙府等地农村,遍访下层百姓,了解民情。他思考中国的未来,感到苦闷彷徨,写下了不少诗篇,如《舟中杂咏》:"蓉城两载小勾留,添得顽躯病与愁。笑指三山挥手去,中原多故说从头。……岑袁当世推名督,用舍于今付郭开。我更何心事吟咏,愿提宝剑上燕台。"② 他对当时波

---

① 中国人民政治协商会议四川省荣县委员会文史资料研究委员会:《荣县文史资料选辑·第七辑·雪眉诗集》,内部资料,1988 年。
② 中国人民政治协商会议四川省荣县委员会文史资料研究委员会:《荣县文史资料选辑·第七辑·雪眉诗集》,内部资料,1988 年。

谲云诡的中国政治进行了深刻的思考。当时的中国,资产阶级革命派与改良派进行了一场空前的辩论,革命派主张以革命的形式推翻清朝,建立资本主义民主国家,改良派主张在维护清朝统治的基础上进行君主立宪改革。中国的出路安在?如龙鸣剑一样的一大批知识分子都在黑暗中苦苦探索。正如龙鸣剑在他的诗中所写的一般:"一编青史太陈陈,如愿而偿有几人?诸葛勋名归淡泊,汾阳福泽足精神。长缨未必牵降虏,利剑何尝斩佞臣。多少英雄多少恨,只将麟笔写成仁。"①

经过一番激烈的思想斗争,龙鸣剑决定到北京求学,那里是全国的政治经济文化中心,活跃着一大批和自己一样有理想、有抱负的有志青年,在那里或许能找到一条救国救民的道路。在得到家人的理解和支持后,龙鸣剑于1906年从家乡出发,经重庆辗转赴北京游历求学。

一路行来,龙鸣剑见识了祖国的大好河山、多彩文化,萌生诸多感悟,如在鬼城丰都,他意识到传说中的幽冥世界同样等级森严,联想到现实中清政府腐朽没落的僵化体制,使有志之士壮志难酬,顿生感触,因此作长诗一首以抒胸怀:"丰都山高高于天,阎罗帝都古所传。生者死者争后先,神作威福鬼乞怜,刀山矗矗油鼎煎,模糊骷髅不常全。香火络绎焚道边,愚氓侥福理或然。我思五洲万国男女溷尘缘,下至猿鹤沙虫亿万千,安能一一写长笺,善善恶恶期无愆!不然,堂皇钟鼓跪拜虔,土木偶耳何取焉?哀哉众生不自贤,汨没声利走联翩。生人大道却不前,媚奥媚灶崇神权。独不闻,古来忠孝作神仙,浩然正气弥坤乾。时或冤狱坠重渊,终须大节彪炳书陈编,安肯低首下心涕涟涟,空奠桂椒罗豆笾?又况,聪明正直神化宣,不尚诪谀尚真坚,否即负职神其偏,天将降罚毋少延。何庸,舍己相求胁两肩,如谒达官欣执鞭,方今国轴谁转旋?人挟媚术贴花钿,廉耻道丧埋幽燕,合从彭泽赋归田。我来江上月如弦,摩挲古

---

① 中国人民政治协商会议四川省荣县委员会文史资料研究委员会:《荣县文史资料选辑·第七辑·雪眉诗集》,内部资料,1988年。

调时一弹，江风浩浩流涓涓，山头林木栖寒烟。"① 船经巫峡至湖北，龙鸣剑慕诗人屈原宁折不屈，为国献身的风骨气节，作组诗道："扁舟一叶出夔巫，来吊香溪屈大夫。湘水羁魂招不得，晚烟残照下平芜。""剩有离骚配六经，隔江依旧楚山青。似曾渔父叮咛语，人醉何缘尔独醒？""浩气英风死不磨，古祠遗像照沧波。史公椽笔分明在，千载光争日月多。""招招舟子楚王孙，自溯宗支道屈原。为谱竹枝新乐府，灵旗萧鼓闹黄昏。"②

龙鸣剑历经波折来到北京，原本心中的满腔希望与热血却被眼前所见浇上了一盆冷水，北京经过八国联军的劫掠后，遭到严重的破坏，到处是惨淡的景象，"高墙丰上激下，水潦一至，倾败随之"③。清政府腐朽堕落，洋人耀武扬威，四处横行，人民生活困苦，求生不易。而清政府官员昏庸无能，对内钩心斗角，对外奴颜谄媚，上下一片暮色景象。龙鸣剑感叹自己少年立志报国，考取功名，而今却落得空有热血，报国无门的境地。在北京的所见所闻，使龙鸣剑对清政府彻底失望，知其病入膏肓，无药可救。

中国的出路在哪里？他在痛苦中思索，时常独饮以自慰。正如他当时所作诗云："车马喧阗晓梦醒，高门有客寄伶仃。何当醉卧茅檐下，日午鸡声侧耳听。"④ 就在龙鸣剑感到前途渺茫之时，一个意外的机会使得他的人生出现了转机，进而开启了他革命生涯的新征程。

二、东渡浮槎立壮志

甲午战争的惨败使清政府中的部分有识之士看到了中日国力上的差

---

① 中国人民政治协商会议四川省荣县委员会文史资料研究委员会：《荣县文史资料选辑·第七辑·雪眉诗集》，内部资料，1988年。

② 中国人民政治协商会议四川省荣县委员会文史资料研究委员会：《荣县文史资料选辑·第七辑·雪眉诗集》，内部资料，1988年。

③ 中国人民政治协商会议四川省荣县委员会文史资料研究委员会：《荣县文史资料选辑·第七辑·雪眉诗集》，内部资料，1988年。

④ 中国人民政治协商会议四川省荣县委员会文史资料研究委员会：《荣县文史资料选辑·第七辑·雪眉诗集》，内部资料，1988年。

距，并开始探求日本迅速强大的原因。他们发现，日本早期派遣到国外的留学生将外国的先进技术和科学知识带回国内，对国家的发展起了弥足珍贵的作用。由此他们建议效法日本，向海外派遣公费留学生，并以日本作为留学首选地。在这些士大夫的倡导下，中国掀起了留学日本的热潮，清政府在北京、天津到处张榜，招考公费留日学生。龙鸣剑在家人和朋友的支持下，顺利通过考试，得到了到日本早稻田大学学习法政学的机会。

1907年春，龙鸣剑东渡日本到早稻田大学学习，早稻田大学是日本著名的高等学府，创始人大隈重信提出以"知识的实际应用"与"学问的独立""造就模范国民"为办校方针，主张学术自由，鼓励创新，在近代日本培养了一大批具有实际应用知识和社会活动能力的人才。龙鸣剑非常珍惜这来之不易的学习机会，特别是学校图书馆中的藏书让他获益良多，他认真研读最新的政治法律学说，特别是西方政治经济学说和他一直推崇的自然科学。通过阅读和学习，龙鸣剑渐渐找到了中国落后的根源，认识到长期的封建统治禁锢了社会的发展，统治阶级为了巩固自己的统治地位，闭关锁国，愚弄百姓。他认识到"落后就要挨打"是亘古不变的真理，要改变这一现状，必须打开国门，接受西方的先进自然科学以及文化制度。要进步就要有变革，不能墨守成规，但清政府为了巩固自己的统治，夜郎自大，对国外的先进技术不屑一顾，阻碍了国家的发展。穷则思变，国家要富强，人们要安居乐业，必须推翻腐朽的统治，建立一个民主自由的国家。他认为：吾国不革命，不可与新命！这些理想与刚刚重组于东京的同盟会主张不谋而合。同年，龙鸣剑经同乡但懋辛介绍在东京加入同盟会，立誓以三民主义为旗帜，并举政治革命、社会革命而毕其功于一役，推翻清朝的反动统治，建立民主共和国。

同盟会起初是由不同的革命组织组建的松散的反清联盟，会员来自全国及海外各界，革命思想主张并不完全一致，如当时参加同盟会的组织和个人并不都同意孙中山先生的三民主义，特别是对"平均地权"的看法表

开启中国进步的闸门 辛亥革命中的川大英烈

现出极大的分歧。政治和思想上的分歧导致了组织上的涣散和分裂。1907年夏,同盟会会员刘师培在两江总督端方的撺掇下,联络会中部分人员诬陷孙中山,欲夺孙中山同盟会总理职务。革命尚未成功,革命内部就出现如此行为,这使初入会的龙鸣剑忧心如焚,他义愤填膺,首揭刘师培的奸谋,在斗争的关键时刻坚定维护孙中山先生在会中的领袖地位,对刘师培等的不轨行为进行了批驳:"大行不顾细检,此本奸谋,且夕当暴露。"①他坚定地维护孙中山先生的领导和同盟会的团结。

除参加同盟会的各种革命活动外,龙鸣剑还投入大量精力创办和推广进步报刊。1907年年末,四川留日学生中的同盟会会员决定在之前被迫停刊的《鹃声》杂志的基础上,创办《四川》杂志,望其能成为"西南半壁警钟",以唤起四川人民的民主爱国意识,为推动四川反清革命制造舆论影响。吴玉章被推为编辑和发行人。《四川》杂志以"输入文明,开通民智"为宗旨,设论著、时评、译丛、文苑、小说、大事纪要等栏目,宣传资产阶级革命。该刊旗帜鲜明,对外坚决反帝,对内坚决反清,其坚定的立场、鲜明的态度受到读者的热烈欢迎。《四川》杂志每期均再版发行,销路很好,成为当时中国在海外发行刊物中最革命、最进步的刊物之一。《四川》杂志创刊后,龙鸣剑感到十分振奋,革命阵营里终于有了一块四川人民自己的文化阵地,他致力于《四川》杂志的撰稿和推广工作,并以此为阵地,写出了大量文章抨击清朝的腐朽统治,宣传革命思想,不久他就成为《四川》的主要撰稿人之一。当时法国人得酿得勒写了一篇《吞灭四川策》,龙鸣剑在《四川》杂志上载诗四首予以回击,其中一首写道:"自哀犹待后人哀,愁对乡关话劫灰。鹃血无声啼日落,梅花有信报春回。潇潇风雨真君子,莽莽乾坤起霸才。尚有汉家陵庙在,蜀山休被五丁

---

① 中国人民政治协商会议四川省荣县委员会文史资料研究委员会:《荣县文史资料选辑·第七辑·雪眉诗集》,内部资料,1988年。

开。"① 他向全川人民呼吁,列强环视在外,大家一定要发奋图强,共同抵御强敌。他愤怒于国家已经到了山河破碎的边缘,而国人还沉醉于天朝上国的迷梦中,他在文章中题诗道:"于今形势转苍黄,弱肉无如食者强。西域版图供馁虎,东邻舆榇走降王。只凭沃野雄天府,那识巴黎化战场!为问故园诸父老,梦酣应已熟黄粱?"② 他想用自己的笔唤醒沉睡的人们,拯救危难中的中国。他撰写的《党祸论》,用辛辣深刻的笔墨揭露清政府累兴党狱、残杀革命志士的恶行,切中时弊,大义凛然。他用激烈的言辞声讨强权,对社会的剖析非常深刻,引来清朝官员的不满,甚至遭到维新保皇派的大力攻击。有胆小之人善意提醒龙鸣剑,希望他改变文风,免得引火烧身,但龙鸣剑不屑一顾,坦然回答道:"吾自尽吾论著之责尔。"③

在吴玉章、龙鸣剑等川籍同盟会会员的努力下,《四川》杂志影响不断扩大,国内的许多大中城市,甚至在法国、缅甸、越南以及新加坡等国都设有发行处,发展势头强劲。《四川》杂志曾刊载《警告全蜀》《列强协约与中国之危机》等长篇文章,揭露帝国主义侵略阴谋,号召进行革命,推翻清政府统治。时人对《四川》杂志评价为"天鸡发声,曙光进出"。在这段共同学习、共同战斗的日子里,龙鸣剑与吴玉章、但懋辛等川籍同盟会会员结下了深厚的革命友谊。

三、欲图革命自奔走

龙鸣剑留学期间,国内的革命形势风起云涌。1906 年,同盟会会员刘道一、蔡绍南在湘赣地区联络各地会党,发动萍浏醴起义,湖广总督张之洞、两江总督端方领兵五万、耗时一年方将其镇压。1907 年 5 月,同盟会

---

① 中国人民政治协商会议四川省荣县委员会文史资料研究委员会:《荣县文史资料选辑·第七辑·雪眉诗集》,内部资料,1988 年。
② 中国人民政治协商会议四川省荣县委员会文史资料研究委员会:《荣县文史资料选辑·第七辑·雪眉诗集》,内部资料,1988 年。
③ 中国人民政治协商会议四川省荣县委员会文史资料研究委员会:《荣县文史资料选辑·第七辑·雪眉诗集》,内部资料,1988 年。

开启中国进步的闸门 辛亥革命中的川大英烈

又在广东潮州黄冈组织了著名的黄冈起义,虽然起义最终因敌我力量悬殊而失败,但在同盟会会员英勇顽强的革命意志鼓舞下,各地的进步人士积极参加到当地革命团体中,各地的武装起义如火如荼地开展起来。仅1907年就有七女湖起义、安庆起义、防城起义、镇南关起义等多起反清武装起义爆发,它们都为后来辛亥革命的胜利奠定了坚实的基础。

龙鸣剑在日本听到国内连连传来武装起义的消息,雀跃不已,决心回国拿起武器英勇拼杀,做一名真正的革命战士。他在诗中这样写道:"桃源何处避红埃,卷地风云海上来。司马倦游思难蜀,杜陵多病独登台。岭南杀气吞边月,冀北空群惜楚材。转大法轮须腕力,公真健者莫疑猜。"[①] 这表达了他对国内风起云涌的革命斗争的向往和自己愿战死沙场的决心。

正当龙鸣剑欲回国参加战斗之际,孙中山先生策划在滇越交通孔道的河口发动起义,打响云南武装反清的第一枪,后来起义虽因消息泄露而失败,但同盟会决定派遣龙鸣剑等人深入云南发动群众,继续在当地开展武装斗争。1908年6月,龙鸣剑远涉重洋,绕道越南,经云南返回祖国。在云南的崇山峻岭中,他常露宿溪边山洞,以野菜充饥,条件异常恶劣,如一次在云南红河县渡江时,他面对汹涌的江水、林立的峭壁,以及江面上弥漫着的瘴气,作诗道:"夹岸群峰意气豪,蛮荒山不让人高。小舟半破轻于叶,大壑奔流怒有涛。芦苇萧萧掀帽短,浪花点点簇征袍。瘴江险绝天将暮,躯命而今等一毛。"[②] 在这段时间,龙鸣剑有时难免感到孤独凄凉,每至无可奈何时,龙鸣剑就将自己的酸甜苦辣和雄心壮志写进诗歌里,鞭策自己坚持下去。"洞天福地本来清,修到神仙是几生。漫想图形求傅说,只愁乞食学渊明。龙虽起陆身还蛰,虎未离山井已成。休误桃源

[①] 中国人民政治协商会议四川省荣县委员会文史资料研究委员会:《荣县文史资料选辑·第七辑·雪眉诗集》,内部资料,1988年。

[②] 中国人民政治协商会议四川省荣县委员会文史资料研究委员会:《荣县文史资料选辑·第七辑·雪眉诗集》,内部资料,1988年。

从此入，夜台官吏恐无情。""蜀山万叠未容归，日日滇山送落晖。竺影鞭丝寻古道，尘痕洒渍满征衣。飞鸿绝望书难寄，瘦马难骑草不肥。食宿半于崖上下，野人相异只几希。"① 宏志难却思乡情，但作为革命者，龙鸣剑舍小家、为大家，克服重重困难，深入云南的田间村寨，宣传革命思想，扩大群众基础，动员更多的人加入同盟会，建立革命组织，努力开展革命工作。是以他在诗文中表达了自己忠于信念、至死不悔的决心："粗识轩辕奏乐章，九死南荒吾不恨。"②

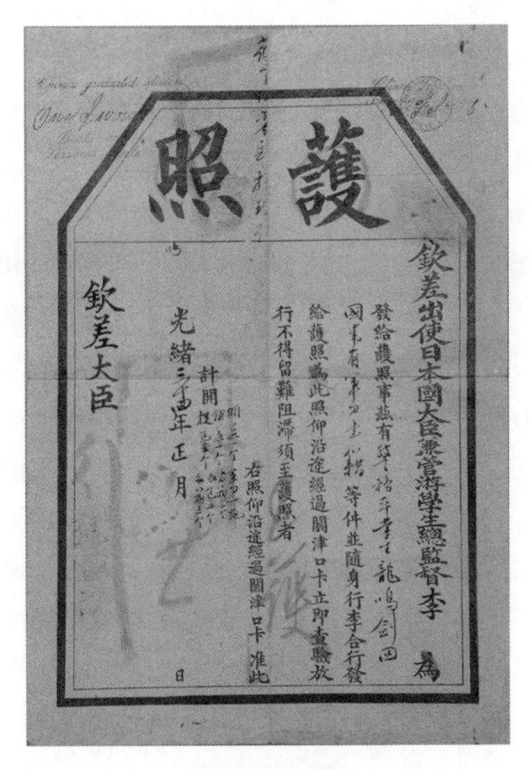

龙鸣剑回国护照

---

① 中国人民政治协商会议四川省荣县委员会文史资料研究委员会：《荣县文史资料选辑·第七辑·雪眉诗集》，内部资料，1988 年。
② 中国人民政治协商会议四川省荣县委员会文史资料研究委员会：《荣县文史资料选辑·第七辑·雪眉诗集》，内部资料，1988 年。

开启中国进步的闸门 辛亥革命中的川大英烈

1909年,龙鸣剑回到四川继续进行革命宣传和组织工作。回到家乡后,龙鸣剑了解到自己的大哥已经是当时四川荣县地区很有实力的哥老会舵把子,哥老会成员在四川称"袍哥",由康熙年间反清义士在四川发展的民间组织演变而来,"袍哥"一名取于《诗经》中的"岂曰无衣,与子同袍"。它与天地会、青帮一样,都是下层群众集结的社会群体,加之其组织的秘密性,外人很难了解到实情。而当时哥老会在四川各地多有分会,虽各自为政,互不往来,但势力很大,且其成员多为底层的劳动群众,痛恨清政府的腐朽统治。龙鸣剑认识到,如果把各地哥老会联络起来,共同举起反清大旗,将会形成一支不可忽视的力量。龙鸣剑依靠大哥的关系,秘密拜访了几个荣县小有名气的袍哥头目,了解到他们也是在夹缝中求生存,时常遭到清政府的围剿,对清政府恨之入骨,但单凭各自的力量却无法与清政府抗衡。龙鸣剑趁机向他们宣传革命道理,讲解孙中山的三民主义,并积极介绍他们加入同盟会。正是这些袍哥组织,在后来的保路运动中立下了汗马功劳,为荣县独立做出了不可磨灭的贡献。

通过一段时间的走访调查,龙鸣剑发现要把这些散落在各地的会党团结起来,要有一个固定的场所用于联络。同时革命还需要扩大宣传,许多会党成员还不知道什么是民主共和,对孙中山先生提出的三民主义更是毫不知情。1909年春,龙鸣剑来到成都,在成都四圣祠街创办了一所法政学堂。这所法政学堂完全摒弃封建礼教、程朱学说,以西式教育为主,提倡新学,并开设时事政治课,鼓励青年学子探讨时政、探求新知,教师也多以深受西方民主思想影响、思想激进的年轻教师为主。对新思想的传播,对进步人才的培养,寄托了龙鸣剑在推翻旧世界后如何建设、治理新社会的理想。

龙鸣剑创办法政学堂的另一目的是想通过办学秘密建立起成都同盟会地下机关,以便同一些会党成员进行联系,为以后的武装斗争蓄积力量。此后他以法政学堂为基地在成都广泛联络四川会党,积极开展革命工作,并发展川西、川南会党首领秦载赓、张达三、罗之舟、王天杰等为同盟会会员，共同从事反清活动。他还通过法政学堂的学生、资中地区的袍哥首领钟岳灵，认识了罗泉盐商胡范渠。在龙鸣剑的影响下，胡范渠将自己的家作为同盟会的秘密联络点，由此，同盟会在资中罗泉一带逐渐壮大，为后来的"攒堂大会"奠定了基础。

1909年，清政府在内外交困之下，被迫开始实行预备立宪，全国21个省均成立了谘议局作为代议机关。四川总督赵尔巽拨筹备费一万五千两，组建宪政筹备处，除四川各州县选出的议员外，亦召集各社会贤达、商贾士绅参加四川谘议局的筹备工作。同年10月，四川省成立省谘议局，龙鸣剑被推选为谘议局议员。他和程莹度等同盟会会员利用谘议局的平台在川内士绅中宣传革命思想、揭露清朝弊政、组织反清活动。通过在谘议局的活动，龙鸣剑结识了蒲殿俊、罗纶等四川谘议局的领导人物，并发展了一批具有相当政治与经济实力的谘议局议员加入同盟会，进一步扩大了同盟会的影响，为后来的武装斗争争取到了更多的支持。

四、武装保路"攒堂会"

1911年5月，财政紧张、穷途末路的清政府宣布铁路干线国有政策，强收川汉、粤汉铁路为"国有"，并与英、法、美、德四国银行团订立借款合同，公开出卖川汉、粤汉铁路修筑权。粤汉、川汉铁路本为民办，是四川、湖北、广东各地百姓以购买铁路公司股票形式，自筹资金修筑的铁路。而四川本就因蜀道难行，对于修筑铁路尤为看重，官绅士农乃至普通百姓都凑钱入股修筑铁路。如当时流行的歌谣所唱："自从光绪二十八年把路办，银子凑了万万千；也有官的商的款，也有土药烟灯捐；最可怜的是庄稼汉，一两粮就要出这项钱。要办铁路为的是那（哪）一件？怕的是外国人来占路权。"[①] 清政府在收回铁路筑路权的同时，宣布对于之前民间投入的资本概不补偿，四川人民手上的铁路股票顿时成为废纸，这激起了

---

① 《中国近代史丛书》编写组：《辛亥革命》，上海人民出版社，1972年。

开启中国进步的闸门 辛亥革命中的川大英烈

他们的强烈愤慨。在省谘议局的会议上曾有立宪党人、川汉铁路公司董事长邓孝可为迎合清政府,力主铁路国有,邓孝可提出:"川民程度远不如湘鄂,湘鄂争可也,川人争不可也。"龙鸣剑愤然驳斥道:"一般人民程度本不相远,蜀人能争与否,此视提倡者能力如何,吾蜀固亦人也。"[①] 语毕,赞成声此起彼伏。其后,龙鸣剑还在《蜀报》上写诗一首驳斥邓孝可之前所写《川路上今后处分议》中川路"国有"的观点,"持票昭信未昭信,路政而今一例看。三百万金都不惜,可怜纲取费申韩。"后来清政府来电明示,不许川省股东保本退款,即将川路股票全部收归国有,一分现银也不返还,导致连像邓孝可那样对清政府还抱有希望的立宪派也彻底失望了。6月17日,成都社会各界2000余人在铁路公司开会,四川保路同志会正式成立,大家推举蒲殿俊、罗纶为正副会长,提出了"破约保路"的口号,拟订《保路同志会宣言书》。四川保路同志会成立后立即派出会员分路讲演、四处张贴宣言书、宣传保路,并推举代表赴京请愿。全川各地闻风响应,纷纷成立保路同志会,掀起了群众性的反帝、反清爱国热潮。

与立宪派主张"和平争路"斗争方式不同,龙鸣剑和王天杰等同盟会会员早就认识到只用发电文、请愿等办法争路是不能达到目的的,他们采取了与立宪派和平请愿斗争方式"明同暗异"的策略,"外以保路之名,内行革命之实"[②]。龙鸣剑早在斗争初期就认识到"非自己有武力,不足以完成革命",主张将保路运动发展成为武装起义,推翻清政府的统治。"人谁执策云无马,我自藏刀待割牛"[③]。龙鸣剑的故乡荣县有着深厚的革命传统,清末荣县的同盟会组织建立之后,熊克武、谢奉琦、王天杰、龙鸣剑

[①] 中国人民政治协商会议四川省荣县委员会文史资料研究委员会:《荣县文史资料选辑·第七辑·雪眉诗集》,内部资料,1988年。

[②] 唐忠尧,胡恭先:《资州罗泉井会议与组织同志军》,载中国人民政治协商会议四川省委员会,四川省省志编辑委员会:《四川文史资料选辑(第一辑)》,内部资料,1961年。

[③] 中国人民政治协商会议四川省荣县委员会文史资料研究委员会:《荣县文史资料选辑·第七辑·雪眉诗集》,内部资料,1988年。

等早期同盟会会员先后在当地进行了广泛的革命宣传，他们不仅把县内的一批爱国青年聚集起来，还做了省内外革命党人的联络工作，并积极联系和发动了当地较有实力的哥老会成员，为推动之后的革命工作奠定了坚实的基础。1911 年 3 月，龙鸣剑回到故乡荣县，和同盟会会员王天杰一起着手组建地方民团武装。6 月，王天杰以维护地方治安名义举办民团训练所，积极采购武器弹药，加强训练，"阴为发难之准备"。7 月 18 日，荣县成立保路同志协作军，后改名为保路同志军，成为川内最早组建起来的革命武装力量之一。为了更好地组织全川的反清保路斗争，龙鸣剑利用他在哥老会中的人脉及威望，与秦载赓、胡范渠和钟灵岳等人一起经过周密安排，在罗泉镇召开哥老会重要集会——"攒堂大会"。

8 月 4 日，川内各地哥老会袍哥首领齐聚罗泉，秦载赓、龙鸣剑先后发言，确定了把这次"攒堂大会"作为武装起义的准备会，要把保路运动推向高潮，通过武装起义实现同盟会"驱除鞑虏，恢复中华，创立民国，平均地权"的纲领。龙鸣剑在会上总结了之前起义失败的教训：同盟会在全国举行多次武装起义，都被清政府镇压下去了，孙中山先生派熊克武、谢奉琦、黄树声等同志回川组织的彭县、江油、泸州、叙府等起义也失败了，究其原因在于组织松懈，仓促发难，联络不畅，缺乏群众基础；而这次保路运动准备充分，有广泛的群众基础。保路运动在同盟会的组织推动下，声势浩大。清政府必将进行镇压，那时以保路之旗号，名正言顺地进行武装自卫，行推翻清朝之实。会上经过广泛讨论，通过了五项决议："（1）保路同志会一律更名为保路同志军，将'文明争路'转为武装斗争，由秦载赓、侯宝斋主持川东南的起义工作；张达三、侯国治主持川西北的工作。（2）向各地团练局和富绅借用枪支，以解决枪弹来源。（3）向各县借用积谷、社谷及其他公共资源以解决粮饷。（4）探查敌情，掌握清军和警察的数量、配备、分布。（5）总部设在华阳和新津，要随时互通信息，交换情报，听从指挥。"① 会议最后决定当年农历七月在各地相机起义。这次会议是四川保路运动从和平请愿转变为武装推翻清朝统治的转折点，它有力地推动了四川地区革命运动的发展。

在各地同盟会、哥老会的组织运作下，参加这次斗争的主要是哥老会召集的农民、手工业者和小资产者，同时因清政府横征暴敛而致川东南地区盐业萧条、盐场倒闭，许多失业的盐工在哥老会的动员组织下也参加到保路同志军中。6月17日，成都保路同志会建立之后，自流井盐场股东们积极进行保路宣传，并于6月26日成立自流井保路同志会，推举同盟会会员吴坚仲担任会长，并着手组建保路同志军。荣县、贡井、自流井、富顺等多地的保路同志军迅速连成一片，势力逐渐壮大。1911年8月27日，龙鸣剑在家乡荣县五宝镇带领当地民团正式起义，成立荣县保路同志军，这支队伍以民团训练所的学生为主力，加上自愿加入起义的百姓共计千余人，手持长枪和各式自制武器，迅速占领荣县县城，当地知县等官员闻风而逃。五宝镇保路同志军到达荣县县城后，与荣县西北路参与武装起义的群众会合，队伍不断壮大。龙鸣剑让王天杰带着队伍暂时聚集修整，等待时机会合各地的起义队伍转攻成都。而自己则往返奔波于成都和各州县间，联络各地的袍哥组织，为大规模武装起义作组织准备工作。龙鸣剑曾在起义前手书一副对联："有志者事竟成，破釜沉舟，百里秦川终归楚；苦心人天不负，卧薪尝胆，三千越甲可吞吴。"② 以此表达他反清必胜的信念和坚韧不屈的战斗豪情。

五、保路奇功"水电报"

8月，清政府为镇压保路运动，急调素以滥杀著称的赵尔丰为四川总

---

① 刘延刚等：《四川袍哥史稿》，四川教育出版社，2015年。
② 原件已失，此处为吴伯良、龙仕信口述的记录。

督。由于四川保路运动的风潮日见猛烈，到9月初已形成"万众附和"的罢市、罢课群众运动，清政府已觉"现在事机万分危迫，民气甚固……大局尤不堪设想"[①]。1911年9月7日，赵尔丰诡称北京传来好消息，将保路同志会的领导人蒲殿俊、罗纶、邓孝可、颜楷、张澜等人骗进督署进行关押，随后又命令军警搜查川汉铁路公司，查封了《四川保路同志会报告》《蜀风杂志》等宣传保路运动的报刊。第二日，消息传开，参与保路运动的数千名请愿民众高呼着"铁路民办""释放被捕者"等口号涌向督署，向赵尔丰请愿，恳求放人，赵尔丰面对手无寸铁的群众，竟然下令开枪镇压，造成了震惊全国的"成都血案"。大雨中，有几十个无辜民众被枪杀，他们的鲜血与雨水混流，总督衙门前成为一片"修罗场"。许多群众在雨中静默着不肯离去，突然有人在雨中悲呼："天呀！赵屠户杀人如麻，今天又到成都'开红山'来啦！"为震慑革命群众，赵尔丰下令三日内不准为督署外被枪杀的平民百姓收尸，并且宣布全城戒严，严密把控所有邮政和电报系统，企图封锁"成都血案"的消息。

赵尔丰封锁成都全城之后，城里的同盟会会员心急如焚，一定要将这一桩惨案昭告天下，将清政府的罪恶行径公之于世，为死难的同胞讨回一个公道。但是如何把这个消息传递出去，成了同盟会会员最为头疼的问题。为此，龙鸣剑急邀曹笃、朱国琛[②]二人到成都城南四川通省农政学堂的农事试验场进行商议。三人在雨夜中思索，如何将被封锁的真相迅速告知天下，鼓动各州县群起抵抗。这时试验场外哗哗流淌的府河让他们想到了利用连通城内外的府河水系向城外传递消息的办法。他们寻来上百张木片，上书"赵尔丰先捕蒲、罗，后剿四川，各地同志速起自保自救"二十一字，复在其上涂以桐油，星夜密投于府河之中。时人称之"水电报"。

[①] 《广益丛报》第九年第十七期纪闻。
[②] 曹笃，字叔实，自贡自流井人，1906年经黄复生介绍加入同盟会，1907年9月，他参加了熊克武主持召开的成都起义会议。朱国琛，荣县长山桥人，1906年加入同盟会，时任四川通省农政学堂农事试验场场长。

水电报

"水电报"乘秋潮水涨，顺江而下，沿江民众接到"水电报"的消息后，迅速将其传播开去。不少人更依样画葫芦，制作更多的"水电报"投入河水中，"成都血案"的消息由此不胫而走，很快传遍了四川各州各县，赵尔丰的暴行激起了四川人民的愤怒，各地保路同志军揭竿而起，讨伐赵尔丰。9月8日，袍哥首领、同盟会会员秦载赓在华阳收到"水电报"后，立即召集军民千余人，冒着滂沱大雨向成都进发，一路高呼"打倒赵尔丰"直攻成都东门。同时利用袍哥的"十万火急鸡毛文书"，派人给各地袍哥送信，号召全川各地哥老会组建保路同志军支援成都。

一支支保路同志军迅速组建。9月9日，温江、郫县、邛州、金堂、广汉等十几个州县的保路同志军在同盟会会员和会党首领秦载赓、侯宝斋、张达三、张捷先等人的率领下，四面围攻成都，并在城郊犀浦、红牌楼等地与清军激战。驻邛州巡防军一营军官周鸿勋率部在邛州反正，并联合南路保路同志军占据新津。南路袍哥领袖、同盟会会员罗子舟率雅州、荣经同志军扼守大相岭，阻击清军。同时其他各州县保路同志军亦纷纷行动起来，截阻文报，把守关隘，攻占县城。犍为胡潭、大竹李绍伊等会党首领揭竿而起，更有川西北藏羌土司聚众举义，西昌地区彝藏同胞攻城逐官。全川民众浴血奋战，反清斗争势如燎原，有望造成四川独立的有利形势。"水电报"漂至叙府，消息迅速传遍城乡，保路同志军迅速组织起来，人们纷纷要求向成都进军。一时间，围困成都之保路同志军声势浩大，不下二十万人。

其间，龙鸣剑找寻机会从成都回到荣县，与王天杰等人商议组织荣县保路同志军攻打成都的具体事宜，并与县内的同盟会会员在荣县城内召开起义动员大会。龙鸣剑向全县民众通报了"成都血案"的消息，动员群众参加保路同志军讨伐赵尔丰。荣县人民的革命热情空前高涨，"到会万余人，说者未竟，一片喊杀之声达于场外"。众推龙鸣剑同王天杰、刘念谟率领保路同志军北上攻成都。会后，王天杰向全县各场镇的民团、哥老会发送鸡毛令，要求其组织保路同志军火速赶往荣县，准备北上。各场镇民团、哥老会接到鸡毛令后，纷纷行动起来，以最快的速度前往荣县。不到一天的工夫，乐德、过水、鼎新、高山等地的保路同志军就来到了县城，与驻扎在这里的五宝镇保路同志军会合。长山桥、观山等地民团和哥老会接到鸡毛令后，立即组织民军赶到，并与西北路四面的小股起义队伍和宜宾地区的起义军几路人马汇合，人数骤然增至三千余人。队伍出发前，龙鸣剑、王天杰对来自各乡镇的保路同志军进行了整编，并申明军纪："只杀清妖，不许扰民，犯者杀无赦！"龙鸣剑对着送他们出征的父老乡亲起誓："此行不捷，吾不复入此门矣！"豪情动人，这大大地鼓舞了同志军的士气。

9月10日，王天杰、龙鸣剑率领荣县保路同志军击溃一支清巡防军，并攻占仁寿县城。补充粮草后，他们在仁寿籍田与攻占成都失利的秦载赓率领的华阳保路同志军会合，此时又有同盟会会员陈孔伯所率井研民军、威远胡御阶所率乡军及荣县范燮、范模所率乡军等多支起义部队相继到来，队伍达到了二十余万人。

六、仗剑除妖为"独立"

在仁寿，各路保路同志军选出代表，召开大会，对各路保路同志军进行整编，众人推举龙鸣剑为保路同志军东路军统领，龙鸣剑推辞不就，最后决定由秦载赓担任东路军统领，王天杰为副统领，龙鸣剑为参谋长，同时任命龚郁文为军需处处长。

整编后，东路军按既定方案，再次进攻成都，以牵制清军对南路军的进攻，陷赵尔丰于坐困之地。这时，他们公开打出了同盟会纲领："驱除鞑虏，恢复中华，建立民国，平均地权。"其先后转战于中兴场、中和场、煎茶溪、铁庄堰、苏码头等地，与清军激战二十余次。龙鸣剑每次皆身先士卒，与敌人奋力厮杀。他骑着白马，在枪林弹雨中指挥作战，欲拼一死以谢天下豪杰，并作诗以言志："雄心休让霍嫖姚，豪情须压北宫黝。龙拿虎攫鬼神惊，长安落叶归一帚。"[①]

东路军与清军在横梓场进行了一场残酷的战斗。横梓场地势平坦，四面临河。正值秋收后，一片干田犹如操场一样，双方行动一并展露无遗。冲锋号一响，只见滚滚硝烟弥漫。一团白亮的光在浓烟中忽隐忽现，那是龙鸣剑骑着高头白马在阵中冲杀。虽然东路军战士作战勇猛顽强，但清军武器精良，人多势众，轮换吃饭，前进、卧下、冲锋，均听号令指挥。相比之下，保路同志军则显得缺乏训练。时值中午，保路同志军战士饥肠辘辘，混乱狂奔，各不相顾，难以形成合力，由此节节败退，导致战斗失利。其后，龙鸣剑、王天杰率领东路军主力于中兴场与清军精锐展开决战，保路同志军以优势兵力向清军发动猛烈攻击，由于装备差且缺乏训练，虽人多势众但战场形势仍然十分严峻，保路同志军伤亡巨大。在此情形下，龙鸣剑和王天杰奋勇当先，指挥部队同清军激战了三天三夜，最终

[①] 中国人民政治协商会议四川省荣县委员会文史资料研究委员会：《荣县文史资料选辑·第七辑·雪眉诗集》，内部资料，1988年。

给予敌人巨大打击，清军渐渐不支，残敌一路向秦皇寺奔逃，但保路同志军亦伤亡惨重，元气大伤，无力再进攻成都。战后，秦载赓、龙鸣剑、王天杰共同商讨当前形势，龙鸣剑指出：成都是省会城市，清军势力强大，难以攻克，军事上需重新部署，叙府、重庆等地可联合以增强革命力量。分兵占领成都周边州县乃是上策。荣县群众基础好，王天杰可回去整顿民团，伺机攻取县城，迅速建立政权。秦载赓带队伍攻打仁寿、井研、犍为后可直取嘉定。会后，他们各自按照计划行动，以图推翻旧统治，迅速建立新政权。

1911年9月23日，王天杰率领保路同志军返回荣县后，知县柳萌春、大地主张子和等土豪劣绅吓得闻风而逃，保路同志军入城后，王天杰向留守荣县的吴玉章转达了龙鸣剑在地方迅速建立革命新政权，以瓦解清朝统治的建议。吴玉章与王天杰等人经过慎重商议，于9月25日召开各界代表会议，宣布荣县脱离清政府而独立，成立军政府，自理县政。新成立的荣县军政府，成为辛亥革命时期第一个县级革命政权，由广安的蒲洵出任县知事，主持县政，刘彦模理军政，王勋甫理财政，赵叔尧理邮政。荣县军政府成立后，保路同志军打开监狱，将关押在里面的革命党人释放出来，并将清朝官吏驱逐出境，同时决定将荣县作为东路同志军的根据地。荣县军政府一方面发出告示，安定民心，重建地方秩序；另一方面通电全国，组织抗击清军反扑的荣县保卫战。

荣县独立的消息很快传遍全川，各地纷纷效法，重庆、涪州、长寿、江津、合江、南川等地在同盟会的策动下先后宣布独立。随着更多的州县宣布独立，清政府惊恐万分，紧急征调四方兵力围剿之，妄图将这个新生的革命政权扼杀在摇篮中。面对清政府的数次围剿，吴玉章和王天杰商议，计划鼓动与荣县相邻的威远、内江、富顺、井研、叙府等地建立革命政权，分散牵制清军，保卫新生政权，并把荣县建设为军需供应的后方基地，设立军工厂，制造枪支、劈山炮等武器，支援前方。之后，吴玉章立即动身前往内江，联络当地革命党人准备起义。

开启中国进步的闸门 辛亥革命中的川大英烈

成都被围和四川各地保路同志军起义的消息令清政府极为震怒,清政府立即调派两江总督端方率湖北新军,经宜昌入川,同时命令曾担任四川总督的岑春煊前往四川,会同赵尔丰办理剿抚事宜,还从湖南、陕西、广东、云南、贵州、甘肃等地派兵前往四川增援。此时龙鸣剑正在嘉定联络各方革命力量,进行革命宣传组织工作,当地民军团务李守本已表示支持保路同志军,但随着清政府镇压起义的军队陆续入川,他的立场发生了改变。他以宴请为名将龙鸣剑骗至营房进行软禁,隔绝龙鸣剑与其部属的联系,欲将其作为自己手中的砝码以应对时局的变化。面对昔日盟友的反目,龙鸣剑忧愤交集,写诗云:"书生无策只祷兵,子弟俱然杀父兄。等是川民一分子,可怜众志不成城。"[①] 此时端方所率鄂军前锋已至资州,闻知荣县独立的消息,端方令清巡防军据守自流井、贡井一带,准备会师围剿荣县军政府,部分清军已达荣县的程家场和威远的高石场,荣县告急。龙鸣剑知道此消息后心急如焚,他欲立即摆脱软禁,返回荣县参加到保荣救荣的战斗中。

9月26日,龙鸣剑设法逃了出来,带着自己的人马星夜兼程,终于及时赶回家乡,与在荣县坚持战斗的王天杰等人汇合。面对即将赶至的大队清军,龙鸣剑与王天杰等认真分析了当时的形势:清军人数有数万之多,保路同志军人数虽也不少,但都分散在各地,如果荣县发生大规模的战事,这些人马很难在短时间内汇聚起来,这样一来,实际作战的人数也就只有三千人左右。敌我双方力量悬殊太大,若硬拼必给革命力量带来重大损失。此时,吴玉章已去内江等地联络革命党人,准备起义事宜。威远、仁寿、重庆等地都刚刚宣布独立,正在进行当地的新政权巩固和建设工作,亦无暇增援荣县。如何在来势汹汹的清军围剿中保存荣县独立的革命成果?龙鸣剑结合之前与王天杰等人在自流井、贡井一

[①] 中国人民政治协商会议四川省荣县委员会文史资料研究委员会:《荣县文史资料选辑·第七辑·雪眉诗集》,内部资料,1988年。

带和贡井盐工队的起义者一起与自流井的清巡防军作战的经历想到，自流井隶属于叙府，自流井受到攻击时，叙府必派兵援救，他结合古兵法中围魏救赵的计策提出："自流井属叙（府），叙防（军）去（自流）井必空虚，捣叙，防军必还救，荣（县）围必解。"① 他向王天杰建议利用驻扎在叙府的清巡防军去镇压自流井地区的贡井盐工队起义的机会，武装进攻防务空虚的叙府，迫使清军回救，以解荣县之围。"捣叙救荣"虽为一条妙计，但需要一位英勇的将领带兵突围，转战叙府。龙鸣剑不顾伤病，自告奋勇亲自领军出战完成这项艰难的任务。

七、出师未捷身先死

龙鸣剑本来体质较弱，参加革命后一直劳累奔波，没有好好休息，在戎马征战中饱尝艰辛，早已积劳成疾。为了保住荣县独立的革命成果，他从嘉定回来后，基本未作停歇就又匆匆带病开始新一轮的战斗奔波。他带兵冒险突围后，集聚民团数千人，分前后两路向叙府进发，龙鸣剑自督后路。当前路军即将抵达叙府时，传来了保路同志军统领秦载赓在井研牺牲的消息。秦载赓原在川南一带组织革命斗争，而井研保路同志军统领邓大兴变节，勾结清朝官员，残害革命党人。秦载赓闻讯大怒，迅速赶赴井研整顿军纪，他历数邓大兴的罪状并收缴其印信，张贴布告重申新政，巩固保路同志军在井研的革命成果。恼羞成怒的邓大兴唆使其爪牙，在秦载赓启程去犍为时，于半道设伏，从背后连发数枪，秦载赓坠马殒命。战友牺牲的消息让龙鸣剑悲恸欲绝，多次吐血昏厥，他含泪写下《哭秦载赓》一诗："哭向秦庭惨不春，淆涵兵败更何人？尚余浩劫残灰在，飞到荣山旭水滨。"②

征途的艰辛和接踵而来的噩耗使龙鸣剑的身体每况愈下，但即便如

---

① 中国人民政治协商会议四川省荣县委员会文史资料研究委员会：《荣县文史资料选辑·第七辑·雪眉诗集》，内部资料，1988年。
② 中国人民政治协商会议四川省荣县委员会文史资料研究委员会：《荣县文史资料选辑·第七辑·雪眉诗集》，内部资料，1988年。

此，他仍不忘革命大业，带病写下了《致同志诸公书》，其中已隐有托付之意："弟半月来，前则病腹泄，近则病冬温，又误药而汗转豦缘。自四月至八九，足闹了半年，刻无休息，往返成都五次，即暑湿寒均有也。本拟休养月余，再出任事，今奉诸公明示，俟病愈即行赴约，贯彻斯志，有死无二。但鄙意联合各路同盟军，先订军律及同盟条约，须预备一月，次行筹足军饷，再次定期直捣成都。不难下叙府，人心惶惑，垂手可得。彼处有硬火千余，足壮我军威也！"①

为镇压保路运动，湖北新军中的一大部分被调入川，造成了清政府在武昌的防务力量空虚，给武昌革命党人发动起义提供了一个绝好的机会。1911年10月10日晚，新军工程第八营的革命党人夺取位于中和门附近的楚望台军械所，打响了武昌起义的第一枪。汉阳、汉口的革命党人闻风而动，分别于1911年10月11日、1911年10月12日光复汉阳和汉口。起义军掌控武汉三镇后，宣布成立湖北军政府，推举黎元洪为都督，改国号为中华民国，并发出通告号召全国民众起义响应。

武昌起义的成功鼓舞了全国的革命力量，端方率领鄂军行至资州时，新军中的革命党人得知武昌起义已成功，决定起事响应。端方觉察后，为了脱险，紧急在资州东门湘园召集鄂军军官召开秘密会议，诡称"北上勤王"，主张取道广元，经陕西、河南北上投奔袁世凯，图谋会合后一起对抗起义军。鄂军中的革命党人识破其诡计，断然拒绝从命，并决定抢先动手杀掉端方。

11月24日深夜，鄂军革命党人在北门外东岳庙召开紧急会议，公推新军31标1营督队官陈镇藩为"大汉国民革命军统领"，确定了拥戴共和、杀端方以响应武昌起义的决议。到会同志皆书押、袖白布、毁肩章、剪辫，准备战斗。陈镇藩又暗自策反了端方钦差行辕护卫官杨毓林与董卓泉

---

① 中国人民政治协商会议四川省荣县委员会文史资料研究委员会：《荣县文史资料选辑·第七辑·雪眉诗集》，内部资料，1988年。

部以为内应。同时陈镇藩又派人秘密通知资州保路同志军首领张益山、周星五带队围城，以牵制巡防军，并在外做好接应准备。

11月25日傍晚，龙鸣剑在叙府闻听鄂军革命党人准备起义的消息，异常兴奋，夜不能寐。挥笔写诗云："黑暗愁云扫不开，心香惟祝鄂王来。成都风雨阴寒夜，卧听凄凄万鬼哀。"诗中表达了对鄂军起义的欣喜，却又透露出自己病痛交结，已觉油尽灯枯的悲哀。是夜，龙鸣剑给家人写好最后的家书："……祖母教养，诸弟庶不负我，千万千万！至诸儿各人，勤苦读书，善自为之。须知我当此不平之世，忧愤甚深，祈死已久，不愿苟生，愤而起与政府宣战，理势迫之使然，并非好乱也。乡人贤愚不一，爱我者多，嫉我者亦有之。汝等以后凡有事，不可为亲厚者所痛而反为见仇者所快也……"[1]

11月26日清晨，龙鸣剑在宜宾徐场杨湾赵家大院病榻上，倚栏而望，涕泪如流，为王天杰规划了求贤、筹饷、造械、保民、慎行等六策，并书绝命诗一首："槛边极目望三荣，惨淡愁云四野生。不识同群还在否，可怜我哭不成声。"[2] 随后含恨而亡，终年三十四岁。

次日凌晨，陈镇藩令刘怡风、李绍白、王占林等30人闯入端方行辕，逮捕端方。端方见状不妙，企图献金银贿众以脱逃，被起义军严词拒绝。起义军战士将端方拖出房门，同时从另一间屋抓获其弟端锦，在历数清朝卖国罪行和端方入川镇压革命的罪状后，义军卢保卿挥刀立斩端方、端锦，并将二人头颅装入匣内。接着通电响应武昌起义，在城内张贴大汉国民革命军布告："……满贼端方兄弟，俱予明正典刑。我军长驱回鄂。勿得骚扰人民！"全城居民，毫无惊扰。义军又示意店铺、住户赶制白布三角旗，用朱红书"大汉民国"四字，张挂门前。资州保路同志军入城与起

---

[1] 中国人民政治协商会议四川省荣县委员会文史资料研究委员会：《荣县文史资料选辑·第七辑·雪眉诗集》，内部资料，1988年。

[2] 中国人民政治协商会议四川省荣县委员会文史资料研究委员会：《荣县文史资料选辑·第七辑·雪眉诗集》，内部资料，1988年。

义军会师，共商改年号为黄帝纪元四千六百零九年。

龙鸣剑逝世后，其遗体被送回故乡荣县五宝镇，安葬在凤鸣河边，入葬那天，荣县、叙府两地的同盟会会员、地方乡绅、袍哥大爷、保路同志军战友以及各地群众自发前往悼念者有万余人，人们夹道而泣，为英雄送葬。

龙鸣剑烈士墓

八、革命功成忆英魂

在龙鸣剑率领东路保路同志军浴血奋战时，其他两路保路同志军战士也在各自的战场上奋力拼杀。西路保路同志军在素有"袍哥三巨头"之称的张捷先、高照林、张达三的带领下，在犀浦、郫县、崇宁与清军激战，几名重要将领牺牲。高照林率军攻打新都县城，在战斗中被俘，英勇就义于成都凤凰山上。

南路保路同志军首领是新津哥老会龙头大爷侯宝斋，"成都血案"的消息传到新津，侯宝斋当即下令组织第一批保路同志军三千余人，携带大刀、长矛、火药枪、牛儿炮夜集县城，并连夜冒雨出发攻打成都。新津保路同志军到达双流县城后与双流保路同志军会合同向成都进军，一举消灭了红牌楼和武侯祠的小股清军。由于武器落后，保路同志军伤亡很大，围攻半月之后不得不后撤。侯宝斋领导的南路军退回新津，以三渡水为界隔江防守，同时通知邛州、大邑、蒲江等地的保路同志军速来新津会合。不日，各地保路同志军陆续来到新津会合的已达七八万人，声势浩大，共同展开一场轰轰烈烈的新津保卫战。大家公推侯宝斋为南路保路同志军统领（总指挥）。保路同志军于宝资山上设炮台，集中沿河所有船只，不让清军渡河；加强各道防线和城墙上的防御，他们堆积大量石灰包和红条石，并将雅安到成都的电线杆全部砍倒，阻断清军通信。一时士气高昂，民心大振。

新津暴动使赵尔丰慌了手脚，忙电请清政府派兵增援。他在电文中惊叹南路保路同志军声势浩大，称"其中确有晓畅军事之人""使我军首尾不能相顾"，同时又急派朱庆澜率马步炮各营进剿新津保路同志军。

其后，清军进抵新津旧县（原五津），时值秋汛，清军无法渡河，双方隔河炮战达十日之久。后清军另派一支队伍由双流彭家场进攻，突破保路同志军北面三合场防线，占领兴义场，又进至龙王渡直逼县城。保路同志军虽奋勇抵抗，前仆后继，但大刀、长矛、火药枪怎敌得过清军的步枪、大炮。保路同志军伤亡惨重，不得不撤出防守的阵地。

正因为有像龙鸣剑这样的革命志士率领四川各路保路同志军浴血战斗，牵制了清军的大量兵力，才使武昌新军起义获得成功。两个月内，广东、湖南、云南、贵州、江西等十余省纷纷宣布脱离清政府独立。

1912年1月1日，独立各省代表在南京民主推选孙中山为临时大总统，中华民国临时政府成立。1912年2月12日，清帝溥仪在全国轰轰烈烈的革命声浪中被迫退位，结束了二百多年的清朝统治和二千多年的封建帝制。1912年3月，当时的蜀军政府追认龙鸣剑为死义烈士，并向烈士家属授牌。

开启中国进步的闸门 辛亥革命中的川大英烈

1961年，值辛亥革命胜利五十周年，龙鸣剑昔日的战友吴玉章缅怀故友，作《纪念龙鸣剑烈士》诗云："锦江饯别发高音，举座沉吟感慨深。智借急流传警报，愤归故里起民军。出门拔剑誓除赵，病榻遗言速灭清。毕竟英雄人敬仰，万千父老哭忠魂。"[①] 对龙鸣剑革命的一生做了高度的概括。龙鸣剑不愧为"辛亥革命真正的英雄"[②]。

鲁迅先生曾在《中国人失掉自信力了吗？》一文中写道："我们从古以来，就有埋头苦干的人，有拼命硬干的人，有为民请命的人，有舍身求法的人……，这就是中国的脊梁。"龙鸣剑正是这样具有光荣革命传统，在民族伟大复兴历程中做出突出贡献的川大英烈的代表。

（甘露华编撰）

参考资料：

1. 党跃武，陈光复：《川大记忆——校史文献选辑（第四辑）》，四川大学出版社，2011年。

2. 荣县魂：《辛亥首义荣县双雄：王天杰、龙鸣剑》，《现代人才》，2011年第5期。

3. 史占扬：《光辉业绩昭日月，先烈精神现国魂——记辛亥四川保路运动英烈龙鸣剑、谢奉琦、杨维事迹和遗物》，《四川文物》，1991年第4期。

---

① 吴玉章：《吴玉章诗选》，四川人民出版社，1983年。
② 吴玉章：《辛亥革命》，人民出版社，1961年。

胡良辅传

胡良辅（1883—1911），字驭垓，又作御阶，四川威远县界牌乡人。为了推翻清政府的封建统治，胡良辅多次组织武装起义，领导保路同志军，推翻清朝在威远县的政权，并率军同前来镇压的清巡防军英勇作战，牺牲时年仅28岁。胡良辅因在四川保路运动中功勋卓著，被誉为"四川保路先锋"。他的英雄事迹，至今仍在坊间流传。

胡良辅

一、立志报国

胡良辅，祖籍广东花县（今广州市花都区），祖上在明末清初"湖广填四川"时迁至四川威远县。1883年3月4日，胡良辅出生于四川威远县严陵镇界牌乡。祖父胡殿臣做生意起家，在界牌镇经营茶馆，家境殷实。父亲名叫胡福全，胡良辅是家中长子，下面有两个弟弟，其中二弟胡良佐曾就读于四川省城高等学堂，是朱德的同班同学。

胡良辅自四岁起，由其叔父胡素民抚养成人，叔父待其如亲子。胡素民一生清廉公正，善诗词，著有《自得堂文集》《自得堂编年诗集》等，早年受著名经学家宋育仁、廖季平等的影响，接受西方政治学说，提倡新学。胡素民于1903年中举，1904年受聘为威远县立高等小学堂第一任校长，后加入同盟会，并任天津《国民报》主笔，编写了《民族论》。国共合作期间，他拥护孙中山政策，任广州大元帅府秘书和中山大学教授，并与共产党人邓演达、宋庆龄、郭沫若、吴玉章等人时有来往，在反蒋和抗战中，极力营救和保护共产党员。《严陵镇志》载，吴玉章曾用"素民"两字作了一副对联相赠：悟礼教后兴，五色文章本乎素；到共和实现，群

177

开启中国进步的闸门 辛亥革命中的川大英烈

司奔走忠于民。

而胡良辅自幼聪颖有悟性，喜好谈论理学，崇拜王阳明。他十分好学，喜爱诗文，从小跟随叔父胡素民学习诗词，并在胡素民任校长的威远小学堂读书。胡素民在年幼时向他灌输革命思想。1904年，胡良辅投考四川省城高等学堂，并在该校肄业。1906年，又由威远县申送入四川通省师范学堂学习。

胡良辅精研理学，关心时政，清政府的腐败无能与封建制度的黑暗腐朽，激起他的救亡图存之志。他敬仰孙中山，推崇三民主义，主张实业救国。1907年春，胡良辅通过熊克武介绍，加入同盟会。

严陵镇中心校[①]

[①] 该校前身为威远小学堂，由吴天成创办于1903年5月；1903年10月，胡素民继任威远小学堂总理；1904年，威远小学堂更名为威远县立高等小学堂。

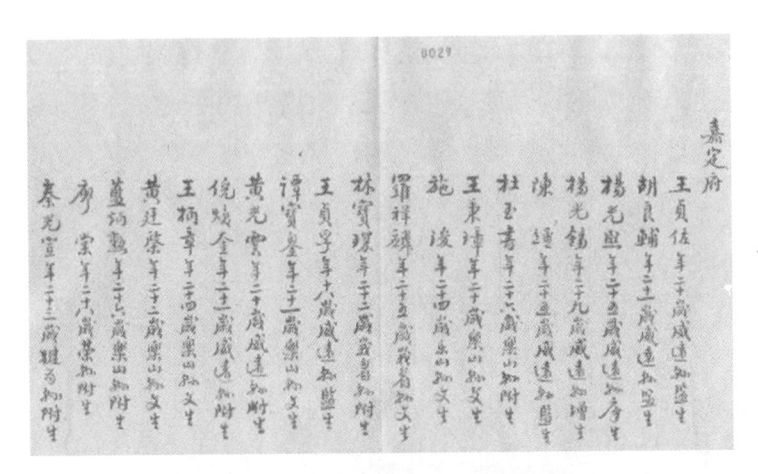

胡良辅投考四川省城高等学堂的档案记录

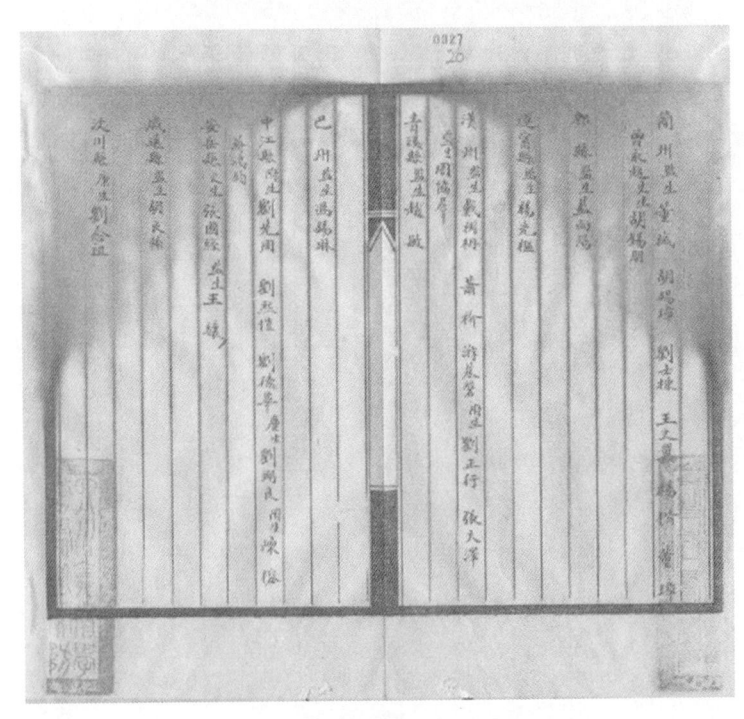

胡良辅从四川省城高等学堂肄业的档案记录

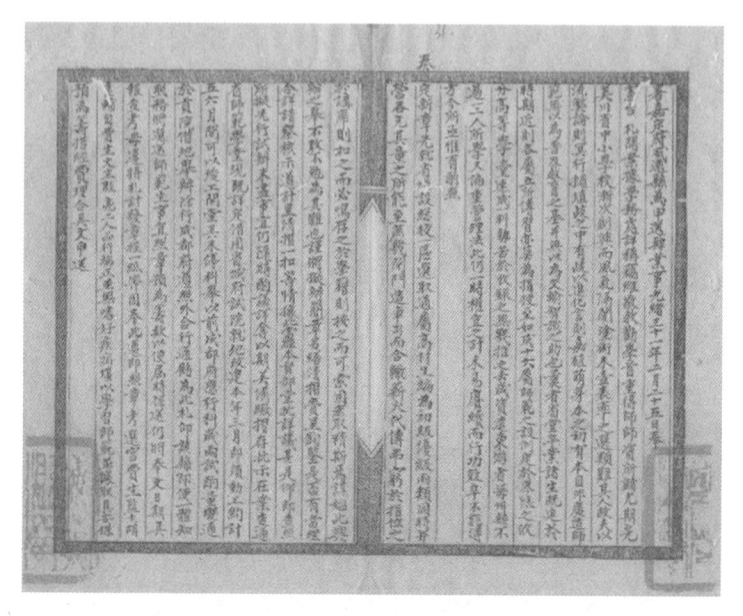

威远县申送胡良辅入四川通省师范学堂的档案记录

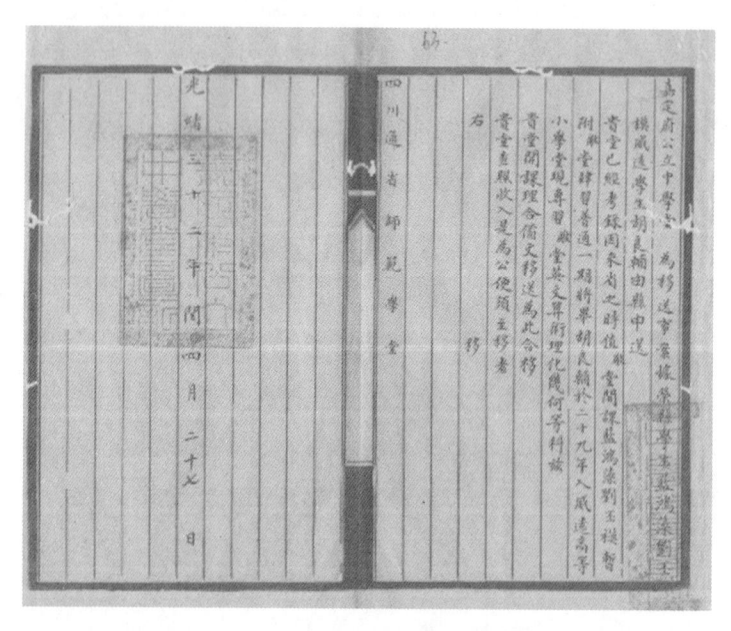

嘉定府公立中学堂申送胡良辅入四川通省师范学堂的档案记录

1908年，胡良辅毕业后回到威远县立高等小学堂任教。"日以灌输革命思想为事，志不容于当道。"胡素民经常寄书报给他，教其鼓励乡亲们奋起革命。在胡素民的影响下，胡良辅深受众人敬仰，成为保路运动的革命先锋。

二、倡导女权

胡良辅提倡男女平等，尊重女性，在当时的年代是非常难能可贵的。胡良辅与夫人陈凤章是经过自由恋爱结合的；婚后，胡良辅在成都读书，他支持妻子离家赴成都求学，鼓励妻子成为自立自强的时代新女性。同时，胡良辅还经常邮寄书报给妻子。

胡良辅曾经写给妻子的一封家书留存了下来，其间反映出他关于男女平等的思想，全文如下：

> 凤章贤卿电，兹交来《女学报》一册，以为卿暇时之览阅，此余费一宵之精力，已将全书阅竟。此书颇多精萃语，且于男女平权之真理反复说明，读之不但有益于文字，即智识亦发生于身心，虽然，卿不可徒学其道皮毛而略根本。如男女平权等的真理一篇，其首云："大家都知道男女平等的真理，并且知之就行，从学问上行去，从道德上行去，智识上行去"，卿可三复斯言。今日卿已进学校，所谓从学问上行去也，试思自家来学，往返千数百里，老人所期望，亲族所推许，乡人所仰慕，全在卿之学问。当爱惜分阴以为后日之模范，若徒事嬉游不以学问为重，是辜负二家（余与尔）老人也，清夜扪心自问，于汝安乎！且人无学问，则道德无有，智识无有，势必终为奴隶。盖无学、无品、无识之人作事胡涂，以嬉笑游玩为快乐，动曰："自由！自由！"试观东西女杰，恐无此莫礼之自由也，势不能不干涉（干涉其保护之道，亦完全人格之道也）。此书，美国女界之势力一篇，第二页有云："女界的学问事业，既能都与男子一样，并且还要

高些,他没有可挟持的把柄,敬服且来不及,如何还敢扯起大架子来欺负人。"即此可知品学兼优之女子为夫婿者,爱敬之不暇,何有于欺负。国民、奴隶两途惟卿自择,尚其勉之,送书有感,附志于此。

  婿良辅顿　有请假事再报知①

  胡良辅牺牲时,他的妻子陈凤章年仅20岁,女儿胡德如仅3岁,胡德辉不到半岁。在胡素民的支持下,他的两个女儿分别被寄养在曾祖母和外祖母家,陈凤章则到成都继续学习。

  胡良辅的妻女皆没有辜负他的深切期望。陈凤章在继续学习两年后,以优良的成绩毕业,后回到威远县,在县立女子师范学校任教,曾任威远女子师范学校校长,为国家培养可造之才。陈凤章晚年住在成都,为中共地下组织的联络提供方便,中共川康特委的同志经常在其家中开会。陈凤章还经常为党传递邮件以及宣传品,受到党组织的称赞。成都出现反共高潮后,陈凤章回到老家,又将其发展为当地党组织的联络点。1948年,陈凤章去世。

  胡良辅的两个女儿从小经常听胡素民和陈凤章讲父亲的革命事迹,反复学习胡良辅的日记和他写给母亲的关于男女平等的信件。胡良辅的革命思想,深深地影响着女儿们。抗战初期,他的两个女儿先后加入了中国共产党。胡德如,在十年内乱中不幸去世。胡德辉,于1938年在成都从事抗日救亡工作,1943年在四川党组织的安排下到延安,改名胡一哉,抗日战争胜利后,随军进入华北,新中国成立前后,她曾在北京市妇联工作,1951年调入咸阳西北人民纺织一厂,为新中国的轻纺事业做出了杰出贡献。②

三、投身革命

  1908年秋,胡良辅与同盟会会员黎元振等,在成都密谋于慈禧生日官

---

①　隗瀛涛、赵清:《四川辛亥革命史料(上)》,四川人民出版社,1981年。
②　《怀念胡一哉》,《博览群书》,2002年第6期。

员聚集之时，在四门放火，举行武装起义。不料机密泄露，黎元振等被捕，胡良辅出走嘉定、叙府等地，后回威远在县高等小学堂任教，秘密从事反清活动。

当时，同盟会反帝反封建的革命战略首先考虑到必须冲破四川封闭落后的现实情况。"蜀道之难，难于上青天！"因此有志之士积极筹资建设川汉铁路，此举措也得到了多方的大力支持。1911年5月，清政府宣布将川汉铁路的筑路权收归国有，并将向外国银行贷款进行修筑，且不退还已筹集的股金。此时，川汉铁路公司已经筹集股金2400多万两白银。一时间，全省上下群情激愤，四川省谘议局议员发起成立四川保路同志会，并发出宣言："卖路即是卖国，侵吞川人股金，犹如抢劫庶民。"[①]

保路运动兴起的早期，人民群众举行了声势浩大的游行示威活动，后期则爆发了武装起义。胡良辅的家乡威远县是川南著名的煤铁产区，这里孕育着一支苦大仇深且有战斗力的矿工队伍，胡良辅组织的保路同志军就是以矿工队伍为主体的。同时，这支队伍中也涌现出一批保路同志军中的领军人物，比如出自陈家沟吉武煤窑的杨绍南，他同胡良辅本是姻亲，在胡良辅的影响下，杨绍南在新场地区组织了一支三百多人的保路同志军，曾两次挫败清军。[②]

四、保路英魂

四川保路同志会成立后，胡良辅被推举为嘉定府所属七县评议长，奔走于资中、荣县、威远、富顺、自流井等地。他向民众宣传保路思想，揭露清政府出卖路权给外国财团的恶行，并反对立宪派"只保路，不反清"的主张，誓死"破约保路"，号召民众团结一致，以武装斗争推翻清政府统治。

9月7日，四川总督赵尔丰诱捕保路同志会主要成员蒲殿俊、罗纶、

[①] 胡绩伟：《青春岁月——胡绩伟自述》，河南人民出版社，1999年。
[②] 胡绩伟：《青春岁月——胡绩伟自述》，河南人民出版社，1999年。

张澜等人，成都数万群众聚集于总督衙门请愿，要求释放被捕人员，赵尔丰下令枪杀请愿民众三十余人，制造"成都血案"。当天，同盟会会员利用"水电报"，将信息通过府河传至各地。9月8日，各路保路同志军揭竿而起，围攻成都，同盟会会员借机发起武装起义。

在此次事件中，胡良辅险遭逮捕。

血案发生后，他愤而疾呼"事可为矣，时哉勿失"，遂星夜赶回威远，在当地组织保路同志军。胡良辅任东路军行军参谋，随东路军攻打成都，与清军数次激战，因装备落后及兵力单薄而未能取胜。他与东路军领导人王天杰、龙鸣剑、秦载赓等商议，放弃攻打成都，分兵转战各州县。其后，吴玉章与王天杰里应外合，攻下荣县。9月25日，荣县宣布独立，胡良辅奉王天杰命，回威远组织保路同志军。后来他率领威远保路同志军两千余人，会同新场杨绍南、山王甘东山、镇西晏锡三、城区倪福兴、盐井溪兰水三等人率领的保路同志军一万余人围攻威远县城。其于11月1日攻克县城，活捉知县徐昭益。

11月4日，由清政府派入四川镇压保路运动的粤汉、川汉铁路督办大臣端方率领湖北新军抵达资中。端方派遣曾广大进驻威远高石场，并调遣自流井的巡防军到威远界牌场附近，企图南北夹击保路同志军。当清军逼近威远县城时，胡良辅与各路保路同志军首领商议，兵分两路，一路留守防范清军，一路由胡良辅、杨绍南等人带领分赴界牌场、黄泥塘、高桥溪等地阻截清军，殊死抗争。

11月5日，威远宣布独立，在高等小学堂成立军政府，推举董伯和为军政长，胡良辅为副军政长。威远军政府处死企图潜逃的知县徐昭益，并于高等小学堂船厅内暴尸示众。胡良辅借此向民众宣布革命宗旨：杀知县则恢复一县之主权，杀总督赵尔丰则恢复一省之主权，杀宣统皇帝则恢复一国之主权。此宣言一出，使得同志军上下军心大振，县城上下群情激昂，百姓无不欢欣鼓舞。

11月6日至7日，胡良辅率部在界牌场等地与清巡防军展开激战。胡良辅身先士卒，并用家中的积谷救济穷人。保路同志军以大刀、长矛、鸟枪等武器与清军殊死搏斗，浴血奋战，用生命和鲜血保卫了威远县城。此次战役便是被誉为四川保路抗清三大战役之一的"威井战役"。

11月10日，军政长董伯和叛变，暗通敌方，以筹粮为由将胡良辅骗回威远县城。11月11日深夜，董伯和与威远劣绅郭藩等人相勾结，暗中纠集一伙歹徒闯入威远县立高等小学堂，绑架了正在熟睡的胡良辅。其后，董匪在城东杜康庙内私设公堂，连夜审讯胡良辅，并捏造罪状，让他在"倡乱造反"的状纸上画押。胡良辅早已将生死置之度外，厉声呵斥叛徒，直至次日天明。11月12日，叛徒派凶手王服之将胡良辅杀害于县城南华宫门外，其割下其双耳函送端方报功，还割下其头颅悬挂于东门城楼上。胡良辅的遗骨，由保路同志军夜葬于县城西郊祭孤坝。

五、烈士身后

胡良辅殉难时，家财被叛军洗劫一空，家人也陷入危险之中。在胡良辅被杀害的当天夜里，陈凤章带着两名年幼的女儿，在胡良辅两名卫兵的保护下，化装逃出威远县城，投奔荣县保路同志军东路军统领王天杰。在王天杰的帮助下，她们四处逃难，才得以脱险。[①]

时任天津《民国报》编辑的胡良辅叔父胡素民听闻他牺牲的噩耗，悲痛不已，泣血成诗《在津哭犹子驭垓死国》：

> 传闻碧血溅东楼，哭到无声泪尚流。
> 望告武成生未与，时穷节见死何求。
> 漫悬双眼看来寇，自有千秋是断头。
> 底事舌端缄不住，呼儿在口却难留。[②]

[①] 胡绩伟：《青春岁月——胡绩伟自述》，河南人民出版社，1999年。
[②] 中国人民政治协商会议四川省内江市委员会文史资料研究委员会：《内江文史资料选辑·第六辑》，内部资料，1990年。

开启中国进步的闸门　辛亥革命中的川大英烈

在胡良辅牺牲后，威远人民无比悲愤，胡素民曾就此事提起诉讼以求惩戒凶手，但未能成功。在胡素民及革命党人的不懈斗争和广大人民的强烈要求下，威远县政府于1919年依法惩办了凶手。1921年，经省政府批准，威远县集资在东堡山修建胡驭垓烈士墓塔，将胡良辅遗骸迁葬于墓塔下，并举行了隆重的公葬仪式。威远各界人士和群众到场悼念胡良辅烈士，送挽联挽诗，歌颂他的卓越功绩。董伯和之子董绍舒作为当时的县参议长，也参加了仪式，并为烈士墓塔撰写了碑文。对此，林朝圻写有一副挽联，讽刺董家朝秦暮楚的丑态，此联在新中国成立后，曾被选入辅助教材，在学生中广为传颂：

父杀之，子悼之，俯仰随风千里草。

妻寡矣，儿孤矣，凄凉古月半轮秋。①

1922年，威远县在胡良辅殉难的南华宫门口树立石碑，由当时的县知事王朝桢题字——"胡驭垓烈士殉国处"。1983年，威远县人民政府拨款重新整修了东堡山胡驭垓烈士墓塔和烈士殉国处石碑，以示纪念，并将其定为县级文物保护单位。

在胡素民的教育和影响下，胡良辅的女儿胡德如、胡德辉以及侄子胡绩伟在全面抗战爆发后先后加入了中国共产党。胡德辉曾任北京市第一轻工业局党委副书记、人大常委会秘书长。在胡良辅的祖屋内，藏有大量马克思主义著作，墙壁上悬挂马、恩、列、斯的画像，其两旁贴有对联：人中之四杰，天下为一家。在胡良辅烈士牺牲七十周年之时，胡德辉将前面提到的挽联作了改动，去掉"妻寡""儿孤""凄凉古月"等凄惨景象，以

---

① 中国人民政治协商会议威远县委员会文史资料委员会：《威远文史资料选辑（第一辑）》，内部资料，1983年。

示父业后继有人，告慰父亲的在天之灵，让它继续在民间流传下去：

父杀之，子悼之，俯仰随风千里草。
妻和也，女继也，皎洁古月一轮秋。①

附：胡驭垓烈士墓塔及烈士殉国处纪念碑简介

胡驭垓烈士墓塔

胡驭垓烈士墓塔，坐落于四川省内江市威远县严陵镇东1千米处的东堡山上，于1921年建成。"墓塔坐东北向西南，塔基呈正方形，左右两边有垂带式踏道8级，两级塔身为正四边形，与塔基形成逐级上收，塔顶为穹窿形三连珠攒尖顶。墓为石室塔形夫妻合葬墓，高6米，全部用条石砌成。第一层塔身四面嵌碑文，记烈士佳略等内容。第二层塔身正面楷书'胡驭垓烈士墓塔'七字。墓塔四周围砌以石栏，墓园总占地353.21平方米。"② 2007年6月，四川省人民政府将其定为四川省文物

---

① 中国人民政治协商会议威远县委员会文史资料委员会：《威远文史资料选辑（第一辑）》，内部资料，1983年。
② 李艳舒：《威远县辛亥革命遗址保护现状调研报告》，《科技致富向导》，2011年第17期。

开启中国进步的闸门 辛亥革命中的川大英烈

保护单位。

胡驭垓烈士墓塔碑文：

烈士驭垓，以字行，蜀威远人。少倜傥负奇气，□□精光射人。每谈天下事，激昂不可一世。客□□外来为言中山三民主义，辄心焉向往已□。光绪三十二年，负笈来成都，肄业通省师范。□□益纳交当世志士谢伟甫、文钦祺辈（此人已死事）。省议员曹叔实、建昌道尹黄垩祺、兴□□□今存者也。及毕业，任县高小校教授，日以灌输革命思想为事，志不容于当道。辛亥秋，争路事起，烈士知机已熟，乃驰往成都，投身保路同志会，鼓吹反抗。继与其徒分道举事，以推翻满清为志帜，遂于九月十五日杀清吏于威远，宣布独立，与荣县盟军相提携。其时盖在武昌独立先后之际云。时清廷端方召鄂军来川□□机剿抚。适至资邑，人不知武汉事成，以杀□命为惧。适有不慊于烈士者乘机鼓动谓："不杀某无以谢端方"。烈士遂于九月廿二日殉。盖距端方之死与成渝独立曾不十日云。竞存曰："余与烈士以志取之合。自成都就学，同志争路，以迄密谋举事，盖无役不从。九月廿二日之事，余以贺婚见留于亲串。及返，烈士适见害。而当时诸军主以年辈名□，余父领袖民军，此中即有争权不属，足以邦人共谅。□使无见留之事，得以尽其护持，过此十日，告成功矣。嗟乎！我虽不杀伯仁，伯仁由□而死，九泉之下，负此良友，神明内疚。茂弘之怍，余固与有同情矣。"

如愚弟董竞存拜撰
世愚弟郭心义拜书
中华民国十年八月　朔[①]

[①] 隗瀛涛，赵清：《四川辛亥革命史料（上）》，四川人民出版社，1981年。

胡驭垓烈士殉国处纪念碑

　　胡驭垓烈士殉国处纪念碑，位于四川省内江市威远县严陵镇南华宫门口（今威远县第一幼儿园旁）。该纪念碑于1922年建于胡驭垓烈士殉国处，高2.9米，宽1.57米，隶书碑文由县知事王朝桢题。1983年，威远县人民政府拨款修葺纪念碑，并将其定为县级文物保护单位。[1]

（杨胜君编撰）

---

[1] 李艳舒：《威远县辛亥革命遗址保护现状调研报告》，《科技致富向导》，2011年第17期。

参考资料：

1. 胡一哉：《纪念胡驭垓烈士殉国七十周年》，载《严陵镇志》（四川·威远），内部资料，1994年。

2. 胡绩伟：《青春岁月——胡绩伟自述》，河南人民出版社，1999年。

3. 隗瀛涛，赵清：《四川辛亥革命史料（上）》，四川人民出版社，1981年。

4. 隗瀛涛，赵清：《四川辛亥革命史料（下）》，四川人民出版社，1982年。

5. 李艳舒：《威远县辛亥革命遗址保护现状调研报告》，《科技致富向导》，2011年第17期。

6. 《怀念胡一哉》，《博览群书》，2002年第6期。

董修武传

董修武（1879—1915），四川巴州（今巴中）人，辛亥革命先驱，中国近代民主革命家。1904年赴日留学，先后就读于日本法政大学、日本中央大学、日本明治大学。1905年加入中国同盟会，任同盟会总部评议员及四川支部长，兼理会中财政，先后筹办《民报》《鹃声》杂志，宣传民主思想。1909年于日本明治大学政治经济科毕业后归国。1911年奉孙中山之命，回川主持中国同盟会四川支部工作，并任教于四川法政学堂。同年12月，大汉四川军政府成立，担任总政务处总理兼财政部部长。1912年3月，大汉四川军政府与蜀军政府合并成立中华民国四川都督府，担任总政务处总理兼财政司司长。1912年9月，中国同盟会改组为国民党，担任国民党驻四川负责人。1915年，袁世凯阴谋复辟帝制，派心腹陈宧任四川巡按使，以董修武为川中革命党首，嘱陈宧图之。陈宧到任不久，便下令将董修武拘捕。7月29日，董修武在狱中遇害，年仅36岁。

佩带嘉禾勋章的董修武

一、勤学少年立壮志

董修武，原名发科，字特生，对外用名修武，1879年出生于四川巴州。巴州董氏有几个支系，董修武属荣富公支系。据巴州《董氏荣富公宗谱》所载，该支系出自汉代麻城孝感，元朝时徙居南邑，后又移徙巴州。荣富公一系世代务农。祖父董毓清，在巴州石庙乡以佃耕当地"李老典"家中的数亩薄田，兼抬"滑竿"和在铁器店做打铁帮工来维持全家人生计。父亲董必禄十六岁时，弃农务商，到巴州州城学习做百货生意，1876

年满师后自己开设小百货摊，辛勤经营几年后扩大发展为百货商店，牌号"董兴顺"，移居巴州州城，育五子四女，董修武居长。

董修武自幼聪颖，早年就读于巴州云屏书院，勤奋好学，成绩优异。父母希望他专心读书，取得科举功名，不再从事商业。不负厚望的董修武16岁就中了秀才。时值中日甲午战争失败，民族危机空前加重，有志之士沉痛之余开始通过创办报刊、翻译西方书籍等方式广泛传播新思想，寻求救国之路。被《马关条约》深深刺痛的董修武更加关心时事，热衷阅读宣传新思想的新书新报，并与维新思想产生了强烈的共鸣。1901年，丧权辱国的《辛丑条约》的签订进一步沉重打击了国人的民族自尊心，董修武对软弱无能、黑暗腐朽的清政府彻底失望，不再以科举进阶为荣，急欲寻觅救国之道。在他看来，中国之所以战败落后，就是因为政治和军事方面与帝国主义列强存在差距，中国要想走向富强，政治、军事必须改进。当他获知维新人物提出"向日本学习"并陆续向日本派出留学生时，毅然决定东渡日本学习法政，为国家将来建设需要做准备。

1902年，董修武以优异成绩考入成都东文学堂，在这里补习日语并做出国准备。在校期间，生性稳重的董修武深受同学的信任，所结交的朋友都十分优秀，而他尤有眼界气度，是其中最出色的。董修武与刘季刚、张俊生、董鸿诗等人有着相同目标和志向，他们秘密组织进步小团体，一起阅读传入西南地区的革命书刊，讨论有关革命的事。董修武愈加仰慕孙中山的言论与革命活动，曾坚定地对刘季刚说：他日若能东渡，必与孙文相见。

二、中山引路入盟会

1904年，董修武从东文学堂毕业，公费东渡入日本法政大学法政速成科学习，一年修业期满。1905年，他进入日本中央大学政治经济科继续学习。在日本时，董修武与邓家彦、康宝忠、董鸿诗、陈新尼等住同一寓所，川籍学生黄树中（后改名复生）常常来寓所找他们谈天。董修武与龙国桢、董鸿诗、王右瑜等十几人组织了革命小团体兴华会。邓家彦、康宝忠、黄树中、林冰骨等也曾组织没有名称的革命小团体，他们都对孙中山领导的中国革命非常向往。

1905年7月，孙中山来到当时中国留学生与革命流亡者的聚集地东京，准备创建革命组织。由马君武引介，董修武与邓家彦、丁惟汾、吴鼎昌等人一同去拜见孙中山，孙中山开门见山地谈起中国的积弱、清政府的腐败和列强无理的瓜分，痛心地表示中国正面临着生死存亡之势，如果再不奋起革命，人民势必会沦为亡国奴。大家都听得心潮澎湃，接着孙中山又严肃地说："你们都赞成革命，很好，但革命是要付出代价的，你们要在心理上有所准备，希望我们一起来推翻清朝。""改天，我要和日本留学界的朋友开一次会，你们来不来？"大家都异口同声回答"来"。孙中山高兴地频频点头，并起身往门口走去，马君武、董修武、邓家彦等人躬身跟随，交换着喜悦的眼色，董修武亦更坚定了革命的志向。

1905年7月30日，董修武在东京日本志士内田良平的家里参加了孙中山召开的同盟会筹备会。1905年8月20日，董修武参加了在东京坂本金弥的宅邸召开的同盟会成立大会，到会的有孙中山、黄兴、宋教仁、马君武、董修武、邓家彦、康宝忠、张继、朱炳麟、孙毓筠、刘揆一、胡瑛等共计三百多人，除甘肃省以外（因当时甘肃无留日学生），其他十七省均有人参会。在这两次大会上确立了同盟会的宗旨为"驱除鞑虏，恢复中华，创立民国，平均地权"，通过了《中国同盟会章程》，一致推选孙中山为同盟会总理。总理拟就入盟誓词，盟员手书誓词宣誓入盟。同盟会本部根据三权分立原则，设执行、评议、司法三部。会议选举了各部职员。原华兴会首领黄兴当选为执行部庶务，汪精卫为评议部议长。邓家彦当选为司法部总长，宋教仁当选为司法部检事长。董修武与熊克武、吴鼎昌、但懋辛、胡汉民、康宝忠、胡瑛等当选为评议部评议员。同盟会是秘密政党，是中国历史上第一个完整意义上的资产阶级政党。此后相当长的一个历史时期内，"革命党"即指同盟会，"革命党人""党人"即指同盟会会员。

孙中山手书的同盟会十六字纲领

　　同盟会在日本东京设各省分会，发展和组织在日本的本省籍会员。淡春谷、张治祥、黄树中、董修武先后担任四川分会的负责人。据国立成都师范大学现存的档案记载，1905年，四川南部人张玕雯（张瑾雯）赴日本东京求学之时正值同盟会成立，其即由董修武介绍入会。1905—1906年，在日本入盟的早期四川籍会员还有谢奉琦、周新甫、雷铁崖、李肇甫、王右瑜、邓挈、丁厚扶、陈新尼、董鸿诗、杨兆蓉、杨维、龙绍伯、谢崇飞、佘英、刘季刚、高亚衡等人。这些早期会员在后来的四川革命运动和全国革命运动中都起了重要作用。

呈教育部准张玗雯函请由部给费资送留学

三、躬治社务卓义声

早在 19 世纪 90 年代中期，革命派和改良派就同时登上了历史舞台。改良派从维新时期的维新派到戊戌政变后的保皇派，再到立宪时期的立宪派，一脉相承。其时立宪派梁启超在日本主办《新民丛报》，宣传立宪，反对革命，颇具影响。为了宣传革命，驳斥康有为、梁启超之论，争取群众基础，同盟会在成立大会上根据黄兴提议，决定在宋教仁等人所办原华兴会机关刊物《二十世纪之支那》基础上创办《民报》，作为同盟会机关报。《民报》发行招牌，悬于日人宫崎寅藏（即白浪庵滔天）之家，《民报》发行人兼编辑最初是张继（实际的主要编辑是胡汉民），董修武、黄树中等担任庶务干事。由于经费短缺,《民报》创办初期十分艰难。董修武以顽强的毅力为之四处奔走,筹集款项,与黄树中相互协助,购办印刷机器,采办所需物品,尽心竭力地处理报社各种繁杂事务,同盟会的同志都称赞他的才干。经过三个月的筹办,1905年11月26日,大型月刊《民报》正式创刊发行,并在东京设立了公开的编辑部,《民报》编辑部实际上也是同盟会的联络点。孙中山对《民报》极为重视,为《民报》写了发刊词。这篇发刊词的重要意义在于:第一次提出了"三民主义",把他的全部革命主张概括为"民族""民权""民生",特别强调"三大主义皆基本于民"。在孙中山的指导下,《民报》高举"革命"与"批判"两大旗帜,发表了一系列论理精到、极富感染力的文章,成为革命派在海外的主要宣传阵地。

《民报》第一号封面

1905年11月，为了防止在日本留学的学生参加革命活动，清政府特请日本政府严加防范。于是日本政府颁布《关于令清国人入学之公私立学校规程》（简称《规程》），即通常所说的"取缔留日学生规则"。《规程》限制了留日学生自由选择学校的权利，严重伤害了他们的民族自尊心，引起了全体留日学生的愤怒与抗议，一部分学生表示不甘受辱，主张集体退学归国，认为回国即可从事革命。他们成立了留日学生联合会，以胡瑛为会长，宋教仁为外交长，孙武为纠察长。归国派中态度最为激进的当是革命女杰秋瑾。另一部分学生主张忍辱负重、继续留学，认为退学归国是下策，新成立的同盟会机关报《民报》才发刊第二期，如果回国，必将动摇根本，他们甚至认为相约共同回国就可从事革命更是幼稚之见。不主张回国者成立了维持留学界同志会，以汪精卫、胡汉民、朱执信等为书记，两派展开了激烈的辩论。孙中山得知这个情况后，反对全体留日学生回国，多数留日学生听从了这一主张，回校复课。态度激烈的留日学生如胡瑛、秋瑾、刘道一、杨卓林、熊克武等仍然愤而归国，开展革命。

董修武本人当时并不打算归国，也没有参与辩论，但他很理解那些执意归国的同志，于是有"胡瑛入鄂，秋瑾入浙，熊克武、佘竞成入川……多共修武计谋""凡回川谋举义者，皆过君权定其方略以行"之说。其中，对于四川籍的佘英回川，董修武尤为用心。佘英，原名佘俊英，字竞成，四川泸州人。他出身于贫苦农民家庭，早年丧父，二十岁中武秀才，投身哥老会。因骁勇善战，胆力过人，吸引了大批拥戴者，广泛结识四方豪杰，在泸州颇有名气。1904年，佘英从朋友那里获得了《革命军》《警世钟》等革命书籍，阅读后萌发了反清意识，每天带着这两本书到市井讲演，吸引了大批观众，众人听后都大为感动。1906年，川籍同盟会成员黄树中、杨兆蓉等听闻后便写信邀请佘英去日本，拟请他加入革命队伍。董修武认为"革命固需此辈以为助也"，在佘英到日本后便与同人筹划引导他加入同盟会。1906年8月2日，董修武与宋教仁，康宝忠、孙少侯、匡云官等人商定先接受佘英加入同盟会，然后逐渐向他说明利害关系，使他不要急躁盲动等。8月11日,董修武在《民报》编辑部约宋教仁第二天晚上一起会见佘英。8月12日晚上,董修武与宋教仁在《民报》编辑部一起会见佘英。宋教仁对佘英的印象是颇通时事、能言善辩。佘英说:"我们纵然想干一番事业,为我们同胞复仇,但是才能和力量不够,一旦举事,涉及内政、外交的事都办不好,因此必须联合天下英雄志士同力并举,我这次来东京,就是这个原因。"佘英询问他们对此的看法,宋教仁和董修武都大为赞同联合之说,并就四川之时势、地势分析了其中的利害得失,劝佘英不要鲁莽行事。经过长达四个小时的会谈,佘英思想豁然开阔,对革命主义更为服膺。8月19日,佘英加入同盟会。为了将会党自发的斗争引入到自觉的民主革命轨道,充分发挥四川会党的作用,孙中山特委任佘英为西南大都督,负责联络川、滇、黔三省哥老会众,组织武装起义。佘英欣然受命,为表革命决心,他将昔年中武秀才时所得名字俊英,去其俊字,以示与清朝彻底决裂。董修武对佘英回国予以大力支持,立即向同盟会总部和四川支部建议对其进行资助。佘英踏上归蜀之路时,董修武又与同盟会会员商量:"佘英虽有一腔壮气,但他考虑事情不够周全且言辞夸张,还需要善于谋略又有能力的人来监督和帮助他,使其不急躁盲动,不然就会失败,白白丧失力量。"大家都推荐熊克武来帮助佘英。熊克武当时在上海中国公学,于是东京同盟会总部派董鸿诗赴上海,带去总部的命令,委派熊克武、黄树中、谢奉琦三人为四川省主盟人,回川与佘英一起领导革命。1907年初,佘英、熊克武、黄树中、谢奉琦分途回川后汇合,发展同盟会会员。他们以袍哥的力量为主,先后在江安、泸州、隆昌、叙府等地发动起义,但由于经验不足,力量不够,时机不够成熟等多方面原因,都未能成功。1908年,佘英返回日本购买武器,准备再次起义。对于这些在国内起义失败而流亡到日本的同志,董修武主动承担他们的生活费用。但同盟会经费也经常不足,董修武便多方走访,募集资助,使他们没有温饱之忧。

1906年上半年,孙中山、黄兴等领导人不常在日本,东京的同盟会组织在这段时间内由于缺乏有力的主持者而显得有些涣散,董修武、康宝忠等在东京的一部分骨干分子强烈地感受到了这一危机,主动集合起来,坚持开展革命工作。1906年6月12日晚,董修武、康宝忠与宋教仁一起商量同盟会之事,"言现今状态甚危,人才与财政尤为困难,欲邀集会中有常识者开一特别会议,研究善后方法,可办则办之,否则亦宜有以善其终云云",宋教仁同意他们的看法。6月14日,董修武、宋教仁、康宝忠、杨笃生、黄树中、孙少甫六人又聚在新宿某神社商议同盟会之事。宋教仁提出要想维持同盟会组织不散,必须先研究维持的方法及条件,否则所谓维持也是无效的。大家为此讨论了很久,最后决议以后有事必须由在场的诸人一起商量,商定后由孙少甫施行。6月24日,董修武致函宋教仁,告知其最近已经接手《民报》发行的相关工作,并嘱托他调停一件与报纸发行有关的事,表示之前应由秀光社支付的八十元可以免除,只要求他们印刷报纸的速度再快点。宋教仁见后立即给秀光社发了一个通知,请他们来详谈。第二天晚上,秀光社滕泽外吉来到宋教仁处,宋教仁转告了董修武的要求,滕泽外吉当即承诺照办。

1906年6月29日,章太炎刑满出狱,同盟会总部派人到上海欢迎章太炎,安排他当天晚上乘轮船前往日本。7月7日,章太炎经孙毓筠介绍加入同盟会。7月15日,同盟会总部在东京神田町锦辉馆为章太炎召开了极为隆重的欢迎会,他发表了演说。8月4日,董修武邀请宋教仁到新宿章太炎寓所商议有关《民报》事务,宋教仁如约来到章太炎的住处,与董修武、胡汉民四人经过充分商议,一致决定请章太炎担任主编,每月报事由他总纂。9月5日,《民报》第7号出版,章太炎始任主编。

1907年3月,章太炎和孙中山因经费问题发生了分歧。那时,清政府要求日本政府将孙中山驱逐出境。日本政府将孙中山礼送出境前,赠送了五千元,另有神户商人铃木久五郎资助一万元。孙中山接受了资助,并以其中两千元作为《民报》出版经费,一部分用作他与同行的胡汉民的路费,其余作为发动潮惠起义的经费。但章太炎一方面认为孙中山接受日本政府的赠款不妥，另一方面又觉得他只给《民报》编辑部两千元太少，《民报》编辑部经费紧张，那些资助应该全部作《民报》出版之用。是年底，由于经费短缺，《民报》即将停刊。章太炎派陶成章去南洋募捐，也没有结果。由于南洋华侨与兴中会关系较深，因此章太炎认为孙中山不支持他办《民报》。其实此时孙中山也很困难，各处武装起义接连失败。董修武理解他们双方的立场，在孙中山与章太炎之间做到了有效沟通，成为他们之间联系沟通的纽带，促进了同盟会的内部团结。在《民报》编辑部经费告急的关键时刻，平素极为俭朴的董修武在这一年间连续请家中寄钱。忽然接到从未累及过家人的董修武的频繁求助，家人认定他在外一定遇到了很大的难事，他的父亲来不及细问，急忙卖空货架，为其筹款。当时，包括吴玉章在内的很多四川留日学生也都踊跃地为《民报》捐款。经费问题由此得到缓解，《民报》得以延续。章太炎曾感动地称赞四川人靠得住。

《民报》创刊前，在舆论战线上，立宪派论争明显强过革命派，两派论争关系到争夺群众的成败。随着中国同盟会的成立和《民报》的创刊，两派论争在1905年至1907年进入一个新阶段。论战主要在《民报》和《新民丛报》上展开。《民报》方面，革命派完全是以孙中山所倡导的三民主义思想为立论基础。孙中山多次口授文章，经常过问论战有关情况。这场大论战前后长达一年零九个月，论战向世人揭示，立宪派要维护清朝统治，革命派要推翻清朝统治，两者目的迥异。立宪派主张和平方式，革命派主张武装革命方式，两者行动方式不同。革命派对立宪派所推崇的请愿、上书好皇帝（如光绪皇帝）等策略，采取批判态度。最终，立宪派在论战中落败，《新民丛报》停刊，革命派在理论和舆论上大胜。通过这场大论战，孙中山的三民主义得到了宣扬，同盟会的政治纲领得到了广泛传播，而孙中山的名字，也在大众传播媒介效应下被国内外更多人熟知。从更深远的意义上说，这场大论战无疑促成了近代史上又一次思想解放潮流，为辛亥革命的胜利奠定了必要的思想基础，从此革命风潮一日千丈，其发展之神速，大大超出人们的预料。董修武依托《民报》开展相关工作,是这场大论战的深度参与者。1911 年,四川爆发保路运动,立宪派使尽各种解数"保路",最后关头和清政府委派的四川总督赵尔丰妥协勾结。董修武作为同盟会四川支部负责人之一,果断组织武装反清起义。从董修武做出的判断和行为中,不难看到其深受当年这场大论战的影响,许多行动就是对这场大论战中形成的革命理论的实践。

《民报》在日本是公开刊物,而在国内遭禁,其通过秘密渠道在革命志士中传播,启迪和激励了一代革命者。1907 年,在四川省城高等学堂求学的朱德最初接触到孙中山的三民主义,就是从秘密阅读别人塞到他枕头下面的《民报》开始的。他曾把一份抨击了君主立宪派、认为所谓新的改革其实就是"企图维护腐败朝廷的欺骗行为"的小报一读再读,深受民主革命思潮的影响。他在当时就很想加入同盟会,但一时没有找到合适的介绍人,后在云南讲武堂学习时果断加入了同盟会。

在《民报》的引领和激励下,各种革命刊物如雨后春笋般涌现。董修武为帝国主义列强瓜分中国,窥视西藏、云南,染指新疆、甘肃,进而将侵略的魔爪伸入四川,使巴山蜀水笼罩在血雨腥风中的现状而痛心疾首。为了唤醒同胞,1906 年,董修武在日本与川籍同盟会会员雷铁崖等创办了《鹃声》杂志,并负责编辑和撰稿。董修武曾撰写过一首饱含热泪和激情的诗歌:

忍见神州遭破坏,
愿祝吾身化杜鹃,
遍告同胞夜啼血,
不信东风唤不回。

他在诗中宣布要像杜鹃啼血那样把空前严重的民族危机展现出来,呼唤四川人民觉醒,挺身而出挽救民族危亡。这首诗充满了强烈的爱国之情,以血泪般的语言表达了对振兴中华的信心和决心,极富感染力,催人猛醒。

开启中国进步的闸门 辛亥革命中的川大英烈

《鹃声》是四川近代在国外出版的第一份革命刊物,以炽热的感情和明快的语言宣传反清革命,在当时兴起的民主思潮中,掀起了引人注目的波澜。该刊传到北京,清政府惶恐不安,认为此刊之发行,定将扰乱清朝统治,遂严令驻日公使予以封禁。随后,四川总督锡良发布告示:有藏者则比室株连,获主笔则就地正法。《鹃声》因此仅出两期就被迫停刊。1907年春,董修武、雷铁崖、李肇甫等重新组织出版《鹃声》"再兴第一号"。文章改用文言,编辑者和体例也都改变,但仍沿用原名复刊,亦遭封禁。《鹃声》虽然被迫停刊,但它主张的革命思想却在四川传播开来,激发着更多的爱国者投身革命、拯救祖国。

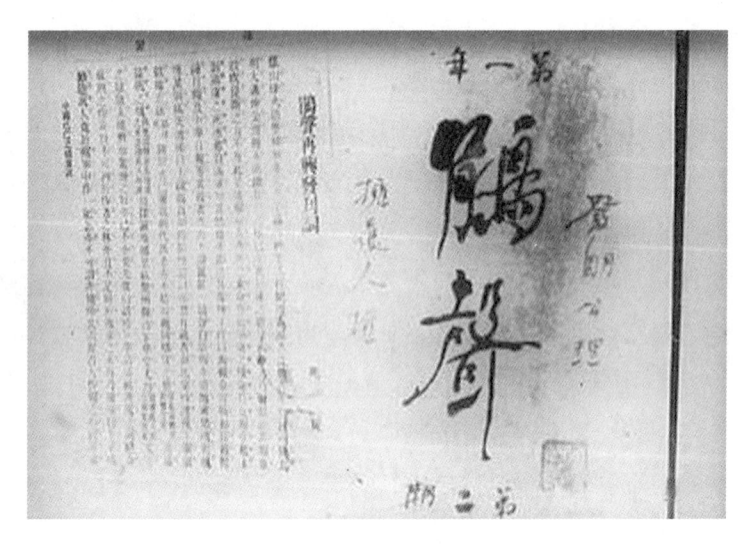

《鹃声》第二期

1908年,董修武等人捐款在日本东京成立四川地方自治研究会,并牵头发行会刊《自治丛录》。《自治丛录》第一期刊载了郭开文的《自治演进论》、龙灵的《论地方自治之精神》等文章,并介绍西方著作《普国改正郡治章程》《地方团体之公权》,宣传地方自治。

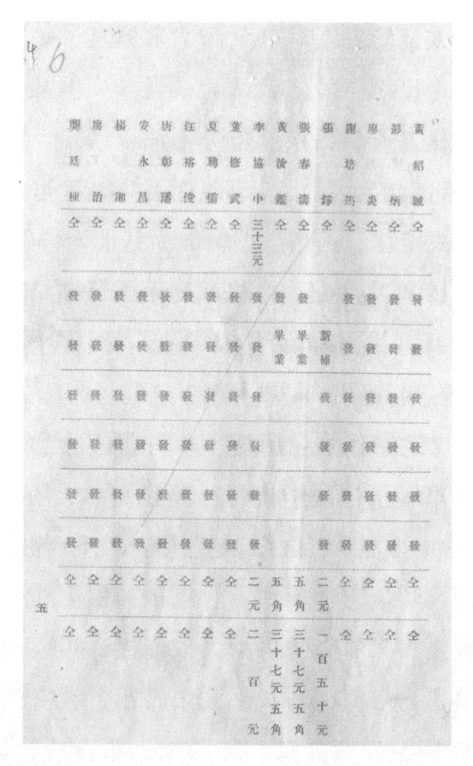

董修武在光绪三十四年（1908）四川省学费报销名册中

在日期间，董修武参与了同盟会东京总部的工作、四川支部的工作、同盟会机关报《民报》的工作，均以过人的实干精神赢得同志们的好评。邓家彦在回忆这段历史时称："民报发行人，初为张继，后为董修武。修武蜀人，富毅力，尽责任，为极好之同志。"彦实在《董修武事略》一文中称："《民报》风靡神理，君实为其主干。"陈新尼在《董修武别传》中写道："会中同志咸称修武为能。"1908年10月19日，日本东京警视厅在清政府的请求下封禁《民报》。《民报》停刊后，董修武则全身心投入学习中。

四、相助太炎振国学

章太炎是著名的革命党人，也是古文经学家与一代国学宗师，国学

开启中国进步的闸门 辛亥革命中的川大英烈

造诣极其深厚。章太炎到日本后,董修武敬佩其学识和为人,多次与他深入交流,二人颇为投缘。董修武认为,当今中国社会世风日下,主要原因在于民众的文化素质较低,倘若再不加以磨炼、恢复到正常的轨道上去,社会的风气将会继续无止境地败坏下去,这迫切需要以国学振兴世风。于是董修武决定以《民报》编辑部为基地,帮助章太炎开班授课,以国学宣传革命。1906年9月,董修武、董鸿诗邀请章太炎成立国学讲习会,并提出了一系列设想和做法,拟宣讲"中国语言文字制作之原""典章制度所以设施之旨趣""古来人物事迹之可为法式者"。其科目分预科、本科:预科讲文法、作文、历史;本科讲文史学、制度学、宋明理学、内典学。并且出版了《国学讲习会略说》。10月上旬,章太炎主持国学讲习会,在编辑《民报》之余讲授国学。开始讲课的地方不固定,讲学没有形成定例,学生感觉不便,后来于神田大成中学设讲堂,每周授课两次,每次百余人。前来听讲的人以浙人、川人为多,浙人中有沈士远、沈兼士兄弟、马裕藻、马叔平、朱希祖、钱玄同、龚未生等;川人中有任鸿隽、曾通一、童显汉、陈嗣煌、邓胥功、贺孝齐、李雨田、任鸿年等。此外,晋人有景耀月、景定成,陕人有康宝忠等。这些人逢讲必到。讲习内容开始是小学,如《音学五书》《说文解字注》《尔雅义疏》《广雅疏证》,在有问题的地方,章太炎都会陈述自己的见解并详加解释,学习者便将其逐条记录在原书的条文上。小学讲完后,章太炎又讲《庄子》。他对《庄子》的解释极富新意,并会把解释写出来,将批好的《庄子》给学生看,后来他的《庄子解故》即源出于此。讲过了这些古籍之后,章太炎还做了一次系统的中国文学史讲解。1908年暑假,鲁迅兄弟等人希望从头开始听学,要求开小班,章太炎又在《民报》编辑部中一间很小的屋子里特开一班,最初前来上课的有许寿裳、钱家治、朱蓬仙(宗莱)、朱希祖、钱玄同、龚未生、周树人、周作人八个人,教师和学生十分随意地围坐在一张榻榻米上,中间置一茶几,再次从头开讲《说文解字》。其时,往往从上午8点一直讲到中午12点,中间不休息。章太炎讲起课来语言诙谐、生动活泼，听课的学生都有茅塞顿开、重新启蒙的感觉。他在大成中学的大班讲学多属公众演讲性质，听众过多，不利于师生交流，而在《民报》编辑部的讲学则明显带有精讲班的性质，听讲者国学根底较深，且人数不多，有利于教学相长，其中钱玄同是发问最多的人。

《民报》被封禁后，章太炎致力于讲学。他认为，革命的种子来自历史。鲁迅曾回忆，他前去听讲也在这时候，但并非是仰慕章氏学者之名，而是因他是有学问的革命家。章太炎在后来自撰年谱时，仍然对此津津乐道。显然，在日本的讲学经历给章太炎留下了十分深刻和满意的印象，以至于终其一生，每逢讲学，都会将之与东京讲学比较。在章太炎心目中，东京讲学已成为难以忘怀的生平快事，这显然离不开董修武等文人志士的鼎力支持。钱玄同曾在日记中记载："其时，与董特生、康宝忠、龚未生、朱逖仙、朱蓬仙诸人请太炎师讲小学，自是直至十六年之春，专以保存国粹为职志。"彦实在《董修武事略》一文中称："太炎以振起国学为徽志，君其发谋者也。"

董修武对国学的振兴之志在他回川后亦得到了体现。1912年1月，董修武推动大汉四川军政府将枢密院改组为国学院，以吴之英为院长，院址设在城东三圣街，其主要任务是整理四川文献、编纂地方志书。1912年6月，省议会决定将四川国学馆与国学院合并为四川国学院，作为全省国学机关，其宗旨在于"提倡国学、发扬国粹"，吴之英为院长，刘师培、谢无量为副院长。这是20世纪初四川政府兴办的第一所大型国学研究机构，在促进蜀学复兴方面做出了重要贡献。

五、奔走联络定川局

1909年，董修武于日本明治大学政治经济科毕业，返国回到北京。当时，清政府正预备立宪，百废俱兴，大臣多老朽昏庸，政府想用功名来诓骗留学生为其所用，下令称留学生毕业后回国参加考试，可授予进士、举

开启中国进步的闸门　辛亥革命中的川大英烈

人的名衔，优秀者可以授予翰林的官职。董修武和同盟会的同志相约，毕业回国后绝不参加清政府的科考。清政府新设立的国家银行"大清银行"需要几十万行员，这需要培养专门人才，于是在北京创立"大清银行学堂"训练专门人才。银行不是原有的机构，教员非用留学生不可。董修武、康宝忠等都被延揽为教习，负责好几门功课。北京是帝都，清政府防范非常严密，革命党人很难开展工作，但董修武仍想方设法与革命党人共同商议革命活动。据史料记载，黄树中、汪精卫、喻培伦等在北京策谋行刺清摄政王载沣，喻培伦辗转入粤并参加广州黄花岗起义等革命活动，董修武都曾预闻。

1911年4月27日，孙中山、黄兴举同盟会全部财力与人力发动广州起义，革命军曾攻入督署，但遭清军疯狂镇压而失败。广州起义失败后，孙中山、黄兴等同盟会高层领导酝酿在十一省同时举义，以操必胜之券。考虑到四川在全国革命大局中的重要战略地位，且四川当时在多次起义失败后，革命力量元气大伤，加之骨干力量缺乏，同盟会未形成强有力的领导核心，孙中山特任命董修武担任同盟会四川支部长，回川主持革命工作。董修武平易近人，留学日本时与张澜、蒲殿俊、尹昌衡等人都很友善，大家对他的评价都很高，有一定的威信，此时正是最佳人选。董修武受命后，立即束装启行。由于清政府查拿革命党人正严，如果不掩藏身份，很难开展革命活动。而四川法政学堂正缺师资，董修武就与时任四川法政学堂绅班监督的邵从恩相约，由邵从恩聘请他为四川法政学堂绅班教习。

1911年5月31日，董修武抵达成都，寄寓在南沟头巷某住宅内。此时四川革命力量发展极不平衡，成都同盟会自1907年成都起义失败后形同瓦解，再没有一个中心组织，一大批同盟会会员和哥老会首领潜伏各地，伺机再起。新军中由于长期没有进行深入的革命工作，省内外籍会员之间矛盾重重，如同一盘散沙。随着张培爵等一大批同盟会骨干迁往重庆，重庆同盟会的革命力量得以加强。董修武到成都后，以四川法政学堂绅班教习为掩护，一边任教，一边从事秘密革命工作，根据实际情况顺势而为，谋划革命事业。

在秘密工作期间，董修武将先前工作中，尤其是在日本期间积累的知识、经验、人脉等作为极为重要的资源开展革命工作。首要任务就是联络散处各地的同志，在1905年至1908年间于东京加入同盟会的龙鸣剑、董鸿诗、张瑾雯、陈希曾等人都已回川，他们是董修武最容易联络到的同志。此时，立宪派主导的四川保路运动正按立宪派典型套路发展。开始时采用上书、请愿等"文明争路"方式。革命党人很清楚立宪派的这些套路，一边不动声色地利用它广泛吸引群众参加革命斗争，一边筹划武装起义。1911年8月4日，龙鸣剑、秦载赓受董修武委托，召开了资州罗泉井会议，秘密决定将保路同志会改组为保路同志军，以组织武装起义。资州罗泉井会议在同盟会联络哥老会，组织武装起义的过程中有重大意义，再次践行了同盟会和哥老会合作在四川开展武装反清起义的模式，对推动反清斗争有重大作用。

1911年8月24日，成都开始罢课、罢市，各州县相继响应。1911年9月1日，全省抗粮抗捐斗争开始。保路同志会在成都遍设光绪皇帝"圣谕"和神位对付现政府。保路运动进一步激化了清政府和立宪派的矛盾。9月7日，四川总督赵尔丰以煽动"罢市罢课、抗粮罢捐"罪名诱捕保路同志会蒲殿俊、罗纶、张澜等人，成都群众涌入总督衙门请愿，要求释放被捕人员。赵尔丰竟下令清兵当场枪杀请愿群众，制造了骇人听闻的"成都血案"。四川同盟会及时揭露了清朝的暴行，号召人民武装起义，华阳县同盟会会员秦载赓率保路同志军千余人冒雨进抵东门，新津会党首领侯宝斋率领保路同志军直奔成都南郊，同盟会会员、哥老会首领张达三、张捷先率领西路同志军向成都进军，分五路直扑成都。几天之内，成都附近州县的保路同志军皆揭竿而起，总数不下20万人，从四面八方围攻成都。他们砍断电报杆，截阻交通，扼守要道，与清军战斗。四川保路风潮由保路同志会的合法斗争演变成了保路同志军的武装大起义。此时的四川同盟

开启中国进步的闸门 辛亥革命中的川大英烈

会一直执行"外以保路之名,内行革命之实"的策略,四川保路同志军起义都是以"保路为民""营救蒲罗"为号召,斗争形式仍属于保路范畴,多数起义军战士还缺乏反清革命的觉悟,此时尚未公开打出革命旗帜。

"西蜀风云变幻日急,长江一带民气飞腾。"四川局势对全国革命形势产生了重大影响。清政府为控制四川的起义,派出端方率军入川镇压,致使清军在湖北的防御力量减弱。10月10日,革命党人抓住机遇在武昌成功发动起义,成立鄂军政府(湖北军政府)。然后各省纷起响应,已经反正的各省联合起来,开始组建共和制度的中华民国。四川起事最早,却迟迟未能反正,董修武更加坚定了用武装斗争推翻清朝统治的决心。为了组织武装起义,董修武一方面与龙国桢联合成都的兴华会成员和同盟会会员,重新组建政党,已告成立,后接同盟会总部来电,仍名为"同盟会",龙国桢遂于此时成为同盟会会员。另一方面更加明确地引导保路同志军的斗争目标由"保路为民""营救蒲罗"向推翻清政府转变。

11月14日,蒲殿俊、罗纶等人由赵尔丰"礼请出署",并被聘请为督署的高等顾问。他们在被软禁了70天后,从阶下囚又成了座上宾,急于出来收拾局面,重新掌握运动领导权。其又以文明斗争的老套路发布《哀告全省叔伯兄弟》书,劝告保路同志军息事归农,竭力重返和平。然而全川的形势远非两月以前可比,保路斗争已发展为反清革命,立宪派的"哀告"没能发挥多大效果。但成都的立宪派与总督赵尔丰相互妥协、勾结,抢夺革命成果的态势已经明朗。董修武等党人商议决定加快革命斗争力度。成都的同盟会会员在董修武等人的积极联络下渐渐集中起来,新联系到的同志有不少是东京同盟会的会员,军界、学界的同志活动更加积极起来。1911年11月19日,回川后尚未公开露面的董修武首次出席了在西玉龙街嘉定中学举行的军、学两界一百多人的会议,被推为固定主席。

严峻的现实让立宪派和总督赵尔丰都意识到了革命的洪流已势不可挡。11月22日,立宪派和赵尔丰为求保全,相互妥协,签订了《四川独立条约》三十条，准备抢先下手组建"大汉四川军政府"。董修武与方声涛等人坚决不承认《四川独立条约》，即召集王右瑜、周新甫等人在康宝忠家密商革命，并通过王右瑜和周新甫了解新军的状态。安排就绪后，决定由董修武先赴重庆告知董鸿诗革命党在成都的布置，再到自流井地区联系佘英的旧部。几天后，康宝忠收到重庆杨庶堪密信，决定与林冰骨、康心如等人离开成都经重庆转往武汉。11月27日，他们在资州听闻端方被杀，停留一天后继续东下，途经荣昌时遇见了董修武，彼时董修武已完成既定计划正从自流井赶回成都，董修武告知他们川南和川东形势都很好，革命派陆续团结起来，打击立宪派，哥老会要为佘英报仇。他们在一起交谈了一个多钟头才分手各自继续赶路。

1911年11月27日，大汉四川军政府按商定条件在成都皇城（今址为四川科技馆）宣告成立，蒲殿俊任都督，朱庆澜任副都督。赵尔丰宣读了四川自治文告，蒲殿俊发表了军政府宣告独立书。显然，大汉四川军政府是立宪派与旧官僚控制的联合政府，缺乏权威。束手无策的蒲殿俊想拉董修武入大汉四川军政府以装点门面，但董修武强烈反对大汉四川军政府与封建势力妥协，"以军府非党人"，表示革命党人不可能与立宪派合作。此时，各地纷纷起义，但孙中山尚未回国，群龙无首，董修武认为革命党人必须有鲜明的立场，统一的领导中心，声势浩大的号召，才可能团结各方力量，推进革命，于是与同人商定以孙中山的名义在南较场召开省民大会，并将布告贴在为国求贤的石牌坊下，大意是同盟会定于12月3日中午，在南较场召开大会，讲演本会宗旨政见。"凡我军民同胞，务希届时前往参加！"布告后的署名是"同盟会会长孙文　副会长董修武（代）"。

1911年12月3日，大会如期举行。会场设在南较场的正中央，平时潜伏的革命党人当天都簇拥在台上，到会民众万余人。董修武温文尔雅，平时秘密地做着革命工作，在四川法政学堂任教时，学生也时常看见他，但根本没有想到他是革命党人。当他穿着洋装与其他法政学堂官班、绅班的教习，以及穿着军装带指挥刀的革命党人一齐亮相时，着实让大家非常吃惊，没想到身边已经有这么多的革命党人。作为大会主席，董修武目光坚定地向群众演说，阐明同盟会革命宗旨及革命军光复各省形势，现场群众深受触动。大家这才知道同盟会所做的，完全不是换个名字、改个朝代这么简单的事。南较场大会是辛亥革命时期首次公开以孙中山三民主义作为鲜明旗帜展开的革命活动，影响力巨大。大会表明同盟会革命党人不但存在，而且正在领导革命。至此，董修武从原来的隐秘活动转变为公开活动。

蒲殿俊见革命党人反对强烈，又派邵从恩前来与董修武协商，表示"愿以军政、财政全交党人，己专任民政事"。但董修武表示"赵贼未除，密约不破，难以言和"，再次拒绝了蒲殿俊谋求妥协的方案。他的目标是镇压以赵尔丰为首的封建势力，保卫保路同志军浴血奋战的革命果实，建立名副其实的共和制度。

南较场大会后，同盟会愈加受到社会各界重视，革命形势发展迅速。时任成都新军小学堂总办和大汉四川军政府军政部部长的尹昌衡，看到同盟会的力量渐渐集中，主动要求加入同盟会。其实，尹昌衡留学日本之初，也曾被孙中山的革命思想激发得热血沸腾，积极参加了黄兴所领导的同盟会外围组织"铁血丈夫团"，但组织解散后，他一直没加入同盟会。董修武在日本期间与尹昌衡关系比较融洽，回川后见尹昌衡在同盟会会员、川军及袍哥会堂中人脉极广，威望极高，多次以老朋友叙旧为由去找过尹昌衡，希望他加入同盟会，共举反清大旗。可是尹昌衡始终没表态加入，但他也认为应该推翻清朝统治，并对立志倾覆清朝统治的革命党人表示支持。当形势发生变化，尹昌衡终于不再犹豫，决定加入同盟会。12月6日，董修武与尹昌衡相见，尹昌衡亲笔写了一封并不符合同盟会盟书格式的志愿书：尹昌衡志愿为中国同盟会会员，一切行动谨当遵守同盟会规定，如有违反情事，愿受极刑处死。董修武遂介绍他加入同盟会。

而赵尔丰在迫于形势不得已交出政权后，旋知清政府尚未完全倒塌，便有悔意，阴谋复辟，唆使原巡防军、新军向保路同志军挑衅。于是保路同志军与原巡防军、新军遂成水火，时有骚动。而大汉四川军政府自宣布自治后毫无权威，为收买军心，稳定局势，蒲殿俊许诺各军士休假十日，给三月恩饷。一时间士兵们在城里到处游荡，匪徒也从周围钻进城来，为所欲为，社会秩序极为混乱。蒲、朱二督决定于12月8日上午9点集合城内的军队于东较场训话。赵尔丰遂与原巡防军骨干密议趁机准备暴动，商定如果不能达到要求，即向天鸣枪发难。12月8日，上午9点，会议开幕，先由蒲、朱训话，被训者纷纷发出诘问责难，乱势渐成。大约11点，原巡防军突然鸣枪，会场秩序顿时大乱。很快有人大喊："军饷无着，出去'打起发'呀！"原巡防军带头向西面各个街口飞奔，其余部队也跟了出去。蒲殿俊仓皇下台逃跑，朱庆澜等带兵大员也不见踪影。乱兵窜入街市，沿街抢掠，枪声随处可闻。天黑后，乱兵开始四处抢劫并肆意放火，一时间火光大起，火场达百余处，越燃越大，全城通红，无人敢救。大街小巷，秩序大乱，成都民众在叛兵的抢劫中痛苦呻吟。在此关键时刻，董修武召集紧急会议，提议请新军小学堂总办、军政府军政部部长尹昌衡出面收拾局面。尹昌衡毕业于日本士官学校，为人大胆，此时正是适当人选，众人表示同意。于是董修武当即约见尹昌衡，对他说明周骏所率新军驻在凤凰山一带，并未参加兵变，是可用力量，但必须请他亲往凤凰山收编。此时的尹昌衡自己也很想出山，正苦于势单力薄，无从着手，获得董修武的支持后，顿时士气高昂，马上率部占领北门至北较场一带，又单骑出城奔赴凤凰山军营，向军士晓以大义，大家深受感动，愿以死听命。尹昌衡遂率周骏所部新军入城，剿捕叛兵。保路同志军首领吴庆熙、孙泽沛、侯国治等亦率队入城维持秩序。在革命党人和保路同志军采取的果断措施下，暴乱很快得以平息。

1911年12月9日，新军的周骏、彭光烈，保路同志会的张澜、邵从恩，同盟会的董修武、四川教育总会会长徐炯等各界代表聚集在皇城至公堂开会，他们一致认为，在此混乱局面之下，应立即改组军政府，最终公推尹昌衡为都督,罗纶为副都督,董修武为总政务处总理兼财政部部长。12月10日,新的大汉四川军政府宣告成立。对于没能到会的同盟会骨干,董修武即派人征求意见,并很快将他们安排到合适的职位上,三日内就将政府组织了起来。

尹昌衡就任都督后,董修武等人认为必须立即着手根除复辟势力,才能进一步巩固革命成果,安定军心民心。当时重庆蜀军政府亦派夏之时带兵西征讨赵。因此,如何处置赵尔丰,便成为安定全川局势、树立新的军政府威信的当务之急。12月21日,大汉四川军政府首脑密议,鉴于赵尔丰假意拥护共和,暗中却调川边汉军统领傅华封带兵赶来成都,并策划暴动,妄图复辟,造成严重损失,决定将赵尔丰正法,并部署了捕赵的计划。次日凌晨,尹昌衡派兵包围旧督署,将赵尔丰抓获,天亮后押至皇城明远楼,历数其罪后将其处决。此时傅华封已过雅州,但军心已经瓦解,彭光烈率师迎战时,傅军纷纷投诚。接着大汉四川军政府又采取妥善措施,和平解决了旗兵旗民问题。重庆蜀军政府鉴于赵尔丰已被处决,决定停止西征。赵尔丰是清朝反动统治在四川最顽固的代表,捕杀赵尔丰是革命党人打击封建复辟势力、保卫四川革命成果的一项极为有力的措施,大汉四川军政府的威信因此得到树立与巩固。

六、懋建勋劳谋统一

大汉四川军政府成立后,百废待兴,副都督罗纶身体欠佳,不能全力投入新政府的兴建中,总政务处是军政府处理日常事务的机构,"本处为一切政事之决汇,凡出入文牍及发命令皆须经本处始为有效",于是,一切政务就由总政务处总理兼财政部部长的董修武决定,任务繁多艰巨。

"成都兵变"之后,原藩库、盐库及银行之存银被抢劫一空,而军政支出庞大,仅靠造币厂每天所铸银、铜币实在难以供应。为解决当时的财政困难及以后的财源问题,大汉四川军政府决定发行纸币。1912年1月3日,大汉四川军政府开会商讨财政问题。会上,董修武提议,为了渡过财政难关，又不过分增加人民的负担，按照同盟会革命方略的"因粮之法"，临时发行军用票，获得通过。1912年1月中旬，在原浚川源银行旧址上，大汉四川军政府成立"四川银行"，发行"大汉四川军政府军用银票"，并向中央报告备案。第一次总发行军用票300万元，票面面值分一元、五元、十元三种。发行时异常慎重，并设立兑换处，规定一年后可持券兑换现银，以此表明遵守信誉的决心。军用银票的发行，及时解决了大汉四川军政府面临的财政困难，也照顾了商民的利益，在稳定金融、维持贸易、巩固政权、发展生产等方面都起了一定的积极作用，秩序由此开始恢复。1912年夏天，尹昌衡奉命赴西藏平乱，在率兵离川赴藏时，将四川银行库存银两全部提走（用于铸造藏洋），作为入藏军费，致使军用票原定"一年兑现"的诺言未能实现。1912年年底，四川银行关闭，同时当局恢复浚川源银行，四川银行没有完成的事务交由浚川源银行兼管。遗憾的是，军用票自1913年开始渐渐被反动军阀所利用，成为剥削人民的手段，不过这已与董修武无关了。

为减轻人民负担，在财政极度困窘的情况下，董修武仍然着手整顿税收，宣布一切病民旧法概行破除，从田赋开始，果断地废除了清朝的一些苛捐杂税。董修武拟订方案，分门别类处理：有的完全裁除，百货厘金业已全裁；有的适当减少，将盐厘改为就场征收，较前减少十分之六，肉厘减少十分之二，糖厘减少十分之七，茶税一项则全行罢免；有的加以合并，将国家正供统一为正税，地方附加统一为副税，一次一票征收，征税与纳税均更为方便。此外，为了振兴实业，董修武还积极推行了一些有利于民族资本主义发展的措施，听商贩自由贸易，毫无阻滞。

1911年12月下旬，孙中山在美国得知武昌起义爆发，各省纷纷响应的消息后回国。喜讯传来，董修武立即与尹昌衡商议，以大汉四川军政府名义派代表去南京参加临时大总统的选举。1912年1月1日，孙中山在南京宣誓就任临时大总统，宣告中华民国临时政府成立。中华民国成立前后，各独立省区都以南京临时政府为中心，逐渐统一起来，唯有四川还存在大汉四川军政府、蜀军政府并立的局面,政令不一,危机四伏。从全国大局出发,董修武、杨维等成都党人"首倡合并之议"。于是大汉四川军政府去电蜀军政府协商合并之事,起初双方所提条件相去甚远,尹昌衡采纳立宪派人士姚弼宪的主张"初欲以兵力统一",并在致蜀军政府张培爵书中宣称:"夫渝兵强不及傅(华封)、赵(尔丰),而衡众已逾于曩时,武力相对,我备必胜。……果其关怀大局,请即联袂而来。"但这种"兵力统一"的主张立即遭到董修武、李植、张治祥、王铭新的反对,"谓非协谋统一,无以昭示大公"。经董修武、张治祥等人不懈努力,两地军政府立场逐渐统一,双方互相致电表明诚意,1911年12月29日,尹昌衡、罗纶、张治祥、董修武等致电蜀军政府:"治祥适自渝返,具述贵都督及渝中人士协商统一盛意,足见大公无私,纯为大局起见,无任钦佩。"1912年1月8日,张培爵、夏之时复电:"具见诸公此次改革,纯以保全大局,为父老子弟谋幸福为念,语语坦白,无丝毫权利思想,更能事事统筹全局,与培爵之时所抱宗旨不谋而同。"至此,合并之事水到渠成。1912年1月27日,双方全权代表张治祥、朱之洪在重庆商定拟就《成都四川军政府重庆蜀军政府协议合并草约》十一条。2月2日,成渝两地军政府宣布合并,成立中华民国四川都督府。3月9日,张培爵到达成都。3月11日,尹昌衡就任四川都督府都督,张培爵就任四川都督府副都督,董修武就任总政务处总理兼财政司司长。

表4 四川都督府主要成员表

机构	职务	姓名	备注
都督府	都督	尹昌衡	同盟会
	副都督	张培爵	同盟会
军事参议院	院长	罗纶	立宪派
重庆镇抚府	总长	夏之时	同盟会
军事巡警总监部	总监	杨维	同盟会

续表

机构	职务	姓名	备注
总政务处	总理	董修武	同盟会
	副总理	谢持	同盟会
军务处	部长	周骏	
参谋部	部长	王右瑜（裪昌）	同盟会
政务部	部长	邵从恩	
财政司	司长（兼）	董修武	同盟会
教育司	司长	沈宗元	
司法部	部长	龙灵	同盟会
实业部	部长	王伯涵	
交通部	部长	郭开文	
盐务部	部长	邓孝可	
外交部	部长	杨庶堪	同盟会
	副部长	杨少荃	同盟会

注：本表根据《四川军阀史料·第一辑》及《辛亥革命回忆录》中的相关内容编制。

新建的四川都督府是省级革命政权，其成员多是革命党人，并掌握着主要部门的实权。它的成立标志着四川的统一，是四川辛亥革命的顶点，是四川资产阶级革命党人发展革命的结果，有着重要的历史意义。其后，董修武于1912年4月在成都创办共和大学，自任校长，聘请潘大道担任教务长，龙国桢等任教员，以培养革命人才。

在成渝两地的军政府合并成立四川都督府的过程中，国内局势发生了重要变化。为了结束南北对立，孙中山与袁世凯达成协议，只要袁世凯拥护共和，就推他为中华民国大总统。1912年1月25日，袁世凯及各北洋将领通电支持共和。2月12日，袁世凯逼清帝逊位，清朝对中国的统治宣告终止。1912年2月15日，南京参议院正式选举袁世凯为临时大总统。依据中华民国临时约法，改总统制为内阁制。3月10日，袁世凯在北京就任中华民国临时大总统。1912年4月1日，中华民国临时总统孙中山正式解职。

不久，西南边事又起，英帝国主义者和西藏分裂势力，利用中国国内政局动乱之机，在西藏发动了驱逐驻藏官兵的"驱汉"运动，图谋"西藏独立"，并派叛军东犯川边。川边大部地区原已改流设治，此时各地的旧土司亦纷纷叛乱，企图复辟。一时间风云骤变，边藏陷于岌岌可危之境，国家主权面临严重危险。在此危急情势下，尹昌衡电呈北京政府，请求西征。1912年6月8日，四川都督府正、副都督集全体军官在川汉铁路公司开会，讨论西征问题。尹昌衡表示：西藏扰乱，边事岌岌可危，必须马上出师，其愿亲统兵亲往平乱，恢复西藏。张培爵表示：此次将西藏恢复，不但是四川之幸，中国之幸，世界上亦大有光荣。董修武也发表了很长时间的演说，核心内容是"藏事，不必看得太易，亦不必看得太难"。最后承诺"无论如何必将设法救济，不至稍累军人"，董修武的一番话最为人所注意。1912年6月14日，袁世凯任命尹昌衡为西征军总司令。7月10日，尹昌衡带兵出征，"边军糜饷尤不赀"，董修武则"一手因应之"，而未"分毫剥取于民"，同时，他还暗中策划以熊克武继任重庆镇守使，为同盟会人留一重要据点。①

尹昌衡西征前，竭力推荐胡景伊为四川护理都督，在他出征期间代理其职。为此，董修武专门召集张培爵、谢持、彭光烈、刘存厚等人开会商议对策，提出了军民分治的方案，即由张培爵与胡景伊各管各事，得到了大家的赞同。6月27日，尹昌衡、张培爵致电北京政府，提出将本省军事委托胡景伊专管、民政由副都督张培爵专任，"均负全责，共保治安"。而袁世凯窃取了辛亥革命的果实后，野心日益暴露，把革命党人当作他实行专制独裁的最大障碍，遂顺水推舟任命胡景伊为四川护理都督，副都督张培爵改任四川民政长。

---

① 四川省地方志编纂委员会：《四川省志·人物志·上册》，四川人民出版社，2001年。

胡景伊担任护理都督后，马上撕下伪装，投靠袁世凯。在大总统令公布后第三日，胡景伊首先下令，今后张培爵、董修武无论与何方发送电报，必须交其本人审阅，才得发出。他还派遣心腹胡忠亮携巨款赴京，通过袁世凯的亲信、参谋部次长陈宧向袁世凯投诚效忠，并贿赂诸要员。9月，袁世凯以"询边防民事"为名，将四川民政长张培爵召入北京，由胡景伊兼任民政长，胡景伊独揽大权。10月，袁世凯又同时授予尹昌衡、胡景伊新军中将衔，将胡景伊提到与尹昌衡平起平坐的地位，胡景伊遂更加卖力地打击革命党人。掌权后的胡景伊开始重新征收早期大汉四川军政府减免的税收，滥发军用银票，扣发西征军军饷弹药，还派亲信监视各地革命党人，竭尽打击排挤之能事，在川革命党人对胡景伊的倒行逆施愤恨不已。

1912年8月，宋教仁在北京以同盟会为基础联合其他政团成立了国民党，提出了"保持政治统一、发展地方自治、后行种族同化、采用民生政策、维持国际和平"五条政纲。在国民党总部指示下，1912年9月，由四川同盟会会员组成了国民党四川省支部，机关设在成都廉官公所街原周善培宅所，由董修武任支部长，下设六部，即党务部（黎靖瀛、董鸿诗）、交涉部（杨维、杨开甲）、文书部（时雨楼、谭创之）、财务部（唐宗尧、唐可权）、庶务部（陈伯衡、王晓东）、评议部（谢持、张治祥）。同时，创办了《四川民报》，谭创之任总编辑，郭亮东、张赤义、李晁甫任编辑，宣传国民党政见。

董修武为人忠厚，宽以待人，又善于思考和谋划，从未见到他流露出急躁或愤怒的神情。他平日极其廉洁，身居要职时，有人曾劝他应多置家业，他严肃地拒绝："清朝的败亡就是从官吏们贪污枉法开始的，我辈因此才会筹划起义反清。如今清朝虽然覆亡了，但百姓民生尚未改善，国家更加需要用心治理。何况我辈已然足够温饱，哪里还忍心为了让自己更加富足，而开启贪污的风气啊！"1913年年初，经孙中山提名，北京临时政府特颁发一等"嘉禾勋章"给董修武，以此肯定董修武的勋劳和功绩。

七、壮志未酬饮恨终

1913年1月，四川省议会选举，国民党占全部议员多数，时任国民党四川省支部长的董修武，成了胡景伊的心腹之患，受到严密监视。1913年2月，依据临时约法，举行了中国历史上的第一次国会选举。国民党得到的议席最多，按约法精神应由国民党理事长宋教仁出任内阁总理。3月20日，宋教仁动身进京时，却在上海火车站意外遭遇枪击而亡。消息传出，震惊全国。革命元勋孙中山、黄兴等指出是袁世凯授意暗杀，袁世凯不承认。董修武对宋教仁之死极为悲愤，立刻发动群众在成都召开隆重的追悼大会，要求追捕真正的凶手，并用自己的衣帽装饰宋教仁遗像，以此表示对宋教仁的深厚情谊与坚定支持，表达对宋案真凶的愤恨。这件事极大触怒了袁世凯，为后来董修武的枉死埋下了伏笔。

1913年6月，袁世凯为复辟帝制，不顾四川人民的反对，进一步扶持胡景伊，正式任命胡景伊为四川都督，调尹昌衡为川边经略使。1913年7月，孙中山察觉出袁世凯在竭力剪除各省同盟会的力量，立即组织了中华革命党，发动二次革命，以武力讨伐袁世凯。李烈钧在江西南昌高举二次革命讨袁旗帜声讨袁世凯，熊克武带兵入重庆，以重庆镇守使名义响应李烈钧，震动全川上下。袁世凯指使胡景伊全力镇压革命派熊克武，并暗中监视董修武的行踪。这段时间经常有人到董修武住处活动，名义上是拜会，实际是刺探行动。

二次革命失败后，张培爵被袁世凯杀害于北京，共和大学被迫解散。董修武对于胡景伊一味秉承袁世凯旨意，疯狂镇压革命党人的行径十分不满，遂辞去四川军政府各职务，于1913年8月轻装出走，绕道川北，打算经上海到日本与孙中山相会。胡景伊得知董修武离开成都，马上派出四路人马，不分昼夜分道追赶。当董修武夜宿川北太和镇时，一排追兵已在此等候，遂将他逮捕回成都。胡景伊"指诬昔主财政，滥发军用纸币以殃民，欲加显戮"。同盟会会员四处奔走援救，甚至到省议会提出质问。最终胡景伊因找不出任何"罪证",在各方压力下被迫释放了已被囚禁100余天的董修武。

出狱后,董修武一面负责国民党的事务,解决胡景伊与省议会的事端,一面创办实业。彭县出产一种硝矿,可以制造曹达,董修武约集周道刚、林冰骨、唐宗尧等集资创办同益曹达公司。第一次世界大战爆发,曹达外货来源断绝,彭山曹达行销省内外,为四川造纸及其他有关工业提供了重要原料。四川印刷业落后,董修武集资创办聚昌印刷公司,从上海购进第一部捲筒机,聘请技术人员,每天印刷报刊、书页数以万计,对促进四川文化传播做出了一定贡献。

1913年10月6日,国会选举袁世凯为第一任大总统,袁世凯随即在北京故宫太和殿就职。1913年11月4日,袁世凯下令解散中国国民党,并收缴国民党议员证书,国会因人数不足而无法开会。

1915年5月,袁世凯亟谋复辟帝制,为控制四川,任命心腹、新军部次长陈宧兼任四川巡按使。袁世凯以"修武为川中革命党首,嘱陈宧图之"。陈宧奉命后,几次打听董修武的情况,远在日本的孙中山得知后,两次密电在天津的于右任,请他转告董修武迅速撤离成都,董修武得到密电后,暗中准备行装,却被胡景伊所羁绊,失去行动自由,迟迟无法动身。1915年7月22日,陈宧以所谓滥发军用币之罪状将董修武拘捕在祈水庙军法处(华阳县监狱)。7月29日(农历六月十八日),军法处审问董修武与林冰骨二人,董修武据理驳斥,说发行军用票是大汉四川军政府根据革命需要决定的,其发行均有据可查,军政各项开支也有相应记录。胡景伊继任都督后继续发行军用票,即使多发也与他无关。有理有据的慷慨陈词让审问人员顿时语塞,无可奈何地撤退了。不料当晚夜半,找不出任何真实罪状的陈宧竟暗中唆使狱卒直接将董修武缢杀,却对外宣称其死于自杀。有识者俱认为,董修武入狱,袁世凯绝不会放,但又不能明杀,只能出此下策。

董修武的突然离世让人无不悲愤。他的夫人千里移灵,将蒙受冤屈的

开启中国进步的闸门 辛亥革命中的川大英烈

修武遗榇运回故乡巴中①红岩河祖茔董家山安葬。1917年,四川省议会在纯化街会议厅为董修武举行了隆重的追悼会。其后,董修武入祀成都忠烈祠。1929年,巴中县人民建立回风亭纪念董修武,屹立至今。

巴中回风亭

1937年,经于右任、冯玉祥等呈请,国民政府明令褒扬董氏,将其生平事迹宣付国史馆。1938年,巴中县政府为其举行公葬仪式。后人专门撰写了一副墓碑联:"权大局剪赵,励全川倒清,惜革命未捷,血洒锦官,日月双悬国士宅;兴抔土寄哀,令巴蜀生色,喜埋祀盛举,椒奠灵地,乾坤满壁董家山。"

1961年,中共中央统战部邀请尚健在的四川"辛亥革命老人"唐宗尧去北京参加辛亥革命五十周年纪念活动,朱德委员长接见唐宗尧时问及董修武家属并嘱致悼念,党和国家领导人关切革命烈士的隆情盛意令人感怀。1984年,巴中县政府为纪念辛亥革命先烈功勋,与董修武家属一起将其坟墓迁葬于城东凌云塔旁(现巴中市巴州区塔子山公园内),并勒石树

---

① 1913年,巴州改设为巴中县。

碑，嗣子董国祥撰文，昭示来兹，以垂千秋。2003年，巴州区政府在董修武墓后不远处立塑像一尊，并铭文纪念他的功勋。

《中央日报》关于公葬董修武的公告

巴中塔子山公园内的董修武墓

巴中塔子山公园内的董修武塑像

（高霏编撰）

参考资料：

1. 隗瀛涛等：《四川近代史》，四川省社会科学院出版社，1985年。

2. 隗瀛涛，赵清：《四川辛亥革命史料（上）》，四川人民出版社，1981年。

3. 隗瀛涛，赵清：《四川辛亥革命史料（下）》，四川人民出版社，1982年。

4. 何一民：《转型时期的社会新群体：近代知识分子与晚清四川社会研究》，四川大学出版社，1992年。

5. 四川省地方志编纂委员会：《四川省志·人物志·上册》，四川人民出版社，2001年。

6. 四川省地方志编纂委员会省志人物志编辑组：《四川近现代人物传（第二辑）》，四川省社会科学院出版社，1986年。

7. 巴中县政协文史资料研究委员会：《巴中文史资料（第一辑）》，内部资料，1987年。

8. 《公葬董修武》，《中央日报》，1937年7月27日。

9. 沈渭滨：《孙中山与辛亥革命（增订本）》，上海人民出版社，2011年。

10. 侯开嘉，赵仁春：《四川著名碑学书家：包弼臣 余沙园》，巴蜀书社，2009年。

11. 徐立亭：《晚清巨人传：章太炎》，哈尔滨出版社，1996年。

12. 陈永忠：《革命哲人：章太炎传》，浙江人民出版社，2008年。

13. 金宏达：《章太炎传》，上海人民出版社，2014年。

14. 许寿棠：《章太炎传》，百花文艺出版社，2009年。

15. 林冰骨：《中国同盟会的成立及四川分会之发轫》，载政协四川省文史资料研究委员会，四川省人民政府文史研究馆：《四川保路风云录》，四川人民出版社，1981年。

16. 林家有：《辛亥革命运动史》，中山大学出版社，1991年。

17. 廖金龙：《廖仲恺与孙中山》，中共党史出版社，2006年。

18. 金冲及，胡绳武：《辛亥革命史稿·第二卷·中国同盟会》，上海人民出版社，1985年。

19. 陆星：《李根源传》，中国文史出版社，1998年。

20. 锺伯毅，邓家彦等：《锺伯毅、邓家彦口述自传》，中国大百科全书出版社，2016年。

21. 卢毅：《章门弟子与近代文化》，广西师范大学出版社，2009年。

22. 康心如：《忆心孚兄》，载康国雄，何蜀：《我的罪名 蒋介石的干儿子》，中共党史出版社，2005年。

23. 隗瀛涛：《四川近代史稿》，四川人民出版社，1990年。

24. 王右瑜：《大汉四川军政府成立前后见闻》，载政协四川省文史资料研究委员会，四川省人民政府文史研究馆：《四川保路风云录》，四川人民出版社，1981年。

25. 黎东方：《黎东方讲史 细说民国创立》，上海人民出版社，2019年。

26. 熊克武等：《蜀党史稿》，载《辛亥革命史丛刊》编辑组：《辛亥革命史丛刊（第二辑）》，中华书局，1980年。

27. 贾大泉，陈世松：《四川通史·卷六·清》，四川人民出版社，2010年。

28. 闻少华：《蒋介石的官场宿敌汪精卫》，团结出版社，2011年。

29. 方汉奇：《中国近代报刊史》，山西人民出版社，1981年。

30. 彭光烈，李劼人：《谈话节略》，载李劼人：《李劼人全集》，四川文艺出版社，2011年。

31. 四川博物院：《共和之光：辛亥秋四川保路死事百年祭》，四川教育出版社，2011年。

32. 四川省政协文史资料和学习委员会：《辛亥波涛：纪念辛亥革命暨四川保路运动一百周年文集》，天地出版社，2011年。

33. 宋教仁：《宋教仁日记》，湖南省哲学社会科学研究所古代近代史研究室校注，湖南人民出版社，1980年。

34. 党跃武：《正气横空：四川大学革命英烈诗文选》，四川大学出版社，2021年。

35. 张惠昌：《孙中山对四川革命志士的培育》，《文史杂志》，1991年第5期。

36. 许增纮：《临变入盟——尹昌衡参加同盟会考辨》，《文史杂志》，1992年第6期。

37. 许增纮：《论四川军政府》，《西南师范大学学报（人文社会科学版）》，1991年第4期。

38. 唐宗尧，胡恭先：《资州罗泉井会议与组织同志军》，载中国人民政治协商会议四川省委员会，四川省省志编辑委员会：《四川文史资料选辑（第一辑）》，内部资料，1961年。

39. 湖南省社会科学院：《黄兴集》，中华书局，2011年。

40. 黄遂生：《同盟会在四川的活动》，载中国人民政治协商会议全国委员会文史资料研究委员会：《辛亥革命回忆录（第三集）》，中华书局，1962年。

41. 《赵尔丰致内阁电》，载戴执礼：《四川保路运动史料》，科学出版社，1959年。

42. 广东省社会科学院历史研究室等：《孙中山全集（第一卷）》，中华书局，1981年。

43. 徐才安：《绛溪文集》，内部资料，2012年。

44. 《〈鹃声〉啼血唤醒同胞》，《四川广播电视报》，1984年第312期。

45. 贾大泉，陈世松：《四川通史·卷七·民国》，四川人民出版社，2010年。

46. 向楚：《辛亥四川之役》，载成都市政协文史资料委员会：《辛亥四川风雷》，成都出版社，1991年。

47. 邱远猷，张希坡：《中华民国开国法制史：辛亥革命法律制度研究》，首都师范大学出版社，1997年。

48. 张善熙：《民初的两个"四川银行"和"两种"四川兑换券》，《四川文物》，1994年第4期。

49. 马宣伟：《"成都兵变"不是赵尔丰策动的》，载四川省社会科学院历史研究所：《四川历史研究文集》，四川省社会科学院出版社，1987年。

50. 周勇：《重庆通史（第一册）》，重庆出版社，2014年。

51. 曾亚英，周斌：《尹昌衡集》，社会科学文献出版社，2011年。

52. 唐宗尧：《我经手发行四川军用银票》，载中国人民政治协商会议四川省委员会、四川省省志编辑委员会：《四川文史资料选辑（第十四辑）》，内部资料，1964年。

53. 吴筹中，朱肖鼎：《清末民初的四川省纸币》，《财经科学》，1987年第6期。

54. 四川大学档案馆：国立成都师范大学档案第102卷。

55. 四川大学档案馆：四川公立国学专门学校档案第8卷。

56. 四川大学档案馆：四川省城高等学堂档案第43卷。

57. 四川大学档案馆：四川省城高等学堂档案第262卷。

58. 吴玉章：《辛亥革命》，人民出版社，1974年。

59. 曾绍敏：《漫话四川保路运动》，巴蜀书社，2006年。

60. 李旭升：《巴中诗文》，四川人民出版社，2006年。

61. 胡雪松：《尹昌衡》，四川文艺出版社，2018年。

开启中国进步的闸门 辛亥革命中的川大英烈

魏云泉传

魏云泉（1883—1915），又名魏荣权，号昌清，四川资州（治今资中县）谷田乡魏家湾人。1904年留学日本，就读于早稻田大学政治经济系；1911年受聘为四川通省法政学堂教授；保路运动后，出任四川都督府及民政署政治高等顾问。他因反对袁世凯复辟帝制，于1914年11月23日被捕，并于1915年4月17日同张培爵、邹杰一道壮烈殉国，年仅32岁。

一、资州才俊

1883年，魏云泉出生于四川资州谷田乡魏家湾，家中兄妹七人，他儿时以孝顺父母、友爱兄弟著称乡间。1899年，资州知名工商业者张鼎孚在文江乡五里设立家塾，聘请名师魏楚珊任教，并以巨款购置书籍，除令儿子张岷泉在此读书外，还收亲友中聪慧过人的青少年魏云泉、喻培伦、喻培棣、袁汲门等在此学习。魏楚珊在教授知识的同时，常常给学生讲述国家兴亡、民族盛衰的历史，为后来魏云泉、喻培伦等成为革命英雄打下了坚实的思想基础。

魏云泉少年时代读书旧址——张氏家塾（今培伦小学）

成年后的魏云泉性格豪迈，不拘于世俗礼法，曾求学于资州学堂，所作诗文慷慨激昂，才华横溢；后赴北京深造，得清代四川地区唯一的状元骆成骧赏识，被收为门生。

二、革命之家

1904年，魏云泉与喻培伦、但懋辛、吴树咸留学日本。魏云泉幼时与内江的罗象环定了亲，婚后罗象环也同行去了日本。魏云泉就读于早稻田大学政治经济系；罗象环在东京安家并学日语，后入日本东京高等女子精华学校学习。在东京学习期间，魏云泉夫妇结识了廖仲恺、何香凝、张群等人，他们一致痛恨清政府腐败，认为非改革不能救亡图存。1905年，这对夫妻双双加入同盟会，在孙中山的领导下从事革命活动，立下报国捐躯之志。

同盟会中罕见的"夫妻会员"魏云泉、罗象环

魏云泉之家在当时成为许多同盟会会员的聚会地，大家以七哥、七嫂称呼其夫妻二人。魏云泉与感情深厚的四川同乡张群结拜为义兄弟，过从

开启中国进步的闸门 辛亥革命中的川大英烈

甚密；罗象环则勤俭持家，常常接济同盟会同志，久而久之，魏云泉之家便在同盟会会员中享有了"革命之家"的美誉。

1910年秋，魏云泉夫妇学成归国，定居成都金河街82号，1911年魏云泉受聘担任四川通省法政学堂等多校教授。魏云泉执教有方，常向学生宣传孙中山之革命学说，深受学生爱戴，许多学生经常登门求教。为此，罗象环在家中专门开辟了一间房作为魏云泉的教育辅导室，有学生来求教者，从无拒绝。与此同时，魏云泉还暗中联络爱国志士，如唐宗尧、潘大道等进行革命工作，并将国内情况及斗争策略报告给孙中山，颇蒙嘉许。

三、力倡共和

1911年夏，四川保路运动风起云涌，魏云泉义愤填膺，与尹昌衡商议，组织蜀中同盟会会员赴全川各州县联络热血志士树举义旗，奋争路权，各县保路同志会纷纷响应。

随着保路运动的深入发展，重庆、成都先后宣布独立。1912年3月11日，成渝两地军政府合并为"中华民国四川都督府"，魏云泉被聘为四川都督府及民政署政治高等顾问，其对于政事知无不言，所言无不中肯详尽，具有极佳的参考价值。魏云泉还代表四川赴南京参加临时政府召集的各省代表会议，商谈国事。其间，魏云泉晋见了孙中山，并报告了四川首义情况及军政形势，条陈革新建议、外交政策和国防筹备方略，受到孙中山嘉许。

1913年，魏云泉赴打箭炉（今康定）协助尹昌衡治理边藏地区。1914年，在尹昌衡被袁世凯召至北京后，魏云泉改任驻上海转运。当他行至武汉，听说尹昌衡在北京被捕下狱，便改道进京救护。当时，尹昌衡的处境十分危险：袁世凯正密谋复辟帝制，行事专横，蓄意构陷革命党人，动辄置人于罪；又有赵尔巽（被尹昌衡诛戮的赵尔丰之兄）、胡景伊（袁世凯心腹，已挤掉尹昌衡担任四川都督）因私人积怨在一旁向袁挑唆。幸好，魏云泉入京后，偕同恩师骆成骧多方奔走，为之疏解，尹昌衡方得幸免于难。

魏云泉久居北京，见国事日非，意识到非推翻袁世凯的专制统治无法实现民主共和。为救亡图存，他频繁往返于京津之间，抱着以自我牺牲为先导的决心，与流寓天津的张培爵、邹杰等密谋除袁。袁世凯防卫愈严，魏云泉捐躯报国之志愈坚，出入虎穴，毫不畏惧。但其不幸被袁世凯密探查知，1915年初，张培爵在天津被捕，魏云泉在京设法营救；数日后，魏云泉也在北京灵境宫被捕入狱。

四、舍生取义

魏云泉被捕后，袁世凯对他施以多种酷刑，力图逼其诬告其他革命党人，但魏云泉始终坚贞不屈，守口如瓶。于是，袁世凯又以高官厚禄引诱他，均被魏云泉严词拒绝。酷刑致使魏云泉身体遭受重创，而天寒地冻更使他双脚溃烂，难以站立行走，惨不忍睹。狱中难友无不为之流泪，他却含笑相告众难友："诸君勿虑，云泉双脚革命先行耳。"后有出狱难友带出了魏云泉写给妻子的亲笔便条："象环贤妻：家中大小谅吉，吾身体无恙，兹列需用物品于下：一要钱，月用约需十元也，二要袜子一双、包脚布一双。二月二十日荣权亲笔。"其后他又托人传信夫人："吾将捐躯报国，千古殊荣，惟冀吾妻慎节哀痛，善为抚育儿女，读书革命，以竟吾未竟之志，则吾死而有知，自怡然无憾矣。"

1915年4月17日，袁世凯将魏云泉、张培爵、邹杰等杀害于北京，魏云泉年仅32岁。

魏云泉被害后，其恩师骆成骧挺身为其收尸，葬于北京四川义地。骆成骧感魏云泉之风骨气节，特赋诗两首相赠：

赠魏冠卿

志士羞标骥尾名，辕驹局促老伤情。

开启中国进步的闸门 辛亥革命中的川大英烈

屠龙笑我原无用,刻鹄怜君又不成。
笔阵横行须纵扫,砚田归去好深耕。
洛阳年少谈何事,绛灌终应避贾生。

燕台

杏坛香尽翦蒿莱,廊庑招客赐望回。
万里还携孤寡去,三年别抱苦辛来。
不闻麟笔从新削,惟见棠花似旧开。
但使温峤犀烛在,诸公雪涕不须哀。①

魏云泉被囚后,罗象环在北京也受到袁世凯监视,后由骆成骧承保,携子女回到成都。骆成骧所撰诗歌《燕台》之"万里还携孤寡去,三年别抱苦辛来"讲述的即为此事。

1916年,黎元洪总统明令各省查报先烈勋绩,四川督军罗佩金将魏云泉、张培爵、邹杰等殉国事迹上报,请求予以追封并公葬,得到批准。魏氏等被国民政府追赠为烈士。

魏云泉一生俭朴,生前两袖清风,殉国后,留给孤儿寡母的除成都金河街82号住宅和1000余册书籍外,再无其他遗产。魏云泉牺牲后,其遗孀罗象环回到成都,住在金河街旧宅,改名罗雪恨,靠教书艰难度日,与两儿一女相依为命。当时,魏云泉的义弟、时任四川省警务处处长兼成都市警察厅厅长的张群对罗雪恨母子的生活多有帮助。魏云泉长子魏达雄就读于国立四川大学化学系,为该校高材生之一,毕业后,因患肺结核不治早逝。长女魏淑君嫁重庆江家。次子魏达俊誓承父志,在张群的帮助下,入中央黄埔军校成都分校14期受训毕业,后任中华民国国防最高委员会科

---

① 中国人民政治协商会议四川省内江市委员会文史和学习委员会:《内江文史资料(第十九辑)》,内部资料,2002年。

员、重庆行营交际股股长、成都行辕交际股股长、四川省政府机要秘书等职；新中国成立后，他在成都漆器工艺厂工作，于20世纪90年代中期病逝。

（毕玉改编）

参考资料：

1. 喻钟珏：《辛亥烈士魏云泉》，载中国人民政治协商会议四川省内江市委员会文史和学习委员会：《内江文史资料选辑（第十九辑）》，内部资料，2002年。

2. 四川省资中县志编纂委员会：《资中县志》，巴蜀书社，1997年。

3. 胡清友：《魏荣权烈士事略》，载隗瀛涛，赵清：《四川辛亥革命史料（下）》，四川人民出版社，1982年。

4. 张映书：《回忆我的父亲张列五（张培爵）》，载中国人民政治协商会议四川省委员会文史资料和学习委员会：《四川文史资料选辑（第四十九辑）》，内部资料，时间不详。

5. 李宗吾，姚会民：《说话办事厚黑学》，华文出版社，2010年。

邹杰传

邹杰（1875—1915），字汉卿，四川酉阳（今重庆酉阳土家族苗族自治县）人。1906—1907年在四川省城高等学堂求学，加入同盟会并秘密组织青年会。1911年参加四川保路运动，任蜀军政府总司令部第四标标统（团长）。1913年参与反袁斗争，后被密探诱捕，于1915年4月17日被杀害。

一、少年立壮志

1875年，邹杰出生于四川酉阳后溪邹家堡。后溪与来凤、龙山、秀山三地接壤，高山环绕，地势险峻，民风彪悍，治理不易。

儿时的邹杰随父耕种，从事农业，闲暇时经常舞枪弄棒，练就一身武艺，经常帮助乡邻排解纠纷，颇有古代侠士之风，深受乡人信赖。邹杰天资聪慧，由于家境清贫，读书机会来之不易，因此学习非常用功。因地处僻壤，当地塾师只会教授八股文，邹杰对这种内容空洞、形式呆板、束缚人思想的文体很反感，朝夕诵读间，不由发出疑问："是安可以立身者！即弋获一衿，亦拾人唾余。古谓通经致用，其学当别有在也。"[①] 于是，他开始另辟蹊径，大胆创新，所作文章力求突破八股程式。尽管受到塾师批驳，邹杰仍泰然自若，勇敢而坚决地反对以八股取士的封建科举制度。

清同治举人、江西拔贡刘振之因公案被贬回原籍后，举家迁到后溪设馆办学，邹杰得以入馆受学。刘振之历经同治、光绪、宣统三朝，深知清政府腐朽，竭力支持学生反清，并写出了不满现实、立志改革、脍炙人口的七绝："豺狼类聚啸三峿，寒夜无人雨潇疏，我怀有家归未得，但愿为

[①] 隗瀛涛，赵清：《四川辛亥革命史料（下）》，四川人民出版社，1982年。

侠不为儒。"① 辛亥革命成功后，刘振之曾获孙中山亲授的四等勋章，其革命思想深深影响了少年时代的邹杰。

1894年，酉阳著名学者王槐庭在龙翔书院讲学，州内外许多青年才俊慕名前往求学。邹杰也投入王槐庭门下，深受器重。在王槐庭精心地培育指引下，邹杰文思大进，于史汉诸书均有涉猎，习得精粹，每作一文，均出类拔萃，成为王槐庭的得意门生。

1901年，邹杰入县学读书；1903年，邹杰赴成都求学；1904年，清政府为缓和人民的革命斗争情绪，发布所谓"变法"上谕，废科举，兴学堂，一切士子皆由学堂出身；1906年秋，邹杰以优异成绩考入四川省城高等学堂。他一面认真读书，一面积极参加社会活动，成为学生中有影响的领袖人物。在此期间，他有机会接触一些反清革命报刊，如《时务报》《申报》《苏报》和被清政府查禁的《民报》，以及《警世钟》《革命军》《天演论》《进化论》《民约论》等小册子。在研读之余，邹杰经常与三五挚友"辩难质疑，互为切磋，而兴之所至，饮酒欢呼，争相先后以为乐，一时意气之盛，诚足豪矣"②。酉阳、秀山一批以邹杰为代表的有志之士积极探寻救国救民的真谛，经过热烈探讨与深入思索后，邹杰得出的结论是："弥憬然于天地正谊不可扑灭，而我国数千年之政治学说，皆所以缘饰积恶之帝王，而助其淫威也。"他们毅然放弃考据、词章之类的"旧学"，"致力于数理新科学"，并倾心革命，决心走西方资产阶级"工业救国""富国强兵"的道路。

---

① 田景全：《魅力酉阳之精彩故事》，四川美术出版社，2009年。
② 冉敬林：《二酉杂记》，内部资料，2010年。

四川省城高等学堂录取邹杰等投考学生的初次榜示

四川省城高等学堂录取邹杰等投考学生的二次榜示

四川省城高等学堂取定各属学生名单中关于邹杰的记载

二、成都入同盟

1905年，四川省城高等学堂部分学生外忧于列强侵略之危急，内感于德行修养之不可缓，发起成立了一个组织，性质类似道德学会，但无固定的名称。邹杰入校后，与同学李培甫、张培爵等也加入了该组织，宗法顾亭林、黄梨洲、王船山、颜习斋，互相砥砺。后来，该组织的影响延及四川通省师范学堂、高等警察学堂和其他学堂，社会人士和少壮军人亦有参加者。

随着该组织的日益扩充和形势的发展，会员们在主张加强德行修养与救亡图存的基础上，进一步认识到清政府腐败至极，非将其推翻不足以挽回救时局。同盟会四川支部成立后，经孙中山派到四川活动的黄复生、谢慧生二人介绍，邹杰与同窗好友张培爵、李培甫等一道秘密加入了同盟会。邹杰还邀约了部分同志，在成都秘密组建了地下组织"青年会"，从事推翻清朝、建立共和的民主革命活动。青年会"以富有道德、学术、智慧"为入会条件，张培爵、谢持等均为共同创建者，该会实际上等于同盟会的外围组织，对四川同盟会的建立和发展起到了积极作用。"厥后青年学子，群忻然列于同盟党徒者，杰之力为多。"比如，王勃山、陈赞廷等酉阳人士便是经邹杰介绍加入同盟会的。邹杰对四川同盟会的发展，立下了不可磨灭的功勋，是早期四川同盟会中较有影响的会员之一。

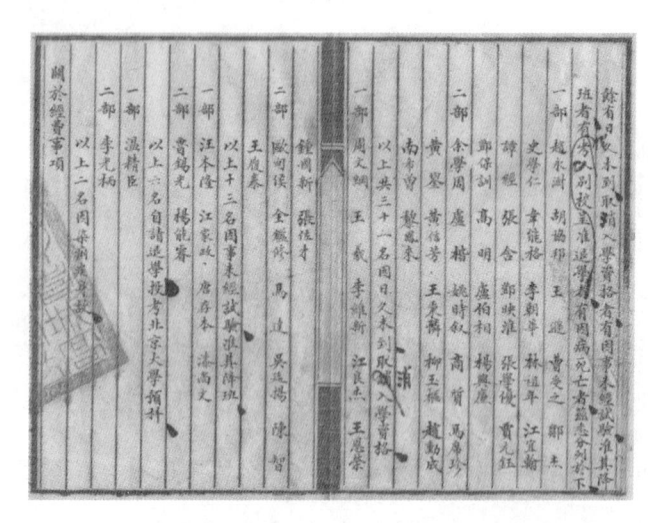

四川省城高等学堂六周年概况报告书中关于邹杰的记载

1907年，邹杰与张培爵、谢持等密谋在成都举行武装起义。事情为清政府暗探发觉后，革命党人黄芳、杨维、王树槐、张治祥、黎庆余、江永成等六人被捕，此即"丁未成都六君子事件"。事态严重，人心惶惶。邹杰受到牵连，被迫从四川省城高等学堂辍学，转移到川北地区，后又回到成都，任四川通省师范学堂附属小学堂国文教习，继续从事革命活动。其时，许多革命党人纷纷逃遁，邹杰不仅没有被清政府气势汹汹的镇压措施所吓倒，反而清醒地认识到清政府的腐朽反动，更加坚定了革命斗志。他还将自己通过辛勤劳动得来的工资收入，全部上交组织作为革命活动经费。

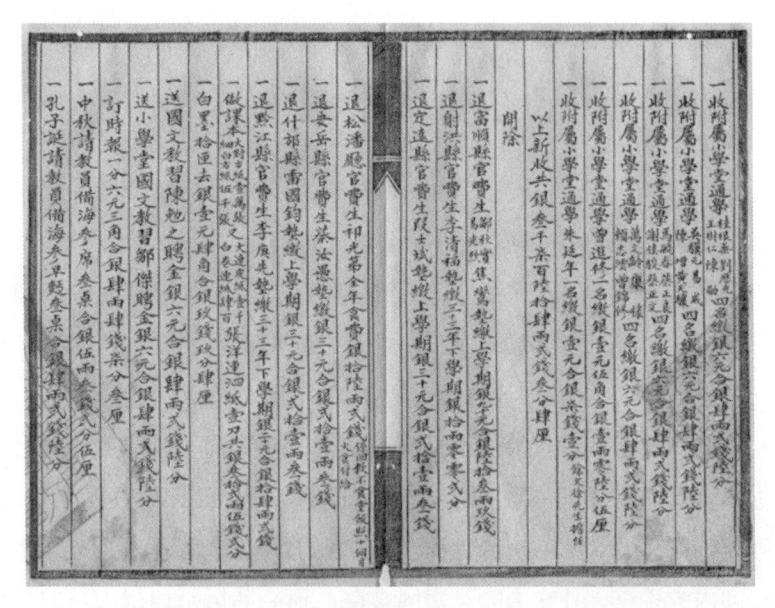

四川通省师范学堂附属小学堂国文教习邹杰聘金发放登记表

1909年，清政府在成都举行留学生考试，一时全川好名之士纷纷聚集蓉城应试。有人劝邹杰不妨也试一试，邹杰嗤之以鼻，很愤慨地对来人说："国且更新，区区科目徒自点耳！"这反映了邹杰此时的政治思想已逐渐趋于成熟，对清政府所谓"新法""新政"已经不抱任何幻想。不久，邹杰等人来到陕西凤翔府，在成都青年会会员的帮助下，于府城东部的张家山租地筹办畜牧场，以积累资金。邹杰等办畜牧场获得盈利后，即开始秘密购买武器，并以畜牧场为据点建立革命联络机关。陕西陆军学生中多川籍人，且有旧属成都青年会的会员，邹杰在陆军中秘密发展同盟会会员，积极筹划起义。在邹杰的影响下，加入同盟会的人日渐增多，革命声势逐渐扩大，为之后陕西和四川的成功起义，打下了坚实的基础。

三、投身革命

1911年秋，四川人民反对清政府出卖路权的所谓"铁路国有政策"，保路运动风起云涌，迅速扩大。邹杰闻讯后，星夜赶至四川，急欲施以援

开启中国进步的闸门 辛亥革命中的川大英烈

手,一日步行二百里,殊不为苦。

他到成都后,见赵尔丰处有重兵把守,无法下手,于是又兼程赶赴重庆,同张培爵、杨庶堪等密谋组织起义。11月22日,重庆宣布独立,川东道道台朱有基闻风潜逃,重庆知府钮传善、巴县知县段荣嘉、巡警总署署长杨体仁等皆剪去发辫,缴出官印,跪地请降;杨庶堪宣布蜀军政府成立。随后各府县先后响应,川东道所辖三十六州县及下川南、川北部分州县,计五十七州县,均表示接受蜀军政府领导。几天后,成都亦反正。

蜀军政府成立以后,为巩固政权和"廓清全蜀",组建了步兵七标和一个炮兵营,邹杰任蜀军总司令部第四标标统(团长),积极准备北伐。为了号召四川人民将反清起义进行到底,蜀军政府发出《讨满虏檄文》,历数清朝内政昏庸、外交失败、卖国卖路、掠夺和屠杀四川人民的种种罪行,表示"方欲连剪赵、端,再联荆粤,西南合志,东北同心,然后直捣幽燕,光复华夏",郑重宣布蜀军政府将与全国革命力量一道,"涤专制之旧习,布共和之新政,颂中国万岁,庆民国万岁"![1]

不久,成渝两地军政府合并,邹汉杰改任夔府知事。夔府地处川鄂要冲,为出入四川的重要门户,辛亥革命前后,曾发生多起土匪骚乱事件。加之当时原清巡防军统带刘汉卿盘踞万县,表面接受军政府领导,实则"立分府抗都督命令",贪赃枉法,横征暴敛,多次以借口屠杀革命党人。时熊克武所部蜀军正由湖北回四川,路过万县休整。邹杰面见熊克武,要求"解散刘军乃视事"。熊克武允其所请,当即派部队将刘汉卿部千余人包围歼灭,刘汉卿亦被当场打死。平定夔府后,其庶政纷杂,不易打理,邹杰迎难而上,精心整治,与士民相见以诚,一月后,治绩大著。卸任去官时,仅行李一肩,均为随身衣物,不名一钱,夔府百姓纷纷称颂其为清官。作为资产阶级革命代表人物的邹杰,在取得政权之后,能如此廉明清

---

[1] 隗瀛涛:《四川保路运动史》,四川人民出版社,1981年。

正，洁身自爱，这亦是难能可贵的。

1913年，邹杰因故返回家乡酉阳，平日在家闭门读书，不理时事。酉阳辖地广袤，据《酉阳直隶州总志》载，州境东西距四百里，南北距二百九十里。其时，酉阳已废州为县，县域地广人稀，经济落后，部分地方距城上百里，政府鞭长莫及，清末已有呈请分县之议。当年5月，分县之议又起，酉东、酉南人主张另设一县于龙潭，分而治之；而酉中、酉西、酉北人则表示反对，其中尤以县城豪绅反应最激烈，因县城四面环山，为不毛之地，城内有少部分居民"恒藉衙署讼狱为生活"。"乡之绅富主张益力，城中人窃以为病，遂水火不相能"，双方相持不下。县知事马久成召集全县代表到县城开会商讨分县事宜，酉东、酉南人公推邹杰等为代表。会议期间，酉中代表理屈词穷，多数人拥护分县。城内某些豪绅恼羞成怒，雇佣以陈占鳌为首的袍哥组织，"恶役棍徒数十人，悉狙伏以俟"。轮到邹杰发言时，话还没说完，会场秩序大乱。酉中、酉西、酉北三方代表争相起哄，而预先埋伏在会场周围的棍徒打手，乘机冲入会议厅，大打出手。一时棍棒铁器齐飞，惨呼惊号之声，不绝于耳。另一酉东代表邱羽田被当场打死；县知事马久成用身体护住邹杰，方保其性命。邹杰逃到寓所躲藏起来，一些恶棍、打手依仗有豪绅支持，肆无忌惮地在全城进行大搜索，意欲得邹杰而甘心。他们找到邹杰后，将其又拽又打，拖至县署大堂，随后又用铁尺枪筒殴打他。幸亏邹杰深谙敛气之法，屏住呼吸，佯装死去，打手们方呼啸扬长而去。知事马久成命人将邹杰抬入二堂花厅，验其伤，发现有铁器伤痕二百多处。经这么一打，分县之事也就不了了之。辛亥革命虽然结束了延续两千多年的封建帝制，广泛传播了民主共和的思想，但它的社会基础及上层建筑，却基本原封未动。酉阳分县之争和邹杰挨打事件，就足以从侧面说明这一点。

四、丹心报国

1913年春，袁世凯窃据总统宝座之后，为实现当皇帝的目的，他做出了阴谋消灭国民党势力的决定。3月20日，袁世凯派刺客暗杀国民党代理理事长宋教仁于上海。6月，其又先后罢免了江西、广东、安徽、湖南、四川国民党籍的都督，安插心腹。全国舆论哗然，孙中山主张发动"二次革命"，兴师讨袁。7月，江西都督李烈钧率先组织"讨袁军"，江苏、安徽、湖南、广东、福建、四川等省先后宣布独立。8月4日，川军第五师师长熊克武响应孙中山先生号召，在重庆成立讨袁军总司令部，宣布讨袁。邹杰听到消息后，心急如焚，顾不得自己的伤势还未痊愈，便在酉阳境内征集旧部，得敢死队队员百余人，欲奔赴重庆以助熊克武一臂之力。邹杰率部走到木洞时，得知熊克武、杨庶堪所部讨袁军已失败，而其兵力单薄，不能有所作为，无奈解散队伍，易装北上。邹杰历经艰难困苦，饥餐渴饮，辗转数月方到北京。得知前蜀军政府都督、四川民政长张培爵此时正托病隐居天津，邹杰又从北京赶到天津，与之会晤。两人志同道合，筹商讨袁大计，谋划以开设织袜厂为掩护，与国内外革命党人互通消息，为反袁起事做准备。

袁世凯在京沪之间密布侦探巡查，凡国民党要人，均遭严密监控。自宋教仁案后，陆建章、雷震春等冤杀党人不胜枚举。邹杰与张培爵行事小心谨慎，自信没有把柄可被抓获，殊不知欲加之罪，何患无辞。

张培爵在天津开设织袜厂后，与邹杰、陈乔村等人同住，许多学生及同乡前来觅事，都得到收留。讨袁军失败后，张培爵计划多集股以扩大袜厂规模。袁世凯的军政执法处密探李捷三假称商人，通过陈乔村介绍与张培爵相识，表示愿出款入股，扩建袜厂。一日，李捷三约众人在租界外餐馆商量合股之事，其与张培爵、邹杰等人同乘汽车前往。途中李捷三递了一卷纸给张培爵说："所议袜业事虽小，但不可无合约，这是我拟的初稿，望斟酌改定。"张培爵也未打开看，顺手递与邹杰，邹杰将其插在衣包内。汽车刚到站，车停客下，忽见军警四起，将人团团围住，军警从邹杰身上搜出纸卷，乃图谋暗杀袁世凯的血光团文件，而非袜厂合同。此时李捷三已不见踪影，军警便将邹杰、张培爵、陈乔村等人一并逮捕，同时被捕的还有酉阳龙潭王子骦、秀山王大仕等留宿袜厂的革命党人。

邹杰、张培爵等人被捕后，先被关在天津监狱，随后被押送到北京宛平军政执法处。而在蜀军政府成立时投降的重庆知府钮传善此时正担任这个执法处的提调，对张培爵、邹杰深恶痛绝。他依据密探们所报张、邹等为"志诚团""血光团"成员之说，对其进行了多次严刑审讯。他们将邹杰捆在柱子上，将铜梳子在火里烧红，在他身上一遍又一遍地梳，要他供出革命党人的秘密。邹杰不愧是条好汉，他将王子骦、王大仕等人的事一肩承担，硬说"王子骦仅系同乡，偶尔跑来我处玩耍，不是革命党人，相互间无任何政治联系，亦没有任何政治活动"。王子骦因而得以无罪释放。后王大仕因患痢疾，也得以保外就医，后逝世于北京。先烈们宁肯牺牲自己，也要保全组织、保全同志、保护乡亲，其"舍生取义，功成不必在我"的革命精神，永远值得世人铭记和学习。

经过多次刑讯逼供及利诱，陈乔村最终反水，称邹杰衣袋中血光团文件是自己受命所书。邹杰因陈乔村翻供，在法庭上与之争吵。张培爵见同党之人如此行事，恍然大悟，乃知李捷三为袁世凯的密探，也就默无一语，所以张培爵始终无口供，反动的"军政执法处"遂以栽诬罪证手段结案，宣判其死刑。

宣布死刑时，行刑官在监外高呼受刑者姓名，喊到邹杰时，邹杰高声答道："有！"一跳就出去了。张培爵背着手站在法庭上，笑而不语。魏云泉和陈乔村也同时被宣判了死刑。陈乔村大惊道："当初许老子的官，叫我这样办，如今连老子都要枪毙吗？"张培爵轻蔑地对他说："不必说了，今日之事，你还在梦中！"赴刑场时，邹杰的囚车紧随在张培爵的囚车之后，张培爵回头，半开玩笑地对邹杰说："汉卿！今天的事，有点老火哦！"

1915年4月17日，黄雾塞天，天昏地暗，大风狂卷。邹杰面不改色，从容就义，终"不置一喙以辩，甘死若饴然"。随后，同乡人赵某买棺收殓了邹杰骸骨，葬于京郊荒丛中。同时被杀害的张培爵、魏云泉是邹杰在

开启中国进步的闸门 辛亥革命中的川大英烈

四川省城高等学堂的同学，后四川省城高等学堂召开同学会，决议请省党部致函酉阳资中党部，征取烈士事迹，为之请恤褒扬。

1919年，四川革命党人将邹杰骸骨移葬于重庆浮图关。1926年，重庆革命党人缅怀先烈，为邹杰等人营墓、树碑、立传。他们还被当局追赠为烈士。秀山龚呆仙在成都追悼邹杰、张培爵大会上，送有悼邹杰挽联一副，全文是："无寸土，无寸兵，稿笔下雄城，竟将锦绣河山，还诸汉族；是同乡，是同学，伤心罹冤狱，忍说横飞血肉，永痛京华。"《巴县县志·烈士邹杰墓表》称："君禀性沉挚，少有膂力。进不希荣，退能勤学。乡国有难，慷慨赴之。及其为政，不畏强御，独秉清操。殆所谓义勇发乎天性，政治基于学术者欤！"[①] 作为资产阶级民主主义革命家的邹杰，其思想能随着时代要求而不断发展、不断前进，这在当时的革命党人中还是少见的。

重庆鹅岭公园辛亥革命十先烈（邹杰、张培爵等）纪念碑

邹杰牺牲后，全部家产仅有祖上留下的数亩薄田、五间木屋、数百部古

[①] 中国人民政治协商会议四川省酉阳县委员会酉阳县县志编修委员会：《酉阳文史资料选辑·第二辑》，内部资料，1983年。

旧书籍。其妻张幺妹长期居住在农村，从未出过远门，以务农为生，生活清贫，1953年因病去世。其女儿邹淑瑶、儿子邹用尧，均由邹杰生前好友、后溪人邱子范接去外地供应读书，后邹淑瑶与邱子范的儿子邱阅结婚，居住在成都。邹用尧在全面抗战初期回到酉阳照料家务，除1944年、1945年、1947年教过三年私塾外，一直在家务农，1959年去世。邹用尧妻子倪菊仙1960年病故。邹杰有孙辈三人，分别在家乡农机厂工作或务农。

一些曾与邹杰有过交往的革命同志谈到，邹杰性格豪爽，作风平易近人，有革命气魄，喜欢做有益于人民大众的事，是"辛亥革命的有功之臣"。

（毕玉改编）

参考资料：

1. 《辛亥蜀中革命先烈邹杰》，载冉敬林：《二酉杂记》，内部资料，2010年。

2. 邓胥功：《高等学堂学生与同盟会及实业团》，载政协四川省文史资料研究委员会，四川省人民政府文史研究馆：《四川保路风云录》，四川人民出版社，1981年。

3. 黄云鹏：《烈士邹杰墓表》，载酉阳土家族苗族自治县民族宗教事务委员会：《茶话酉阳》，西南交通大学出版社，2018年。

4. 彦实：《邹杰传略》，载隗瀛涛，赵清：《四川辛亥革命史料（下）》，四川人民出版社，1982年。

5. 冉光海：《涪陵历史人物》，重庆出版社，2015年。

6. 李宗吾，姚会民：《说话办事厚黑学》，华文出版社，2010年。

7. 李宗吾，张默生：《李宗吾传》，团结出版社，2004年。

8. 王学礼：《少年赵世炎》，四川少年儿童出版社，1997年。

开启中国进步的闸门 辛亥革命中的川大英烈

蒋淳风传

蒋淳风,生于1868年8月19日,四川崇宁县城西沙子河(今属四川成都市郫都区新胜乡)人。蒋淳风本姓魏,少年时父亲去世,其母改嫁,遂随继父改姓蒋(今其子孙已还姓魏)。他曾肄业于成都府中学堂(今成都市石室中学),后入四川通省农业学堂蚕桑讲习所求学,学生时代即常读革命书刊,追求救国救民真理。

1908年6月,蒋淳风经崇宁县同盟会会员杨靖中介绍加入同盟会,任宣传员,积极倡导革命。他几次跟随杨靖中准备起义,但因时机不合,均未成功。

1911年5月,清政府宣布将各省商办的铁路干线一律收归国有,实则以路权作抵,向英、美、法、德银行贷款,这种丧权卖国的行为激起了四川人民的公愤,随之掀起了轰轰烈烈的保路运动。为了维护路权,川汉铁路股东会于6月17日在成都成立了保路同志会与之抗争。

四川保路同志会成立后,派会员分路讲演。蒋淳风在成都加入了保路同志会,并任讲演员。蒋淳风善于与人交往,和四川省各大学堂的学生首领都很熟络,平时还进出凤凰山军营,结交新军军官,被视为学生领袖。在他与各校学生首领的号召下,四川多所大、中学堂相继罢课罢教,抗议清政府的卖国卖路行为。

在同盟会革命派影响下,四川各州县纷纷成立保路同志会,蒋淳风也返回崇宁县协助组织保路同志会,借保路以发动、组织群众,暗集武力以作后援。7月17日,崇宁县保路同志会成立,尹兴岱任会长。

1911年8月4日,同盟会成都负责人龙鸣剑、王天杰在资州罗泉井召开"攒堂大会",秘密决定改保路同志会为"保路同志军",在全川举行武装起义。

清政府不顾民情，命令四川总督赵尔丰以武力镇压保路同志会。1911年9月7日夜，赵尔丰诱捕了四川省保路同志会首领蒲殿俊、罗纶、张澜等人，并枪杀请愿群众，制造了骇人听闻的"成都血案"。蜀中同盟会会员奔走呼号，提出自保自救以激扬民气。各路保路同志军纷纷响应，宣布起义，誓师出发，向成都进军。

9月8日，同盟会会员、哥老会首领张捷先、张熙集结灌县保路同志军向成都进发，在郫县新场与张达三部、彭县刘荫西部、崇宁高照林部会师，组编为保路同志军西路军。众人推选张捷先为大统领，举行了誓师典礼，将队伍编为五路：第一路由张达三率领；第二路由张捷先率领；第三路由张熙率领，其队伍由700余名矿工组成；第四路由刘荫西率领；第五路由姚宝珊率领，其基本队伍由伐木工人组成。另有成都及附近各州县青年学生组成学生大队500余人，由同盟会会员、四川蚕桑学堂的蒋淳风任大队长。9月9日，杨靖中、张捷先、高照林、蒋淳风等率领崇宁和崇义场的同志军千余人到达犀浦与张达三率领的同志军汇合；接着，郫县其他各场的同志军也陆续来到犀浦会师。

保路同志军大多手持大刀、长矛、锄头、木棍、扁担和砍柴刀，只有少数持明火枪。9月12日，保路同志军大队人马向成都进攻，以蒋淳风为首的学生军大队500余人，最为英勇，担任保路同志军西路军前锋。先头部队刚抵犀浦场近郊约一里许，赵尔丰从成都调派的亲信部队巡防军一营在抵犀浦场后即向西南街出击，对保路同志军形成包围之势，首先与学生军接火于二门桥。蒋淳风奋勇当先，见来的是巡防军，遂高呼"汉人不打汉人"，然而对方丝毫不予理会并发起攻击，蒋淳风不幸身中数弹。学生大队第一中队第一分队第一小队队长汪子宜系同盟会会员、四川通省师范学堂学生，平日协助蒋淳风组织训练学生军，此时立刻指挥学生军还击巡防军。巡防军隐藏在庄稼地里，向学生军开炮。学生军在蒋淳风、汪子宜的带领下，拿着大刀、长矛、梭镖、土枪等武器，凭借爱国热情所迸发出的拼搏精神，冲锋在枪林弹雨中，与手持洋枪、洋炮的巡防军短兵相接，

开启中国进步的闸门 辛亥革命中的川大英烈

展开激烈的白刃战。各路保路同志军紧紧跟上,战线蔓延到犀浦场上街(西街)沿成灌老路至二门桥一带,向西南延伸至雍家桥,向南延伸至火烧桥,战线纵横约四里,尤以清明碑附近的战斗最激烈。包括学生军在内的保路同志军与巡防军,你来我往,格斗数小时,清军受到了沉重的打击。

犀浦战役,毙伤清军数十人,保路同志军伤亡约400人。其中学生军由于作战经验和武器悬殊,损失尤其惨重,约有80人牺牲。学生军大队长蒋淳风壮烈牺牲,时年43岁;临时督队高照林、督导官陈学渊、灌县崇义保路同志军指挥官董健之、张捷先妻弟马腾骧相继牺牲;张达三部先锋黄鹭翔、张捷先部先锋雷体渊被俘;汪子宜多处负伤,满身血污。学生军终因寡不敌众,退守郫县。尽管如此,学生军的英勇搏斗仍在很大程度上遏制了清军的气焰,他们的壮烈行为给陷于困境的保路同志军以巨大鼓舞,一些首领以此激励部下与敌人血战到底。清军在遭到学生军重创后,不敢贸然继续前进,使保路同志军主力得以充分准备,与清军相持于太平寺附近。数日后,赵尔丰增派了新军一标、巡防军三营,继续向西推进。保路同志军决定避其锋芒,设伏歼敌。先是将主力埋伏在崇宁县城外天枢桥一带,另派小股队伍与清军交战,诈败诱敌人进入设伏圈,"妇孺点燃地雷引线,16门土大炮轮番轰击,敢死队四面突击,短兵相接,吼声震天,人山人海,前仆后继,一举毙伤巡防军200余人"。[①]

残酷的革命斗争中,以学生军大队长蒋淳风等为代表的一批有志之士壮烈牺牲。但是,保路同志军西路军的成立,为四川各路保路同志军的合作开了先河,犀浦战役也为之后各路战役树立了榜样,对促使赵尔丰倒台、加速清政府覆灭起到重要的推动作用。同时,青年学生与平民百姓共同投身革命、征战疆场,在四川辛亥革命史上,用鲜血谱写了光

[①] 四川省政协文史资料委员会:《四川文史资料集粹·第一卷·政治军事编》,四川人民出版社,1996年。

辉的篇章，激发了川中青年的爱国情怀，对青年一代产生了重要的示范效应。

在犀浦战役中阵亡的保路同志军战士，遗体无人认领者有30余人，后葬于犀浦场口"清明碑"。据当地老者吴少成回忆，清明碑原是仅有三座坟的乱葬坟，因为要安葬保路同志军，当地平粜局（慈善机构）特意在清明碑一侧清理出一块空地。据周德盛回忆，这块地是平粜局主要负责人之一的地方士绅吴芷堂办理的，他在墓地上做了平整工作，四周理出界线，形成墓园形式。由此可见人民群众对保路同志军的同情、支持和爱戴。

1912年，中华民国政府追赠崇宁县在保路举义中英勇牺牲的蒋淳风、高照林为烈士，使其入四川忠烈祠，并给其家属发放抚恤金。崇宁县在灵官庙前建有辛亥革命烈士纪念碑。

（毕玉改编）

参考资料：

1. 张明礼等：《保路运动犀浦战役访问记》，载成都市政协文史资料委员会：《辛亥四川风雷》，成都出版社，1991年。

2. 王蕴滋，张汶杰：《川西风云与英勇学生军》，载政协四川省文史资料研究委员会，四川省人民政府文史研究馆：《四川保路风云录》，四川人民出版社，1981年。

3. 王蕴滋：《同盟会与川西哥老会》，载四川省政协文史资料委员会：《四川文史资料集粹·第一卷·政治军事编》，四川人民出版社，1996年。

4. 郫县志编纂委员会：《郫县志》，四川人民出版社，1989年。

5. 张永久：《革命到底是干吗？1911，辛亥！辛亥！》，天津社会科学院出版社，2011年。

6. 李劼人：《李劼人全集》，四川文艺出版社，2011年。

7. 汪建中，崔久成：《保路悲歌》，四川文艺出版社，2018年。

刘养愚传

刘养愚（1883—1915），字次文，号致中，四川涪州（今重庆市涪陵区）人。少时家贫，幼年时父母双亡，由兄嫂抚养成人。

1911年，刘养愚考入四川通省农业学堂蚕桑讲习所，在校求学期间加入同盟会。1911年，刘养愚毕业返回故里，适逢四川保路风潮大作，他奔走呼号，不辞辛劳，积极投身保路运动。同年10月，武昌起义成功后，刘养愚在涪州联系同志密谋响应。11月22日，涪州与重庆宣告独立，随后南北统一，共和告成。

1912年，刘养愚应其恩师、酉阳县知事陈佶之约，参与酉阳县政，不久，在陈佶保荐之下任酉阳县分知事。酉阳民风强悍，治理不易，刘养愚殚精竭虑，全力投身于政务。1913年春，刘养愚因病辞职回乡，抵成都时，因宋教仁遇刺案及袁世凯大借款案发，全国骚动，"二次革命"爆发，江西、湖南、安徽等地相继独立，熊克武也在重庆誓师讨袁。刘养愚闻讯，不顾疾病，星夜奔赴泸州，拟劝说守军反戈向义，未果。刘养愚见劝说不成，又投奔四川讨袁军川江水师司令余际唐，共同谋划攻打泸州，并任叙泸游击队参谋。其后，刘养愚正全力奋进之际，忽然接到回撤的命令，方知南方各省各自为战，相继失利，四川讨袁军孤掌难鸣，只好舍此垂成之功。随后，刘养愚还家，闭门不出。

1914年，刘养愚回涪陵县①任蚕桑讲习员，同年6月，趁赴重庆购置仪器之机，会晤白岩三郎（即王宁元，人称公孙十三郎），参加组建反袁组织，再图举事。无奈因事情泄露，牵涉多人，遭通缉，刘养愚遂于11月逃至湖北宜昌，再图革命。该县密探钟子猷侦知其动向，借同乡之谊与其

---

① 1913年，涪州改设为涪陵县。

交往，朝夕相处间，佯装肝胆相照。刘养愚放松了警惕，逐渐对其敞开心扉，直抒胸臆，表达自己的理想与抱负。

1915年春，国民党要人柏文蔚秘密来到宜昌，与刘养愚密谋大计，委任他主持湖北省交际工作。此间，钟子猷介绍了一名警署署员胡羽与刘养愚接洽，刘养愚亦以同志视之。后来，王维先、夏祗承、李鸢笙等相继来到宜昌，刘养愚也将他们的背景向钟子猷、胡羽做了介绍。钟子猷、胡羽听说刘养愚不久将离开宜昌，便力邀他们四人于6月26日到万年春餐馆叙谈。酒过三巡，得到密报的宜昌县知事丁春膏率队入门搜查，将四人逮捕。审讯时，刘养愚面不改色，对所作所为直言不讳，随后被关押至狱中。丁春膏将审讯情况上报袁世凯，刘养愚作为首魁被判处死刑，王维先被判处无期徒刑，夏祗承、李鸢笙被判处有期徒刑。

1915年10月2日为行刑之日，刘养愚被提往县署大堂宣示罪行，他在堂中慷慨陈词，毫无畏惧。他还索要纸笔想要写下家书，未获允准，便口述让录事记录，洋洋洒洒近万言，旁观者无不为之动容。刑场距离县署约一里地，刘养愚昂首阔步，步行而至，英勇就义。

不久，滇、黔军队发难，袁世凯败亡，黎元洪继任，开始释放狱中反袁志士，王维先等被宣告无罪，然而，刘养愚已无法死而复生。32岁便英勇就义的他，无儿无女，但其英名仍将流芳百世。

(毕玉改编)

参考资料：

1. 彦实：《烈士刘养愚事略》，载隗瀛涛，赵清：《四川辛亥革命史料（下）》，四川人民出版社，1982年。

2. 《涪陵词典》编纂委员会：《涪陵词典》，重庆出版社，2003年。

3. 四川省涪陵市志编纂委员会：《涪陵市志》，四川人民出版社，1995年。